Dechmann/Ryffel
Soziologie im Alltag

Birgit Dechmann/Christiane Ryffel

Soziologie im Alltag

Eine Einführung

Mit Illustrationen und graphischen Darstellungen der Autorinnen

9. Auflage

Beltz Verlag · Weinheim und Basel

Birgit Dechmann, lic. phil., Jahrgang 1945, ist Dozentin für Psychologie und Soziologie in der Erwachsenenbildung sowie Beraterin für Paare und einzelne in Zürich.

Christiane Ryffel, Dr. phil., Jahrgang 1945, ist Dozentin und Mitarbeiterin in der Ausbildung an der Schule für Soziale Arbeit in Zürich sowie Paar- und Familienberaterin.

Die Deutsche Bibliothek – CIP-Einheitsaufnahme

Dechmann, Birgit:
Soziologie im Alltag : eine Einführung / Birgit Dechmann ;
Christiane Ryffel. – 9., überarb. und erw. Aufl., (32.–38. Tsd.).
– Weinheim ; Basel : Beltz, 1995
(Edition sozial)
ISBN 3-407-55727-2)
NE: Ryffel, Christiane

2., überarbeitete Auflage 1983
3., überarbeitete Auflage 1984
5., überarbeitete Auflage 1988
9., überarbeitete und erweiterte Auflage 1995 (32.–38. Tsd.)

Lektorat: Richard Grübling

Satz: Satz- und Reprotechnik GmbH, Hemsbach
Druck: Druckhaus Beltz, Hemsbach
Umschlagfotos: Hartmut Polter
Printed in Germany

ISBN 3-407-55727-2

Inhaltsverzeichnis

Vorwort eines Lesers

Seit Jahren bin ich ein begeisterter Leser der »Soziologie im Alltag« und empfehle es meinen Schülern und Schülerinnen als Unterrichtshilfe. Den beiden Autorinnen ist es nämlich in seltener Weise gelungen, in das, was »Gesellschaft« ausmacht, einzuführen, ohne jene abstrakte, distanziert wirkende Sprache zu wählen, die mir – und erst recht wohl manchem Schüler – so oft die Lust an Soziologiebüchern genommen hat. Die Verständlichkeit wird dabei keineswegs mit oberflächlicher Seichtheit erlangt, denn das zentrale Anliegen, Soziologie im konkreten Alltag wiederzufinden, sie dazu zu benutzen, ihn zu durchleuchten und besser zu verstehen, braucht Tiefe, Vielfalt und auch ein genügendes Maß an Abstraktion.
All das ist vorhanden und trotzdem bleibt es spannend – vielleicht weil die Autorinnen von Anfang an als Personen, als lebendige Menschen erscheinen. Sie lassen mich an ihrem Alltag teilhaben und fordern mich gleichzeitig auf, selbst aktiv zu sein, mir beim Gang dieser Ein-Führung meiner eigenen Füße bewußt zu werden und mich meiner Gedanken und Erinnerungen an meinen Alltag zu bedienen.
So kommt bei mir während des Lesens, während der zahlreichen im Text enthaltenen Einladungen zum fast meditativen Verweilen und zum Gespräch, eine Nachdenklichkeit auf, die auch flüchtiges Schmunzeln und tieferes Getroffensein beinhaltet. Die Aufklärung über den Alltag wird auf diese Art und Weise fast zur gemeinsamen Handlung von Lesern und Autorinnen, wobei Kopf und Herz gleichermaßen ernst genommen werden.
Diese Art von sozialer Beziehung ist für ein Soziologiebuch neu. Sie macht meine anfangs erwähnte Begeisterung aus und läßt die Lektüre ein wenig abenteuerlich erscheinen und nicht enden.

Stadthagen, im August 1987

Franz Deese,
Lehrer an der Fachschule für
Heilerziehungspflege in
Rehburg-Loccum

Vorwort zur neunten Auflage

Wir wollten, daß auch die 9. Auflage unserer Einführung in die soziologische Denkweise aktuell und wissenschaftlich vertretbar bleibt. Diesmal gab es allerdings mehr zu tun als bei den vergangenen Überarbeitungen. Wir merkten nämlich, daß sich in den letzten Jahren nicht nur Untersuchungsdaten und die soziologischen Konzepte sozialer Ungleichheit verändert hatten, sondern daß heute auch unser Sprachempfinden anders ist. Jedenfalls reagierten wir sehr sensibel auf unsere ursprünglich sehr männlich orientierte Ausdrucksweise. In diesem Punkt hatten wir manchmal das peinliche Gefühl, in einem historischen statt zeitgenössischem Dokument zu lesen.

So hatten wir also den gesamten Text zu überprüfen und etliche inhaltliche und sprachliche Veränderungen vorzunehmen.

Wir waren erfreut, wie rückhaltlos wir auch heute noch hinter unserem Werk stehen können. Einzelheiten mußten wir verändern, aber der innere und äußere Aufbau und die Botschaft des Buches sind unserer Meinung nach gültig wie vor vierzehn Jahren.

Und für alle, die noch ein bißchen neugierig auf Privates sind. Wir leben immer noch sehr gerne mit denselben Männern zusammen. Philip, Daniela und Dina sind inzwischen ausgeflogen. Die arbeitenden Mütter haben ihnen, genauso wie Caspar und Anna, entgegen tiefsitzender sozialer Vorurteile offensichtlich nicht geschadet. Und unsere Freundschaft hat uns bei dem nicht immer ganz leichten Unterfangen, Arbeit, Liebe und Familie irgendwie unter einen Hut zu bringen, unschätzbare Dienste geleistet.

Zürich, im November 1994 Birgit Dechmann und Christiane Ryffel

Vorwort zur fünften Auflage

Sieben Jahre gibt es dieses Buch nun schon.
Wenn wir zurückblicken, wird uns ganz warm bei der Erinnerung an den Strom kleiner und großer Rückmeldungen, die wir seitdem erhielten. Viele davon kamen zu uns über Freunde und Freundinnen, die jemanden kannten, der jemanden kannte, der unser Buch gelesen hatte, andere erreichten uns direkt über Briefe. So gab es bei unseren wöchentlichen Treffen oft mehrere »Buch-Freuden« auszutauschen, von denen wir jetzt gern einige Beispiele erzählen möchten:
Da ließen uns Sekretärinnen ausrichten, Annemaries ungewöhnliches Rollenverhalten im Kapitel über Organisationen habe ihnen Mut gemacht und sie aus der Resignation geholt.
Sozialpädagogen und Sozialpädagoginnen schrieben uns, daß sie gemeinsam anhand der Fragen am Ende jedes Abschnittes ihr eigenes Leben aus soziologischer Perspektive angeschaut hätten und wieviel dabei passiert sei.
Manchmal wurden uns auch einfach Grüße von Unbekannten an die »sympathischen Autorinnen« ausgerichtet.
Einmal hörten wir sogar, daß in einem Kurszentrum in Zürich ein Seminar über »Soziologie im Alltag« abgehalten worden sei und können es immer noch nicht recht glauben. Hin und wieder kam es vor, daß wir in Kursen von unbekannten Teilnehmerinnen enthusiastisch begrüßt oder sogar umarmt wurden, als wären wir alte Bekannte. Sie hatten das Gefühl tiefer Vertrautheit mit uns. Und das nur, weil sie unser Buch gelesen hatten. Solche Momente waren besonders schön.
Jemand, der Heimleiter ausbildet, erzählte uns, daß seine Kollegen immer wieder auf eine »blaue Bibel« zurückgriffen, wenn sie bei der Vorbereitung nicht weiterwußten. Zu seinem und zu unserem Vergnügen stellte sich dieses ominöse blaue Wunderwerk als unser – damals noch andersfarbig eingebundenes – Alltagsbuch heraus. Unser gemeinsames herzliches Lachen ließ jegliches Gefühl aufkeimender Eitelkeit schnell verschwinden und zurück blieb – einfach Freude. Zusätzlich erschienen zu unserem

Erstaunen ziemlich viele – mehrheitlich positive – Rezensionen. Trotzdem freuten wir uns immer am meisten, wenn wieder einmal jemand fand, unser Buch habe seine Lebenssituation oder diejenige seiner Schülerinnen oder Klienten wesentlich verbessert.
Natürlich gab es auch Kritik.
Sie stammte vor allem aus Universitätskreisen. Einiges war einfach nur lustig:
Jemand hatte sich zum Beispiel die Mühe gemacht, die wenigen, aber – leider – tatsächlich vorhandenen fremdwörtergespickten Sätze herauszusuchen, um ... ja, wozu eigentlich?
Andere ärgerten sich über den privaten Ton. Das nahmen wir voller Genugtuung auf, weil wir unsererseits mit der Distanziertheit universitärer Sprache oft nichts anfangen konnten.
Es wurde aber auch Wesentliches bemängelt, und die wichtigste, immer wiederkehrende Kritik traf uns an einem wunden Punkt. Uns wurde nämlich vorgeworfen, daß wir allein auf individueller Interaktionsebene gesellschaftliche Mißstände beseitigen wollten.
Wir können nicht leugnen, daß wir in einem verborgenen Winkel unserer Seele tatsächlich solche Träume hegen, und vielleicht ist davon gegen unser besseres Wissen doch einiges zwischen die Zeilen gesickert. Aber leider ist das Land irrationaler Wünsche nicht so mächtig wie eine Wirklichkeit, in der gigantische Wirtschaftsunternehmen, eine rasant fortschreitende Technisierung, die Ausbeutung der Natur und die ungleiche Ausbeutung der Bevölkerung zwar von Menschen geschaffen worden sind, aber nicht so leicht wieder von Menschen abgeschafft werden können – jedenfalls nicht von einzelnen durch ihr rein privates Handeln. Andererseits: Gerade privates Handeln hat letztlich hochpolitischen Charakter.
Wie auch immer, die Veränderung des Ganzen braucht zweifellos Analysen der Machtverhältnisse, politische Strategien, Zusammenschlüsse Gleichgesinnter und positive Utopien. Zu diesen Themen gibt es jedoch genügend Literatur. Wir sahen keinen Sinn darin, dem schon oft und gut Gesagten noch einmal mehr Worte hinzuzufügen. Und statt ein großes Buch in großem Wurf schrieben wir lieber ein kleines Buch, das dafür den konkreten Menschen mit ihren Alltagsleben und ihren Alltagsmöglichkeiten Platz bietet.
So schlagen wir zwar keine umfassenden Lösungen vor, meinen aber trotzdem, daß unser angebotenes Mittel zur Veränderung, die bewußte und zielgerichtete Interaktion, ein ungeheuer bewegliches Instrument ist im Umgang mit dem sozialen Gegenüber oder »Obendrüber«.
Zudem haben unsere dargelegten Strategien den Vorteil, daß niemand warten muß, bis die zugrundeliegenden Verhältnisse nicht mehr so sind, wie sie

nun einmal sind oder bis »die anderen« endlich umdenken. Wie stand doch während der Zürcher Jugendunruhen so schön auf einer Mauer?
»Leben, aber subito.«
Wir hoffen und haben erlebt, daß dieses Buch den einzelnen hilft, kleine und größere Schritte in Richtung auf ein besseres Leben zu tun – und zwar subito.

Zürich, im August 1987 Birgit Dechmann und Christiane Ryffel

Etwas über uns ...

Wir, Christiane und Birgit, stehen am Ende eines großen Abenteuers. Wir haben ein Buch geschrieben, in dem Sie jetzt zu lesen beginnen, und möchten Sie darauf vorbereiten, was Sie erwartet.
Unser Buch will Sie einladen, Ihren Alltag einmal daraufhin anzuschauen, wie er von Ihrer sozialen Umwelt geprägt wird und gleichzeitig auch diese Umwelt prägen hilft, egal ob Sie Sozialarbeiterin, Hausfrau oder Lehrer sind.
Diese Blickrichtung wird gemeinhin »Soziologie« genannt, und wir halten uns deshalb auch an diesen Begriff, obwohl er ein wenig kompliziert klingt. Wir wollen Ihnen jedoch nicht eine Wissenschaft vorstellen, sondern eher Einblick in eine soziologisch inspirierte Denkweise geben, soweit wir sie selber beherrschen und als nützlich empfinden.
Unsere Sprache ist so einfach wie möglich, damit die teilweise komplexen Gedankengänge nicht dahinter verschwinden, und damit das Lesen Ihnen so viel Vergnügen macht wie uns das Schreiben.
Dieses Buch entstand aus einem großen Engagement heraus, und Sie werden das an allen Ecken und Enden zu spüren bekommen. Erwarten Sie daher keine kühle Distanz. Wir nehmen Stellung und tun das ganz bewußt. Denn wir meinen, daß Objektivität im sozialen, gruppenbezogenen Handeln – also auch beim Bücherschreiben – weder durchführbar noch wünschbar ist. Wir haben also eine Meinung zu dem, was wir schreiben, und wir enthalten Sie Ihnen nicht vor.
Keine Sorge, Sie sollen nicht missioniert werden. Es bleibt viel Platz für Ihre eigenen Gedanken und Ihre persönliche Meinungsbildung. Ja, wir würden uns sogar freuen, möglichst viel darüber zu erfahren.
Weil wir uns immer wünschen, daß andere Bücherschreiber uns ein bißchen mehr in ihr eigenes Leben schauen lassen, als es mit Hilfe trockener Klappentexte möglich ist, folgt nun noch ein kurzer persönlicher Bericht über die Situation, in der dieses Buch entstand:
Wir sind Freundinnen, haben eine ähnliche Lebenssituation und ähnliche Lebensziele, die wir uns tatkräftig gegenseitig verwirklichen helfen. Ab

und zu rückte unser Buch radikal in den Hintergrund, weil eine von uns in einer Krise steckte und die andere dringend brauchte.
Mit der Zeit bürgerte sich ein für uns damals ganz neuer Arbeitsstil ein. Wir besprachen ein bis zwei Stunden unsere private Situation, um dann weitere ein bis drei Stunden intensiv miteinander zu arbeiten. Auf diese Weise schafften wir eindeutig mehr als vorher. Unsere anfänglichen Mühen, die sich in viel Zähflüssigkeit, Stillstand und widerkäuendem Schreiben äußerten, deuteten wir nachträglich als Produkt unserer unverarbeiteten Probleme.
Zwischen uns entstand eine herzliche und offene Beziehung, die – so meinen wir – der eigentliche Nährboden für den vorliegenden Text war. Sie öffnete uns den Weg zu einer bis dahin unbekannten Freude und Befriedigung in der Arbeit, ersparte uns unnötiges Konkurrenzgerangel und ließ uns unbeirrt an unserem Ziel festhalten, ein sinnvolles Buch über Soziologie zu schreiben.
Wer sind »wir«?
Ich, Christiane, lebe mit meinem Mann Hanspeter und meinen Kindern, Daniela (15) und Philip (12), in Horgen bei Zürich. Als wir das Buch begannen, bewegte ich mich auf die Abschlußarbeit meines Soziologiestudiums zu. Der Konflikt zwischen der Wissenschaft, die nur in Hörsälen und oft fern vom Menschen betrieben wird, und unserem Wunsch nach einer praxisnah ausgerichteten Soziologie war damals sehr schwer erträglich für mich.
Ich, Birgit, wohne mit Manfred, meinem Mann, und mit Dina (9), Caspar (7) und Anna (1) in Zürich. Zu Beginn unseres Buches fing ich nach längerer Pause wieder an, als Soziologin und Psychologin zu arbeiten.
Am Anfang unserer gemeinsamen Arbeit hatten wir beide große Veränderungen in unseren Familien zu bewältigen. Durch unser langsam wachsendes berufliches Engagement mußten wir uns und den anderen viel neues Verhalten zumuten. Unsere Kinder lernten zum Beispiel auch außerhalb des eigenen Zimmers zu putzen, und unsere Männer übernahmen mehr Pflichten im Haushalt und für die Kinder.
Gleichzeitig wollten wir die Beziehung zu unserer Familie nicht verschlechtern, sondern auf einer anderen Ebene vielleicht erst richtig möglich machen. Das war sehr schwer, und jede von uns stand ein paarmal kurz vorm Resignieren. In dieser Zeit liefen zwischen Zürich und Horgen oft die Drähte heiß.
Die letzte Hälfte des Buches entstand unter noch härterem Druck. Eine von uns brachte ihr drittes Kind zur Welt, ohne deshalb ihren Beruf in der Erwachsenenbildung aufzugeben, und die andere steckte erst in den Examen und begann dann in der soziologischen Forschung zu arbeiten. Wie

wir trotzdem noch Zeit für unser Buch gefunden haben, ist uns nicht mehr ganz klar. Es brauchte wohl einige zusätzliche Nachtstunden, eine gehörige Portion Sturheit und vor allem eine unerschütterliche Begeisterung für unser Vorhaben, um das ganze überhaupt durchstehen zu können.
Vielleicht hätten wir aber unter einfacheren Bedingungen weniger geschafft. Jedenfalls denken wir, daß wir ohne unsere Kinder, die uns immer wieder ins reale Leben mit seinen ganz konkreten Problemen zurückholen, wahrscheinlich viel abgehobenere Soziologengeister geworden wären.
Und wo stünden wir wohl ohne unsere Männer, die sich mit unserer Lebensweise so viel Unbequemlichkeiten – aber auch spannende Auseinandersetzungen und neue Entwicklungsmöglichkeiten – eingehandelt haben?
In unserem Buch wird alles in Wir-Form erzählt, egal von wem der ursprüngliche Text stammt. Das liegt an unserem Arbeitsstil. Jeder Abschnitt ist nämlich so viele Male hin und her gereist und umformuliert worden, daß am Schluß oft eine die andere für eine Formulierung lobte, die ursprünglich von ihr selber stammte.
Bei aller Freude blieben wir trotzdem sehr kritisch. Erst ein Entwurf, der uns beiden ein gutes Gefühl gab, wurde als endgültig bezeichnet. Allerdings waren wir nie lange zufrieden, denn mit fortlaufendem Schreiben lernten wir selber so viel dazu, daß unsere Überarbeitung schließlich fast eine Neufassung wurde.
Daran war auch unser Freund Michael Braune-Krickau nicht ganz unschuldig. Wenn uns die Begeisterung über unsere Arbeit nämlich mal wieder auf Wolken gehen ließ, so mußten wir nur seine ganz und gar sachlichen und unbestechlichen rationalen Kommentare zu einzelnen Kapiteln anschauen, um sofort wieder auf dem Boden der Realität zu landen und nüchtern festzustellen, wie viel Arbeit noch zu leisten war (Danke, Michael!). Glücklicherweise hat uns das aber nie die Laune verdorben.
Weil wir unsere Kritik am alten Text immer in konkreten Neufassungen geäußert haben und nie in Bemerkungen wie »da hast Du aber wirklich Unsinn geschrieben...«, war und ist das Grundgefühl vor allem Spaß.
Lassen Sie sich nun davon mittragen. Wir beginnen am Anfang unseres langen Prozesses. Dort, wo wir den Inhalt aushandeln.

Zürich, im September 1980 Birgit Dechmann und Christiane Ryffel

Werkstattgespräch zwischen Birgit und Christiane

B: Weißt Du, wir wollten doch eigentlich etwas ganz Neues mit der Soziologie machen. Aber ich komme immer wieder darauf zurück, daß eine Einführung fehlt, in der Theorie und praktische Anwendung eng verbunden sind.

C: Genau, das geht mir ganz ähnlich. Aber ein Überblick über die gesamte Soziologie wäre natürlich völlig unmöglich. Wenn, dann müssen wir auf jeden Fall radikal einschränken. Wie wäre es mit so was wie einer Einführung ins soziologische Denken? Wir würden bestehende soziologische Theorieelemente mit eigenen Gedanken verbinden und beides durch praktische Beispiele illustrieren.

B: Prima. Wir könnten als Ordnungselement verschiedene Abstraktionsebenen benutzen, die des Individuums, der Kleingruppe, der Organisation und der Gesamtgesellschaft zum Beispiel.

C: Das klingt machbar. Da ist aber noch ein Punkt, über den ich mir den Kopf zerbreche. Für mich lassen sich nun mal nicht alle sozialen Zusammenhänge objektiv darstellen. Menschen denken und fühlen, und wir können ihre Meinungen und Werte doch nicht einfach zählen, auflisten und von außen in Kategorien stecken, so wie man es z. B. in den Naturwissenschaften mit chemischen Elementen tut.

B: Einverstanden. Ich will auch nicht so tun, als seien wir in der Lage, das Ganze eindeutig zu verstehen und zu beschreiben. Aber da wir ins soziologische Denken einführen und nicht in d i e Soziologie, können wir ja genau diese Betrachtungsweise allmählich entwickeln. Wir zeigen eben, daß unserer Meinung nach Menschen am gescheitesten so über soziale Strukturen nachdenken, daß sie dabei die Perspektive der Beteiligten einnehmen und damit die Bedeutungen zu erfassen versuchen, die Menschen selber mit ihrer sozialen Situation verknüpfen und...

C: Halt, Birgit. Wir fangen ja erst an. Unser Leserpublikum wird vielleicht das ganze Buch und viele Beispiele brauchen, um solche Sätze wirklich zu verstehen. Aber die Richtung, die du skizzierst, gefällt mir. Was brauchen wir jetzt außerdem noch zum Anfangen? Ah ja, wir müssen noch abmachen, ob wir eher für Leute aus der Wissenschaft, für Laien oder vielleicht auch für beide schreiben wollen. Was meinst du?

B: Also als Zielpublikum wünsche ich mir Praktikerinnen und Praktiker aus verschiedenen Berufen. Zum Beispiel Sozialarbeiterinnen, Sekretäre, Arbeiterinnen. Außerdem möchte ich gerne auch für Studenten,

Hausfrauen oder Schülerinnen schreiben. Also für Menschen, die täglich ein wenig ungewohnt – nämlich soziologisch denkend – ihre Situation betrachten möchten, die das vielleicht sogar manchmal müssen, um nicht immer den gleichen Schiffbruch zu erleiden. Auch Leute, die wissenschaftlich arbeiten, könnten sowas gelegentlich nötig haben.

C: Sehr richtig. Trotzdem bleibt's bei einer möglichst klar geschriebenen Einführung. Übrigens. Ich kenne eine richtig gute Sozialarbeitergruppe. Eine Frau und drei Männer. Sie beschäftigen sich ja in ihrem Arbeitsalltag mit genau den Menschen, die es in unseren sozialen Strukturen schwer haben. Ich fände sie deshalb besonders geeignet, uns davor zu bewahren, Theorien zu erzählen, die womöglich unbrauchbar sind.

B: Das klingt verlockend. Wenn sie mitmachen, haben wir unser Netz gegen Abstürze gespannt. Dann könnten wir jetzt eigentlich unser Projekt mit Kuchen feiern. Ich kann es gar nicht erwarten, anzufangen.

C: Ich freue mich auch. Aber zuerst mal Kuchen mit Schlagsahne!

(PS: Die Sozialarbeiter Peter Hug, Vreni Blötzer, Franz Breu und Felix Schlumpf konnten. Und wir beginnen unser Buch mit dem Hintergrund ihrer Kritik und Unterstützung. Wer weiß, ob wir uns ohne sie überhaupt getraut hätten, immer wieder weiterzumachen.)

1 Verschiedene Arten zu denken

1.1 Die Fallstricke des Alltagsdenkens

Leben besteht aus tausend täglichen Gedanken, Gefühlen, Handlungen und Ereignissen. Ein Teil der Gedanken schwirrt unwillkürlich und ungeordnet in unserem Kopf. Ein anderer Teil ist Ausdruck unseres Bemühens zu verstehen, was passiert, Geschehenes einzuordnen und zu für uns nützlichen oder doch wenigstens sinnvollen Handlungen zu kommen.
Was wir wahrnehmen können und wollen, wie wir denken und handeln, hängt zu einem Teil davon ab, welche Worte und Sätze uns zur Verfügung stehen. Und hier sind die Auswahlmöglichkeiten nicht unendlich, da uns der Kulturkreis, in dem wir leben, bestimmte Denk- und Sichtweisen eher nahelegt als andere.
Was uns dabei besonders angeht, ist die weitverbreitete Neigung, Ereignisse vor allem vom Individuum her zu deuten, statt auch einen Bezug zur Umwelt, zu den Gruppen, in denen wir leben, herzustellen.
Wir wollen das an einem Beispiel illustrieren:

Beliebte Denkschemata

Stellen Sie sich vor, einem Freund läuft seine Frau oder einer Freundin der Mann davon? Was passiert mit den beiden?
Sind sie erleichtert? Oder weinen sie fassungslos? Sind sie wie vom Donner gerührt? Können sie nicht mehr zur Arbeit gehen? Wie auch immer sie reagieren mögen, eines ist sicher: Sie werden versuchen, ihre vielen Gedanken in langen Selbstgesprächen und zusammen mit Ihnen zu ordnen, um sich das Geschehene zu erklären – und dabei werden sie ziemlich sicher alles andere als wohlformuliert und klar argumentieren. Genau wie es jedem von uns gehen könnte, reden sie eher bruchstückhaft und einseitig über das Ereignis.

Nämlich zum Beispiel so:

- Was habe ich nur falsch gemacht?
- Wie konnte das ausgerechnet mir passieren?
- Ich bin schuld. Ich habe nicht gemerkt, daß sie unglücklich ist.
- Ich bin jemand, mit dem man nicht zusammenleben will.
- Kein Wunder, daß es so kam, er war ja immer schon irgendwie unberechenbar.
- Ich hätte nie gedacht, daß er mich so im Stich lassen würde.
- Ihre Mutter war in psychiatrischer Behandlung. Irgendwie paßt das zu ihrer labilen Natur.
- Wir sind zu verschieden, wir passen einfach nicht zueinander.

Diese Deutungsversuche eines unglücklichen oder wütenden verlassenen Menschen klingen natürlich. Wir haben solche oder ähnliche Äußerungen alle schon gehört.
Auf den ersten Blick wirken sie sehr unterschiedlich. Und doch zeigen sie einige Gemeinsamkeiten, die wir unter dem Begriff *»individualisierendes Denken«* zusammenfassen möchten:

Individualisierendes Denken ist:

... Denken in bewertenden Kategorien und absoluten Begriffen wie »falsch« und »richtig«, »Schuld« und »Unschuld«, »gut« und »schlecht«

... Verteilen von Etiketten an uns und andere, was verhindert, daß wir Prozessen auf die Spur kommen, in denen bestimmte Verhaltensweisen entstehen

... einseitiges Ausgehen von der eigenen Perspektive, ohne Bezug auf die Sicht des anderen zu nehmen und ohne dessen Interpretationen zu berücksichtigen

... übermäßige Konzentration auf eigene Eindrücke und Gefühle, und zu wenig Betrachtung von Strukturen und Rahmenbedingungen, die eine Situation mitbeeinflussen

... ein Mißbrauch von Gefühlen zur Pauschalisierung und oberflächlichen Einstufung von uns und anderen

Hilft dieses Denken weiter? Klärt es wirklich die Situation?

Da sind z.B. Herr und Frau Schmied. Sie haben vor zwei Jahren ein Kind in Pflege genommen, für das dem Sozialarbeiter Peter Frischauf die Erziehungsaufsicht übertragen ist. Das Kind entwickelt sich gut in der neuen Umgebung, er könnte mit der Wahl des Pflegeplatzes zufrieden sein. Eines Tages erscheint jedoch das Ehepaar in seinem Büro, erzählt

von gravierenden Schwierigkeiten im Zusammenleben und schließlich auch von einer möglichen, bevorstehenden Trennung.
Leider schildern sie Peter Frischauf ihre Realität ziemlich genau getreu unserer aufgestellten Liste:

Er sagt:

... sie ist eben eine total unzuverlässige Person
oder:
... immer nörgelt sie an mir oder den Kindern herum
oder:
... sie ist halt streitsüchtig

Sie sagt:

... er ist ein richtiger Tyrann und läßt kein gutes Haar an mir
oder:
... alle anderen sind ihm wichtiger als ich. Er liebt mich nicht
oder:
...er ist schuld an allem

Hat Peter Frischauf auch nur die geringste Möglichkeit, aufgrund dieser »Analyse« dem Wunsch der beiden zu entsprechen und mitzuhelfen, die kaputte Ehe wieder in Ordnung zu bringen? Sicher nicht, denn er hat zu wenig Anhaltspunkte für mögliche Verhaltensänderungen. Oder wissen Sie, wie man einen Tyrannen zähmen oder aus einer unzuverlässigen eine zuverlässige Person machen kann, ohne die vielen Umweltbedingungen zu kennen, die diese Menschen mit zu dem machen, was sie nun in den Augen des anderen sind?
Was könnte helfen, näher an die reale Situation dieses Ehepaares heranzukommen?
Zum Beispiel die Ansätze der Humanistischen Psychologie, die zum Teil auch ohne Ausbildung zum Therapeuten anwendbar sind. Aber auch die Soziologie ist nützlich.
Was wir darunter verstehen, bleibt nun auf den folgenden Seiten näher zu beschreiben.

1.2 Soziologisches Denken – eine Grundsatzerklärung

Worin besteht diese für viele ungewohnte, aber von uns als so nützlich angekündigte soziologische Denkweise?

Ganz so einfach und schnell wie Fehler und Unvollkommenheiten lassen sich konstruktive Alternativen meist nicht darstellen. Denkgewohnheiten wie das vertraute Individualisieren sind hartnäckig. Auch bei Soziologen und Soziologinnen.

Uns und Ihnen zuliebe beginnen wir deshalb mit einer Art Pamphlet, einer Grundsatzerklärung für gesellschaftsbewußt Denkende, aber wir lassen es nicht dabei bewenden.

Wir werden diese Grundsatzerklärung des »anderen Denkens« in den folgenden Kapiteln einlösen, indem wir zeigen, wie sie zum Verstehen menschlichen Handelns beitragen kann. Dadurch schlagen wir zwei Fliegen mit einer Klappe: Sie lernen die Bedeutung der Grundsatzerklärung anhand von Beispielen kennen, und gleichzeitig bekommen Sie einen Einblick in die hauptsächlichsten Bereiche, mit denen sich Soziologen und Soziologinnen befassen.

Wenn uns unsere Begeisterung für die soziologische Denkweise auf den nächsten Seiten zu ihrer heftigen Verkündigung hinreißen sollte, so vergessen Sie nicht:

Soziologie ist nur einer von vielen notwendigen Wegen, diese Welt mit dem Kopf zu erfassen. Wir beschreiben ihn zum Teil einseitig, weil wir vermuten, daß er ziemlich unbekannt ist, nicht weil wir meinen, daß er der alleinseligmachende ist.

Grundsatzerklärung zum soziologischen Denken

- Soziologinnen und Soziologen betrachten Menschen und Situationen nicht einseitig bewertend, d.h. sie stufen sie nicht in Kategorien wie positiv oder negativ ein, sondern sie versuchen zu verstehen, welchen Sinn die Menschen mit ihrem Handeln selber verknüpfen.
  So können sie nicht kalt, d.h. quasi objektiv, draußen bleiben, sondern müssen ein Stück weit in der Situation, die sie anschauen, zu Teilnehmern werden.
- Sie sehen den Menschen bewußt nicht als unverwechselbares Einzelwesen, sondern verstehen ihn als sozial geprägt und prägend.
- Sie nehmen den einzelnen immer in Zusammenhang mit »sozialen anderen« wahr und sehen ihn immer auch in bezug auf soziale Strukturen.
- Sie betrachten soziales Verhalten nicht aus dem Zusammenhang gerissen und als einmaliges Geschehen, sondern im Ablauf der Zeit, als Prozeß in Gegenwart und Geschichte, der in die Zukunft weist.
- In der Soziologie konzentriert man sich nicht auf soziale Strukturen an sich, sondern sieht sie vor allem im Zusammenhang mit dem lebendigen Menschen. Andernfalls wird Soziologie autoritär, langweilig oder schafft Mutlosigkeit.

Nicht alle Soziologen würden alle Punkte unterschreiben. Die genannten Grundsätze entsprechen wohl am ehesten den Vorstellungen von Vertretern des sogenannten Symbolischen Interaktionismus. Wie der Name sagt, ist ihnen nämlich vor allem die symbolische Bedeutung der sozialen Interaktionen wichtig. Wir nehmen darauf im ersten Grundsatz Bezug, der sich darauf bezieht, daß Menschen mit jedem Handeln soziale Codes austauschen, die vom entsprechenden Gegenüber dechiffriert werden. Wir verstehen uns jedoch nicht als strikte Anhängerinnen dieser wissenschaftlichen Richtung. Und so können viele Aussagen unseres Buches auch von Soziologen und Soziologinnen anderer Denkrichtungen geteilt werden.

Wir haben uns am Prinzip der praktischen Nützlichkeit orientiert. Das ist natürlich recht subjektiv, aber wir stehen dazu. Jedenfalls werden Sie in diesem Buch nur den Teil soziologisch orientierter Gedankengänge finden, der auch für die Gestaltung des Alltags brauchbar ist.

1.3 Ein Überblick über unser Thema

Wenn ein Soziologe versucht, Situationen zu verstehen und zu analysieren, betrachtet er zum Teil dieselben Gedanken, Worte und Handlungen wie die beiden zerstrittenen Menschen Herr und Frau Schmied. Aber er versucht, sie in einen größeren Zusammenhang zu stellen. Er sieht sie nicht nur als rein persönliches Geschehen. Diesen überindividuellen Bezug kann er auf verschiedenen gesellschaftlichen Ebenen suchen. Vier davon haben wir ausgewählt:

- die Ebene des Individuums

- die Ebene von Kleingruppen

- die Ebene von Organisationen

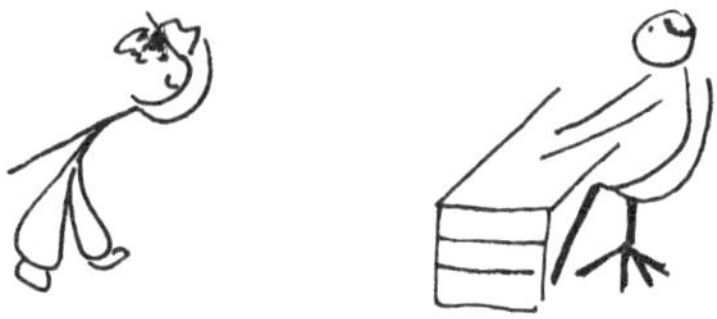

- und die Ebene der Gesellschaft

Andere Ebenen wie das Wohnquartier in einer Großstadt oder die Nachbarschaft haben wir ausgelassen, weil sie schwerer abzugrenzen sind. Aber auch in den von uns behandelten vier gesellschaftlichen Bereichen wird für Quartiere wie für andere soziale Ebenen Wissenswertes abgehandelt.
In der Soziologie kann man zu jeder Ebene Fragen stellen, auf jeder Ebene sind bestimmte Begriffe zentral, um soziale Tatbestände wie z. B. den dauernden Streit zwischen Herrn und Frau Schmied zu entschlüsseln. Auf jeder Ebene werden Sätze unserer Grundsatzerklärung angewendet.

Für das Verständnis sozialer Tatbestände ist es allerdings wichtig, sich stets auch die interaktiven Prozesse, in diesem Fall die gegenseitigen Abhängigkeiten der sozialen Bereiche, zu vergegenwärtigen.
Bei der Aufteilung unserer sozialen Welt in die vier Bereiche Individuum, Kleingruppe, Organisation und Gesellschaft handelt es sich um eine rein analytische Trennung. In Wirklichkeit sind alle vier Ebenen voneinander abhängig und durchdringen sich gegenseitig.

Wir möchten nun soziologisches Denken in allen genannten vier Bereichen demonstrieren. Vielleicht erscheint Ihnen die Begriffswelt trotz unserer einfachen Darstellung zuerst ein wenig fremd, aber ihr Verständnis ist eine Möglichkeit, sich einen eingeschränkten, doch dafür brauchbaren Einblick in die Soziologie zu verschaffen.
Am Ende des Buches hoffen wir, die Nützlichkeit der soziologischen Sprache gezeigt und ihre Fremdheit aufgehoben zu haben.

2 Angewandtes soziologisches Denken: Das Individuum

2.1 Wie ist die soziologische Vorstellung von einem Individuum?

Soziologen und Soziologinnen betrachten den einzelnen – aber sie bemühen sich, nicht zu individualisieren. Sie interessieren sich bewußt einseitig dafür, welchen sozialen Einflüssen der Mensch ausgesetzt ist und was er mit vielen anderen gemeinsam hat. Damit schauen sie natürlich nur einen Teil der Wirklichkeit an. Aber es ist wichtig, daß sich jemand dieser Realität annimmt.

Obwohl sich nämlich jeder mit Recht entrüstet dagegen wehrt, wenn man seine Einmaligkeit anzweifelt, sind doch sehr viele Denk- und Handlungsformen nicht nur vom eigenen »Inneren« geprägt sondern auch durch andere Menschen, mit denen man in Beziehung steht, durch die gesamte gesellschaftliche Umwelt. Der Mensch ist nicht so frei und handelt nicht so spontan, wie es ihm vorkommen mag. Seine Einzigartigkeit ist nicht nur Anlage, sondern auch Ergebnis der vielfältigen Kombinationsmöglichkeiten zwischen den kulturell vorgegebenen, von ihm verwendeten Verhaltensweisen. Dazu kann er seine Rolle noch persönlich gestalten. Schon das genügt, um Vielfalt zu erzeugen.

Man denke nur an unsere hochindustrialisierte Textilproduktion. Sie wirft Tausende vorgefertigter, gleichartiger Kleidungsstücke auf den Markt, und trotzdem sieht man auf der Straße selten zwei genau gleich angezogene Menschen.

Wenn Soziologen und Soziologinnen das Individuum betrachten, suchen sie also nach überindividuellen Ausprägungen und Quellen von dessen Lebensweise. Sie können das eigentlich nur seriös tun, wenn sie gleichzeitig auch andere Individuen anschauen und mit ihnen vergleichen. Zusätzlich wechseln sie auch auf andere Ebenen, indem sie sich fragen, ob dieses oder jenes Verhalten oder Denken wohl durch den Kontakt in einer kleinen Gruppe oder in größeren Organisationen beeinflußt wird. Denn das isolierte soziale Individuum gibt es (per definitionem) nicht.

So oder noch viel komplizierter ist die Wirklichkeit. Was wir konkret zu sehen bekommen, ist dann allerdings der scheinbar einmalige Mensch. Wie umweltbezogen sein Verhalten ist, merken wir oft gar nicht auf den ersten Blick, da die Gruppen, die ihn beeinflussen, häufig räumlich abwesend sind.

Daher wollen wir auf dieser Ebene den Menschen als einen Schmelztiegel der verschiedenartigen Umwelteinflüsse zeigen, ob nun der Bezug zur entsprechenden näheren oder weiteren Umwelt, die das Verhalten und Denken prägte, deutlich sichtbar ist oder nicht. Später, wenn wir die übrigen sozialen Ebenen behandeln, werden wir auch darauf eingehen, wie der Mensch seinerseits auf die ihn umgebenden sozialen Strukturen einwirkt. Und nun zu den Begriffen, mit deren Hilfe wir den Menschen als Sozialwesen erkennen und beschreiben können. Wir werden sie nur beispielhaft bringen, da es uns um das Prinzip der Denkweise, nicht aber um die Vollständigkeit der Begriffswelt geht.

2.2 Begriffe, die das Soziale am Individuum erkennen helfen

Schauen wir noch mal das Ehepaar Schmied an und entdecken wir das Überindividuelle an ihrem persönlichen Problem:

Was aussieht wie spontane Bedürfnisse – sind oft sozial vorgegebene Stereotype

Dem Zuhörer fällt auf, wie bitter enttäuscht die beiden voneinander sprechen. Man merkt, so hatten sie sich den Ehealltag nicht vorgestellt. Sie hatte gemeint, einen romantischen Liebhaber zu bekommen, denn sie hat viele, viele Liebesromane gelesen, die mit dem immer glücklichen Sprung in die Ehe enden. In unserer Kultur wird die große, einmalige Liebe verherrlicht.

Aber kein strahlender Ritter nimmt sie mit nicht endenwollender Erotik in die kräftigen Arme, sondern ein büroweißer, müder Kommunikationsmuffel klemmt sich am Abend regelmäßig erst hinter die Zeitung und dann vor den Fernsehapparat.
Jedenfalls sieht Frau Schmied das so und gerät prompt in eine Krise. Was ist los?

Wenn man nur ihr zuhörte, würde man das Ganze vielleicht als persönliches Schuldproblem ansehen. Denn sie interpretiert das Geschehene individualisierend: »Ich bin nicht interessant genug, um einen reizvollen

Mann zu bekommen« oder »meine attraktive Freundin könnte er vielleicht mehr lieben...«
In der Soziologie denkt man anders darüber: Sie hat eine vereinfachende, schematische Vorstellung über »die große Liebe« und den »romantischen Liebhaber« als richtig übernommen und mißt an ihr die Wirklichkeit. Diese unflexible Vorstellung teilt Frau Schmied mit vielen anderen Menschen. Keine Erfahrung der Realität ist stark genug, um sie zu verändern. Es handelt sich also um ein *Stereotyp*.
Sie hat es nicht geschaffen, aber sie leidet ganz persönlich darunter, daß es sich nicht erfüllt. Eher verläßt sie ihre Ehe, als daß sie die liebgewonnene Idee der romantischen, leidenschaftlichen Beziehung aufgibt.
Das Stereotyp gehört zu der sie umgebenden gesellschaftlichen Struktur, aber sie empfindet es als Teil ihrer Selbst. Es prägt ihre Wahrnehmung und hindert sie daran, die Signale ihres Mannes wahrzunehmen, die er aussendet, um ihr näher zu kommen. Wie viel leichter könnte die Situation verstanden werden, wenn dieses Bild nicht im Wege stünde? Vielleicht wäre mit dem realen Herrn Schmied sogar eine leidenschaftliche Beziehung möglich?
Noch mehr läßt sich zu Herrn und Frau Schmied sagen:

Die geschickt vermittelte soziale Norm – hält man oft für seine eigene Meinung

Eine starre Vorstellung, ein Stereotyp, kann wie jedes Gedankenbild zur Grundlage individueller Verhaltensregeln werden oder gar zur gesellschaftlich gestützten Norm.

Viele Jahre hatte Herr Schmied immer wieder gehört, daß Streiten häßlich sei. So lange, bis er selber meinte, niemals aufbrausen zu dürfen. Doch nun versinkt sein fleckenloses Bild einer streitfreien Idealgemeinschaft langsam aber sicher im Alltagssumpf. Frau Schmied jammert und nörgelt, keift und zetert. Kurz, sie streitet, während er noch verzweifelt an dem tief in ihm verwurzelten *Wert* der Harmonie festhalten möchte.
Sie verstößt gegen das Gebot, das er in sich trägt, nämlich mit allen Menschen lieb zu sein. Diese *Norm* stammt keineswegs von ihm. Er hat sie, wie seine Frau ihr Bild von der Ehe, von anderen übernommen und so verinnerlicht, als habe er sie selber geschaffen. Aber nur als wenn.

Ohne Hilfe von außen wird Herr Schmied den Fehler kaum bei der Lebensfremdheit dieser Verhaltensvorschrift suchen, sondern bei seiner zänkischen Frau. Er wird auch keine konstruktiven Verhaltensalternativen ausfindig machen können, sondern vielleicht zu folgendem Schluß kommen:

Eine Ehe kann nur Bestand haben, wenn es keinen Streit gibt

Und damit wären wir bereits bei der nächsten Station unserer verkürzten Reise durch die soziologische Begriffswelt auf der Ebene des Individuums angelangt, bei der Laien- oder *Alltagstheorie*.

Ich erkenne, was die Welt im Innersten zusammenhält – nicht, denn ich schaue durch die Brille meiner Kultur...

Es geht um unsere Erklärungen von Alltagssituationen.

- »Unglaublich, wie die Italiener klauen! Wir arbeiten das ganze Jahr, legen jeden Pfennig auf die Seite, damit wir uns mal ein paar Wochen Italien leisten können. Und was passiert?
  Bloß weil die Kerle zu faul sind zum Arbeiten, knacken sie unsere Autos und machen sich ein flottes Leben!«

Das Stereotyp der faulen, charakterlosen Südländer wird zur Erklärung des Tatbestandes vom Stehlen herangezogen. Ungerechte Wirtschaftsstrukturen wären vielleicht die zutreffendere Ursache. Aber in unserer Kultur benutzt man gerne Vorstellungen (auch stereotype), denen ein in-

dividualisierendes Weltbild zugrundeliegt. Die Erklärung der Wirklichkeit ist nicht frei, sondern geschieht nach erlernten Mustern, die vorschreiben, welche Ursachen welchem Geschehen zugeordnet werden dürfen. Schauen wir uns daraufhin noch ein weiteres Beispiel an:

- »Jetzt hat Susi wieder eine Rechenprüfung verpatzt. Diese Schlamperei im Denken muß sie von Dir geerbt haben!«

Die Erklärung von Schulversagen durch »Dummheit« und von »Dummheit« als angeboren, ist eine weitverbreitete Alltagstheorie. Stereotyp ist auch hier wieder die dahinterstehende Vorstellung vom Menschen, der von Geburt an in Charakter und Fähigkeiten bis zum Tode hin festgelegt ist.
Keine anderslautende wissenschaftliche Erkenntnis konnte sie bisher abschaffen. Wiederum wird zudem nach Schuldigen statt nach sozialen Einflüssen gesucht. Deshalb können wir auch diese Alltagstheorie als individualisierend bezeichnen.

Von der Illusion der objektiven Wahrnehmung

Stereotype, Werte, Normen und Alltagstheorien hängen sehr eng miteinander zusammen: Alltagstheorien können, aber müssen nicht Stereotype enthalten, Normen können, aber müssen nicht aus Stereotypen abgeleitet werden usw. Eines ist jedoch allen gemeinsam:

> Wir können Stereotype, Werte, Normen und Alltagstheorien als soziale Konzepte bezeichnen, über die jeder Mensch verfügt und die seine *Wahrnehmung* und Interpretation dessen, was in ihm und um ihn herum geschieht, leiten.

Er hat sie in verschiedenen Phasen seines Lebens gelernt und orientiert sich an ihnen im Umgang mit seiner Umwelt. Dabei erkennt er nicht sämtliche um ihn ablaufenden Dinge, Prozesse und ihre Qualitäten, sondern nur den Teil, den er aufgrund der ihm zur Verfügung stehenden sozialen Konzepte überhaupt wahrnehmen und deuten kann.

So kommt es, daß *seine* Wirklichkeit nicht unbedingt *ihre* Wirklichkeit ist, um noch mal auf das Beispiel Schmied zurückzukommen.
Wie sehr unsere Wahrnehmung durch bereits vorhandene, mehr oder weniger fest verankerte Alltagstheorien, Werte, Normen und Stereotype geprägt ist, läßt sich leicht vergegenwärtigen, wenn wir daran denken, wie überraschend anders kleine Kinder unsere Welt sehen, interpretieren und beurteilen. Sie haben einen weniger »vorbelasteten« Blick als wir, schauen unbefangener und kommen dadurch oft in Konflikt mit der Wirklichkeit der Erwachsenen.
Schematisiert und abstrakt läßt sich der Zusammenhang zwischen den gesellschaftlich geprägten, d.h. sozialen Konzepten des Menschen und seiner Wahrnehmung folgendermaßen darstellen:

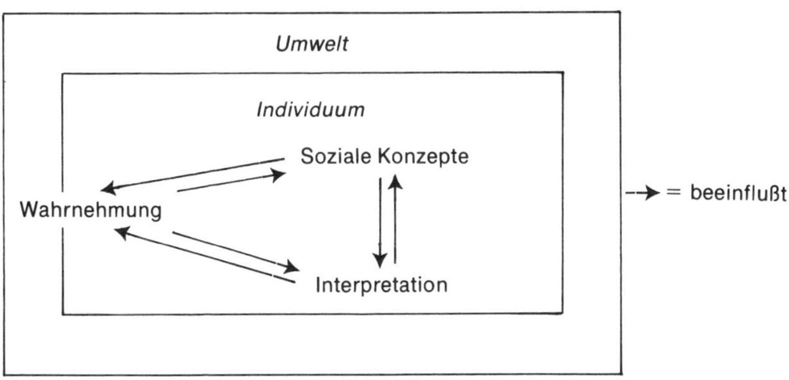

Nun ist aber nicht nur unsere Sichtweise gesellschaftlich geprägt, sondern auch unser Handeln ist mehr als nur Ausdruck persönlicher und spontaner Regungen. Wir wollen das wieder am Beispiel der Schmieds illustrieren:

Man meint spontan zu handeln – und folgt oft nur vorgegebenen Wegen

Frau Schmied hatte sich subjektiv die größte Mühe gegeben, ihre Situation zu deuten. Aber es gelang ihr einfach nicht, eine positive Veränderung zu bewirken.
Wenn wir mit unserer Behauptung über den individualisierenden Inhalt der meisten Alltagstheorien recht haben, so bleibt sie gerade wegen ihrer Deutungsversuche hoffnungslos stecken und nimmt Zuflucht zu den ihr naheliegenden und vertrauten Verhaltensweisen:
Sie weint und macht Szenen. Die Situation wird dadurch noch komplizierter, als sie ohnehin schon ist, denn ihr Weinen verstärkt nur seine Abwehr.

Sogar hier würde man in der Soziologie nicht in erster Linie von Spontaneität reden. Man würde dieses Weinen eine *Verhaltenstypisierung* nennen, eine situations- und rollenspezifisch immer gleichförmig auftretende Handlung, die von anderen gelernt ist und durch entsprechende soziale

Konzepte gestützt wird (wie z.B. durch das Stereotyp »Wenn Frauen weinen, werden Männer weich«).
Eine Frau klagt bei uns eher als ein Mann, der dazu erzogen wurde, zu verstummen oder zu schimpfen.
Verhaltenstypisierungen engen das Handlungsspektrum ein. Sie können andererseits aber auch helfen, nicht für jede Situation eigene Reaktionen finden zu müssen. Von Zeit zu Zeit sollten sie allerdings auf ihren Sinn hin überprüft werden.

Wahrnehmen, Denken, Handeln – eine komplizierte Wirklichkeit

Mit dem eben aufgezeigten Zusammenhang zwischen sozialen Konzepten und Handeln, das sich in unserem Fall in einer Verhaltenstypisierung ausdrückte, läßt sich unser Schema um ein weiteres Element ergänzen. (Jedes neu hinzukommende Element kennzeichnen wir künftig mit einem besonders kräfig gezeichneten Pfeil):

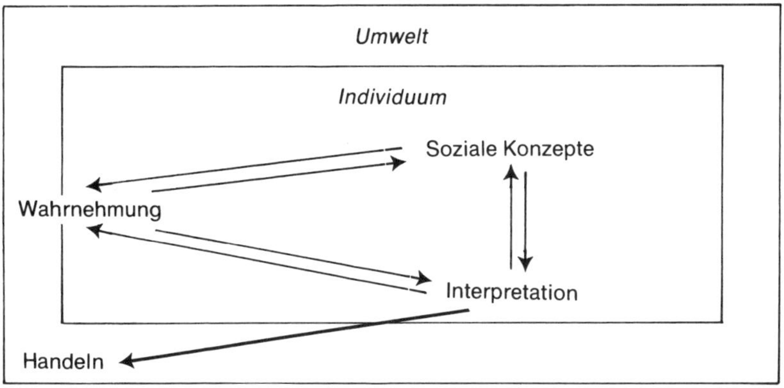

Wie diese Zusammenhänge konkret aussehen können, illustriert das folgende Experiment:

Kurzinformation aus der Forschung

Die amerikanischen Sozialwissenschaftler Snyder und Uranowitz ließen 212 männliche und weibliche Studenten die fiktive Fallgeschichte einer Betty K. lesen.
In diesem Bericht waren einige Informationen über Bettys Kindheit, über ihr Elternhaus, ihre Beziehungen während der Ausbildungszeit und schließlich über ihre ersten Berufserfahrungen enthalten.
Die Studenten und Studentinnen wurden gebeten, sich diese Angaben möglichst genau zu merken. Kurze Zeit später wurde den einen eröffnet, daß Betty lesbisch gewesen sei, einer anderen Gruppe sagte man, sie sei heterosexuell.
Eine Woche später bekamen sie einen Fragebogen mit 36 Mehrfachwahl-Antworten, der testen sollte, was sie noch über Bettys Fallgeschichte wußten. Die Verteilung der Antworten war aufschlußreich, denn sie zeigte, wie Stereotype und Alltagstheorien über soziale Minderheiten – wie z. B. lesbische Frauen – sogar unsere Erinnerungen prägen und damit unser Handeln beeinflussen.
Erstaunlicherweise kreuzte nämlich z. B. die Gruppe, der angegeben worden war, daß Betty lesbisch sei, die Antworten an, daß sie von ihrem Vater sexuell mißhandelt worden sei und ziemlich unattraktiv war, während die andere Gruppe angab, daß Betty eine recht glückliche Kindheit verlebt hatte und hübsch aussah.
Beiden Gruppen war wohlgemerkt die gleiche unverfängliche Lebensgeschichte zum Lesen gegeben worden, die derartige Details gar nicht enthalten hatte. Trotzdem wählten nur wenige die Antwort »Ich weiß nicht«.
In der künstlichen Laborsituation blieb das Handeln (ein Ankreuzen falscher Angaben) ohne Folgen, in der Realität hätten daraus im leichten Fall Klatschgeschichten, im schweren Fall Verleumdungen werden können.

(Quelle: Snyder, M., Uranowitz, S. 941–950, 1978)

So einfach dieses Beispiel ist, so verwickelt ist doch bereits der Zusammenhang zwischen der sozialen Wahrnehmung, dem Denken in sozialen Konzepten und dem sozialen Handeln.
Schon Außenstehende haben Mühe zu sehen, was genau abläuft. Die Beteiligten selber werden die Wahrnehmungs-»Verzerrung« wahrscheinlich gar nicht bemerken.
Wie oft ist uns wohl schon Ähnliches passiert? Wer hat uns schon an seinen bewußten, halbbewußten oder unbewußten Normen abblitzen lassen, über wessen Stereotype mögen wir schon gestolpert sein? Und wen haben wir wohl schon selber »objektiv« beobachtet und trotzdem einseitig beurteilt?
Uns gehen viele Fragen durch den Kopf. Vielleicht können sie auch Ihnen dabei helfen, das vorhergehende Kapitel für den eigenen Alltag zu verarbeiten.

2.3 Ich frage mich...

– An welchen Normen orientiere ich mich eigentlich?
  Um das herauszufinden, schreiben Sie am besten spontan einige Sätze auf, die mit »Ich muß...« bzw. mit »Ich darf nicht...« beginnen:

  und zwar mindestens je 5 für folgende Bereiche:

  1. Partnerschaft und Familie
     z.B. Ich muß an meinem Partner bzw. meiner Partnerin alles schön finden

     ....

     ....

– 2. Arbeit
     z.B. Ich darf keine Fehler machen

     ....

     ....

– 3. eine Situation, die im Moment besonders wichtig ist, z.B. Ich muß es schaffen, daß mein Klientenehepaar Schmied sich nicht trennt

     ....

     ....

– Welche Normen davon bejahe ich nun wirklich?
  Das können Sie leicht herausfinden, indem Sie Ihre obigen Sätze umformulieren. »Ich muß« wird zu »Ich will« und »Ich darf nicht« zu »Ich will nicht«.
  Achten Sie auf die dabei auftretenden Gefühle.
– Welche dieser Normen habe ich wo gelernt?
  Kann ich die ungeliebten Normen wieder loswerden? Wie? Was steht mir dabei im Wege?
– Welche Alltagstheorien benutze ich nicht so sehr als Erklärung meines Verhaltens, sondern vielmehr zur nachträglichen Rechtfertigung für bestimmte Verhaltensweisen?
  (Vorsicht! Diese Frage läßt sich für andere besser beantworten als für sich selber.)

- Kenne ich bei mir Verhaltensmuster, die in bestimmten Situationen immer wiederkehren?
  Was tue ich zum Beispiel zu Hause, am Arbeitsplatz oder auf einer Party, wenn ich mich verletzt, beglückt oder wütend fühle oder wenn ich Kritik äußern oder Probleme lösen soll?
  Weiß ich eigentlich, welche Verhaltenstypisierungen meine Kinder von mir lernen? Weiß ich, welche Normen in meiner Familie gelten? Bin ich zufrieden mit dem, was mir einfällt?
- Gibt es Menschengruppen, über die ich keine starren Vorstellungen haben möchte, sie aber nicht ganz sicher ausschließen kann?
- Was nehme ich wohl alles nicht wahr?
  Zum Beispiel ist mir die ganze übersinnliche Welt verschlossen. Heißt das, daß es sie nicht gibt oder heißt das, daß mir die entsprechenden Konzepte fehlen, um sie wahrnehmen zu können?
  Wie kann ich meine Konzepte erweitern, damit ich mehr sehe?

3 Angewandtes soziologisches Denken: Die kleine Gruppe

Bevor wir nun die Grundsatzerklärung über das soziologische Denken auf die zweite von uns angekündigte Ebene, nämlich auf die kleine Gruppe, anwenden, müssen wir noch den Gruppenbegriff klären. Es könnte sonst allzuleicht Verwirrung zwischen einem spontanen Sprachverständnis und unserer genaueren, leider aber auch komplizierteren Fachsprache entstehen.

3.1 Was ist eine Gruppe und was ist eine kleine Gruppe?

In einer Zeitung finden wir folgende Sätze in verschiedenen Artikeln:

> Die wichtige, jedoch vielfach unterschätzte *Gruppe* der Hausfrauen ist zum Thema »politische Chancen von Jugendlichen« befragt worden ...
>
> Eine *Gruppe* aufgeregter Zuschauer stand um die Verletzten herum. Die große Blutlache...
>
> Am Stammtisch im Rosengarten geht es hoch her. Plötzlich steht der Herr mit Spitzbauch und Schnurrbart auf und setzt zu einer weinseligen Rede an: »Unsere *Gruppe* feiert heute ihr 5jähriges Jubiläum. Freunde, darauf müssen wir einen trinken...«
>
> Im westdeutschen Stahlwerk »Wackereisen« legte die *Gruppe* »Stein und Erden« am 6. 7. 94 bis auf weiteres die Arbeit nieder. Wie aus unterrichteten Kreisen der Gewerkschaft Metall zu vernehmen war, ist ein Ende dieses Streikes erst zu erwarten, wenn...

Vier sehr unterschiedliche Sachverhalte werden in der Zeitung als *Gruppe* bezeichnet. In einer hitzigen Diskussion am Küchentisch könnte es uns selber ähnlich gehen, denn schließlich entspricht dies dem normalen Sprachgebrauch. Vom soziologischen Standpunkt aus müssen wir jedoch anders vorgehen:

Die Hausfrauen im ersten Artikel nennen wir nicht eine Gruppe sondern eine – soziale Kategorie

Die Zuschauer sind für uns als Soziologinnen eher eine – situative Gruppierung

Und nur in den letzten beiden Artikelauszügen sind wir auch als Fachfrauen einverstanden mit dem Begriff der – Gruppe,

und zwar nennen wir den Stammtisch eine – Kleingruppe,

und die Männer von Stein und Erden gehören für uns eher zu einer – Großgruppe bzw. Organisation

Wir wollen uns nun auf den nächsten Seiten mit diesen verschiedenen Begriffen auseinandersetzen. Nur die Diskussion der Großgruppe oder Organisation verschieben wir auf das Kapitel 4.

Zur sozialen Kategorie

Die Hausfrauen eines Landes gehören nicht alle einer Gruppe an, sondern sie bilden eine soziale Kategorie. Genau wie Freudenmädchen, Biertrinker, Polizistinnen, Waschmittelverkäufer, Touristen, Bahnbeamte, Hundertjährige und Daumenlutscher.
Als soziale Kategorie bezeichnen wir Menschen, die zwar als Gesamtheit keinen Kontakt haben, aber mindestens in einer Hinsicht deutliche soziale Ähnlichkeiten aufweisen, die sie zugleich charakterisieren und von anderen unterscheiden. Bei den Hausfrauen wäre dies zum Beispiel ihre Arbeitssituation: Sie sind für Mann und eventuelle Kinder im Rahmen ihres eigenen Heims ohne festen Lohn tätig. Solche Charakteristika sind meist noch mit anderen, weniger offensichtlichen Gemeinsamkeiten verbunden, die Soziologen und Soziologinnen interessieren, weil sie oft eine bestimmte Typik aufweisen. So entdeckte man vor einiger Zeit z. B. die »Hausfrauenkrankheit«, und es gibt viele Vorstellungen, Werte und Normen von Hausfrauen, die eng mit ihrer Situation zusammenhängen und ihnen gemeinsam sind, ohne daß sie sich das durch enge Kontakte miteinander beigebracht hätten. Wir möchten nur gewisse Reinlichkeits- und Ordnungsvorstellungen erwähnen oder die Neigung, lieber über Beziehungen statt über Politik zu reden.

Zur situativen Gruppierung

Die situative Gruppierung drückt schon einen direkteren Bezug aus. Es handelt sich um Leute, die durch eine äußere Situation wie Eisenbahnbenutzung, Straßenmusik oder den erwähnten Unfall zusammentreffen und sich deutlich abgehoben von der Umgebung gruppieren. Wenn die Situation vorbei ist, trennen sich ihre Wege, und wahrscheinlich sehen sie sich nie wieder. Sie weisen in sehr schwacher Ausprägung zwar einige Merkmale von Gruppen auf, aber das wichtigste, das Bestehen über einen längeren Zeitraum, fehlt ihnen.

Zur Gruppe

Die echte Gruppe ist wie gesagt seltener, als unsere Sprache suggeriert. Viele Menschen neigen dazu, in allen kleineren und größeren Menschenansammlungen Gruppen zu sehen und sich dementsprechend diesen Gebilden gegenüber immer ähnlich zu verhalten. Daher schafft der Begriff in seiner undifferenzierten Verwendung nicht selten Schwierigkeiten.
So verstummen die einen automatisch, sobald sie meinen, einer Gruppe gegenüberzustehen und tauen erst im intimen Zweiergespräch wieder auf. Die anderen vermuten irgendwelche verborgenen Abmachungen feindseliger oder abwertender Art zwischen den Menschen in der angeblichen Gruppe und reagieren entsprechend abweisend. Wieder andere mühen sich vergeblich ab, die Mitglieder vermeintlicher Gruppen zu einer intensiven Kooperation zu veranlassen, wundern sich, wenn sie dabei scheitern und schaffen damit nur sich und anderen Schuldgefühle.
Eine Gruppe im soziologischen Sinne hat mindestens zwei oder mehr Mitglieder, die in einer irgendwie gearteten regelmäßigen Beziehung stehen. Das heißt, vielleicht sprechen sie miteinander über wichtige Dinge, vielleicht sitzen sie aber auch nur jahrelang im gleichen Klassenzimmer. In jedem Fall ist die Beziehung von längerer Dauer und strukturiert, d. h., sie ist nicht zufällig und regellos.
Wenn ich mit Menschen umgehen will, ist es sehr nützlich zu wissen, ob sie überhaupt eine Gruppe darstellen und wie diese Gruppe gegebenenfalls aussieht. Erst dann kann ich abschätzen, wie ich mich in dieser Menschenansammlung bewegen kann und welche Leistung ich von ihr erwarten darf. Dazu muß ich einige Kenntnisse von Gruppenstrukturen und Gruppenprozessen erwerben. Wir haben das für uns wichtigste Wissen über Klein- und Großgruppen zusammengetragen und hoffen, daß Sie es genauso spannend finden wie wir. In diesem Kapitel beginnen wir mit der Kleingruppe.

3.2 Kleingruppen

Was empfinden wir noch als klein? Mit Sicherheit Gruppen, zu denen weniger als zwölf Personen gehören. In einigen Ausnahmefällen mögen uns auch Gruppen mit fünfzehn Teilnehmern noch als klein erscheinen, aber darüber hinaus würden wir keine Gruppe mehr unter der Bezeichnung »Kleingruppe« aufführen. Typische Beispiele, die uns einfallen, sind:
Spielgruppen, Jugendlichen-Banden, Rockergruppen, Freundesgruppen, Stammtische und Cliquen. Familien bilden, durch die nur für sie typische Rollenkombination von Vater, Mutter und Kindern, einen Sonderfall, können aber ebenfalls als kleine Gruppe bezeichnet werden.
Was haben diese und andere Kleingruppen nun gemeinsam?

In kleinen Gruppen

... kennt man sich gegenseitig von Angesicht zu Angesicht, denn sie sind noch überschaubar groß.

Gefühle spielen eine sehr wichtige Rolle – gleich ob man sich offen liebt, gerne hat und haßt oder nach außen gleichgültig tut und innen die Sehnsucht nach Nähe verbirgt.

Aber es gibt eventuell auch gemeinsame, meist emotionale Ziele.

Normen werden oft gemeinsam entwickelt ...

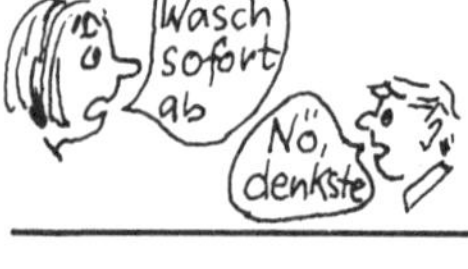

... und für die Lösung einer Aufgabe ist die Art und Qualität der Beziehungen untereinander bestimmend.

So kommt es, daß man sich hier vor allem als unverwechselbarer Mensch fühlt und Strukturen weniger wahrnimmt ...

... und jeder Mitgliederwechsel die Gruppe sehr verändert, bzw. sogar eine neue Gruppe schafft.

Schließlich entwickelt man in diesen Gruppen auch ein Bewußtsein der Zusammengehörigkeit, das Wir-Gefühl.

Die kleine Gruppe ist also eine ganz besondere Gruppe. Deshalb braucht sie auch Strukturen, die dem Rechnung tragen. Wie sehen sie aus?

3.2.1 Gruppenstrukturen

In Gruppen leben die einzelnen nicht beziehungslos nebeneinander, sondern sie stehen in einem nicht-zufälligen, sich meistens wiederholenden Bezug. Diesen Bezug nennt man in der Soziologie Gruppenstruktur!

Schauen wir uns die ganze Sache zur Vereinfachung einmal wie eine Momentaufnahme an!

Die soziale Kategorie der Hausfrauen	keine Struktur
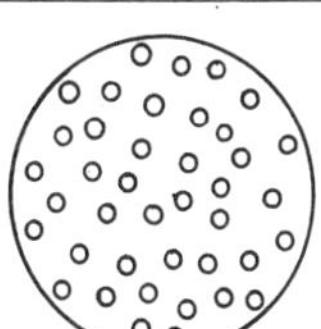	Als Gesamtheit hat die soziale Kategorie keine Strukturen, da es sich lediglich um so etwas wie einen Sammelbegriff handelt, der keinerlei direkte Kontakte der Betreffenden voraussetzt.
Die aufgeregten Zuschauer beim Unfall als situative Gruppierung	Minimalstruktur

die Unterschreitung des Minimalabstands löst Unbehagen aus 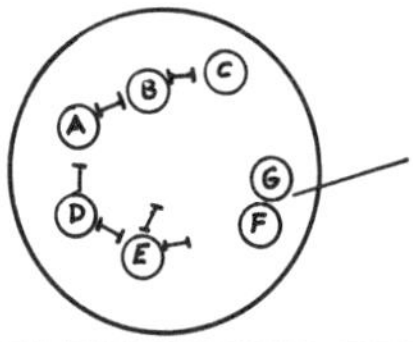	Hier finden wir bereits eine minimale Ordnung, aber sie reicht nicht aus, um diese Menschenansammlung über eine längere Zeit zusammenzuhalten. (Z. B. ⊢⊣ = minimaler Abstand zwischen den Passanten als Ordnungselement)
Und die Männer vom Stammtisch als Beispiel einer Kleingruppe	ausgeprägte Struktur
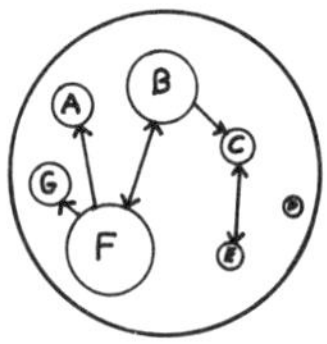	Die vollständige Struktur am Stammtisch können wir gar nicht aufzeichnen, so viele Elemente hat sie. Zwei davon haben wir beispielhaft ausgewählt. (Die Größe der Kreise = Anteil der einzelnen Zechgenossen an der lustigen Stimmung, und die Pfeile = Kontaktnahme zwischen den einzelnen Mitgliedern zu einem bestimmten Zeitpunkt des Abends.)

Strukturen sind natürlich in Wirklichkeit nicht so starr und eingefroren, wie die Momentaufnahme des Stammtisches vermuten läßt, sondern sie verändern sich. Eigentlich müßte man einen Film über die Männerrunde ablaufen lassen, um den Prozeß der Strukturierung einfangen zu können. Meist geben vereinfachende Bilder aber keinen schlechten Eindruck, weil sich in Gruppen typische Strukturmuster herausbilden.

Sie bestehen aus systematisch immer wieder ähnlich verlaufenden Beziehungen. Dabei werden die Beziehungen zwischen den Gruppenmitgliedern auch durch die sozialen Konzepte, über die die einzelnen Akteure verfügen, geregelt. Diese sozialen Konzepte können beispielsweise aus Alltagstheorien oder Stereotypen über die Interaktionspartner oder auch nur aus Normen in bezug auf den räumlichen Abstand zwischen den Handelnden bestehen.

Daß es solche Normen gibt und daß wir uns – meist unbewußt – in unserem Umgang mit anderen Menschen an ihnen orientieren, illustriert das folgende Beispiel aus der Forschungspraxis im Bereich von kleinen Gruppen.

Kurzinformation aus der Forschung

Der amerikanische Forscher Willis ließ über längere Zeit von seinen Studenten den räumlichen Abstand messen, der zwischen ihnen und ihren Interaktionspartnern bei einem privaten Gespräch bestand. Die Ergebnisse zeigten, daß sich sogar in bezug auf dieses Detail, das in den meisten Fällen von uns gar nicht wahrgenommen wird, die Teilnehmer und Teilnehmerinnen an bestimmten sozialen Konzepten orientieren, die – in diesem Fall – die räumliche Beziehung regeln.

Person, die das Gespräch begann	Entfernung zum Partner in cm
Bekannter	60
Ältere Person	68
Elternteil	66
Freunde	50
Frau zu Frau	
Bekannte	57
Freundin	66
enge Freundin	45
Mann zu Mann	
Bekannte	60
Freund	57
enger Freund	59

(Quelle: Willis, S. N., 1966)

Es wäre übrigens interessant, dieses Experiment im deutschsprachigen Raum zu wiederholen, denn es ist durchaus anzunehmen, daß hier kulturelle Unterschiede bestehen. So gelten in den USA Entfernungen zwischen 20 und 30 cm bereits als sehr aggressive oder freundschaftliche Nähe, während sie in Lateinamerika die übliche Entfernung zwischen redenden Männern darstellen.

Aber schauen wir uns nun typische Kleingruppenstrukturen – nämlich die Kommunikationsstruktur und Quasirollenstruktur – an. Zuerst die

3.2.1.1 Kommunikationsstruktur in der Horizontalen

Wer hat Kontakt mit wem, mit wem nicht, oder nur wenig?
In welcher Form und nach welchen sozialen Konzepten verlaufen die Kontakte?
Wie sieht die Beziehung zwischen den Gruppenmitgliedern in jedem Moment aus, und wie verändert sie sich über die Zeit?

Das drückt etwa in mageren Worten die Bedeutung des Wortes Kommunikationsstruktur aus. Sie hat einen horizontalen und einen vertikalen Aspekt. Der vertikale Teil der Kommunikation, auf den wir später eingehen, hat mit Macht und Hierarchie zu tun. Der horizontale Bereich umfaßt die Aufteilung der verschiedenen Funktionen unter den Mitgliedern (z.B. die Arbeits- und Unterhaltungstätigkeit). Unsere Trennung zwischen beiden Aspekten ist rein analytisch, denn in Wirklichkeit sind sie in kleinen Gruppen eng miteinander verbunden. Wir wollen nun zunächst den funktionalen – oder horizontalen – Teil der Kommunikation anschauen. Dabei können wir zwischen einem Inhalt, den diesen Teil strukturierenden sozialen Konzepten, und einer Form unterscheiden.

Wer gibt sich wie? Inhalte einer Kommunikationsstruktur

In einer uns bekannten Kleingruppe, einer Selbsterfahrungsgruppe, sieht man sich regelmäßig. Die Mitglieder senden einander viele verschiedene Signale mit dem, was sie sagen und was sie nicht sagen, mit ihren Gesten oder Blicken:

- Dieter redet viel und mit allen. Dabei versucht er meistens ausgleichend zu wirken, indem er eine angegriffene Teilnehmerin aufmuntert und stützt oder Äußerungen, die ihm zu heftig oder gar verletzend erscheinen, abschwächt.
- Eva spricht auch, aber sie sendet viel mehr nonverbale Signale aus als Dieter. Damit verbreitet sie Wärme. Wie sie es genau macht, ist den wortfixierten anderen ein Rätsel, aber sie macht es. Sie kritisiert praktisch nie jemanden innerhalb, dafür aber jede Menge Menschen außerhalb der Gruppe.
- Bernd spricht etwa soviel wie Dieter. Aber im Gegensatz zu ihm *kritisiert* er vor allem. Seine Verbundenheit mit der Gruppe signalisiert er trotzdem, aber ein wenig kühler als Eva.
- Anita redet am meisten. Sie erzählt vor allem von sich und ihren traurigen Gefühlen dem Leben und den Menschen gegenüber. Wenn sie direkt mit anderen spricht, geschieht das meist in positiver Form. Gelegentlich hat sie aber richtige Ausfälle von Kritik an einzelnen Gruppenmitgliedern.
- Carla schweigt praktisch nur – schon seit 1½ Jahren. Auch nonverbal sendet sie wenig Zeichen von Anteilnahme. Lange Zeit wußte niemand, ob sie den anderen überhaupt je etwas mitteilen will. Langsam kommen kurze, verbale, meist allgemein gehaltene Mitteilungen.

Mögliche Beispiele für Inhalte einer Kommunikationsstruktur sind also:

- emotions- oder sachbezogene Themen
- positive oder negative Äußerungen über sich selbst, über Gruppenmitglieder, die soziale Umwelt oder allgemeine Themen
- Austausch averbaler Signale
- Schweigen oder totale Funkstille

Die Formen, in denen die Menschen in Gruppen ihre Signale hin- und herschicken, werden meist viel weniger beachtet als die Themen der Kontakte, aber sie sagen sehr viel aus. In echten Gruppen wechseln zwar die Inhalte, aber oft bleiben die Formen über gewisse Zeiträume so ähnlich, daß sich dauerhafte und für die entsprechende Gruppe typische Kommunikationsstrukturen herausbilden.

Wie steht man zueinander? *Formen einer Kommunikationsstruktur*

In Gruppen können die typischen Kommunikationsstrukturen verschieden geformt sein,

z. B. so:

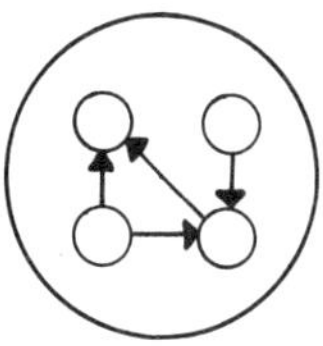

Kontaktaufnahme zwischen den einzelnen ist einseitig

oder so:

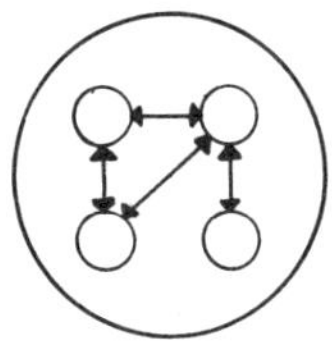

Kontaktaufnahme zwischen den einzelnen ist gegenseitig

z. B. so:

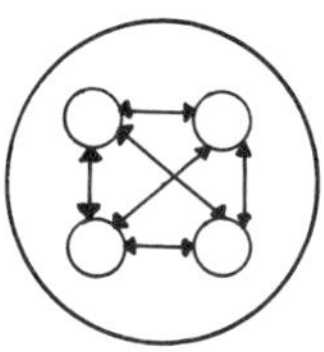

Alle haben Kontakt mit allen. Es ist, mindestens formal, eine gleichgewichtige Struktur. Zwischen allen Mitgliedern bestehen Kommunikationskanäle.

oder so:

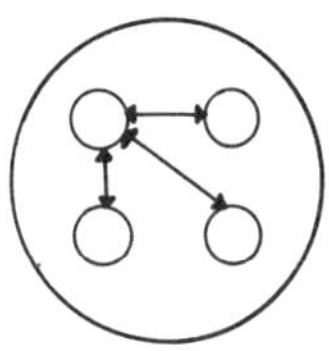

Jemand ist das Kommunikationszentrum und hat mit allen Kontakt. Diese Struktur ist ungleichgewichtig. Nicht alle Mitglieder sind durch Kommunikationskanäle miteinander verbunden.

In der sozialwissenschaftlichen Forschung hat sich gezeigt, daß nicht jede Kommunikationsstruktur in jeder Situation optimal ist.

Kurzinformation aus der Forschung

Nach den Experimenten von Bavelas und Leavitt erwiesen sich nicht alle Kommunikationsstrukturen als gleich günstig für die Lösung von Aufgaben. Die Forscher gaben unterschiedlichen Gruppen, die nur in einer bestimmten Form schriftlich miteinander Kontakt aufnehmen durften, verschiedene Probleme auf. Bei den einzelnen Typen von Kommunikationsstrukturen zeigten sich folgende Ergebnisse:

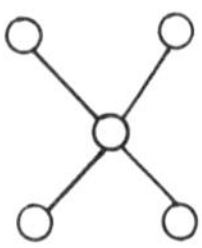

Rad

Wenn nur eine Person mit allen übrigen Kontakte haben konnte, war die Person im Zentrum der Gruppenaktivität zufrieden, die anderen Personen jedoch weniger. Das Problem wurde allerdings *sehr schnell* und *sehr genau* gelöst. Bei der Organisation der Arbeit gab es keine Schwierigkeiten, da sich sofort ein Führer der Aktivitäten herauskristallisierte (nämlich die Person, die im Zentrum der Kommunikation stand). Hingegen konnte sich diese Gruppe nur sehr schlecht an eine plötzliche Veränderung der Aufgabe anpassen.

In der Gruppe, die in Form einer Kette miteinander Kontakt aufnehmen konnte, war die Person in der Mitte der Kette mit der Gruppenaktivität zufrieden, während die übrigen weniger glücklich waren. Die Aufgabe wurde von ihnen *schnell* und *recht genau* gelöst. Die Organisation der Problemlösung entwickelte sich zwar langsam, blieb dann aber über die Zeit stabil. Die Person in der Mitte der Kette wurde deutlich zum Führer, die Anpassung an eine Veränderung der Aufgabe verlief jedoch eher schlecht.

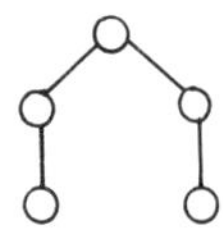

Kette

Hatten die Kommunikationsstrukturen den Charakter eines Kreises, so waren sämtliche Mitglieder sehr zufrieden mit der Gruppenaktivität. Allerdings wurde die Aufgabe *eher langsam und mit geringerer Genauigkeit* gelöst. Die Organisation der Problemlösung verlief spontan und war wenig stabil. Ein Führer kristallisierte sich überhaupt nicht heraus, und trotzdem konnte sich die Gruppe sehr gut auf eine plötzliche Veränderung der Aufgabe umstellen.

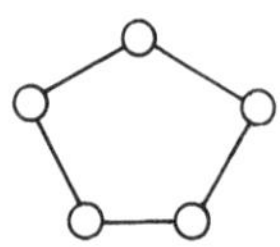

Kreis

(Quelle: Lindgreen, H. C., 1973, S. 386f.)

Das bedeutet, daß man nicht einfach von „guten" oder „schlechten" Kommunikationsstrukturen sprechen kann. Sie sind immer nur gut oder schlecht im Hinblick auf ein bestimmtes Ziel, das die Gruppe erreichen will. Geht es vor allem um emotionale Befriedigung der Mitglieder und um das Ziel, möglichst flexibel auf Veränderungen reagieren zu können, dürfte es optimal sein, wenn möglichst viele Kommunikationskanäle in der Gruppe vorhanden sind. Geht es jedoch wie z. B. in Katastrophenfällen darum, sehr schnell und sehr genau ein bestimmtes Problem zu lösen, können ausgeprägte Führerschaft und fehlende oder nicht genutzte Kommunikationskanäle zwischen den Mitgliedern durchaus sinnvoll sein. Besonders wichtig ist vermutlich, wie anpassungsfähig eine Gruppenstruktur ist. Wenn sie nämlich noch flexibel ist, kann man je nach Situation eine optimale Struktur einrichten.

Doch zurück zu unserer Selbsterfahrungsgruppe:
In diesem Beispiel, das die Kommunikationsinhalte einer Gruppe beschrieb, ist die schweigende Carla zu einem Störfaktor geworden. Sie sucht seit 1½ Jahren Zuwendung, ohne daß sie viel von sich geben kann. Es ist, als ob alle Appelle bei ihr versanden. Die Gruppe ist aber auch auf ihre Hilfe und Mitgestaltung angewiesen. Man hält es schließlich nicht gut aus, quasi à fond perdu zu geben. Andererseits kann man nicht gut ein Mitglied beständig ignorieren. Sonst entstünde eine Situation, daß die Gruppe einen Film spielt vor Carla als Zuschauerin. Eine unangenehme Vorstellung.
In der formalen Sprache von Pfeilen, die hin und her gehen, bietet unsere Selbsterfahrungsgruppe folgendes Bild:

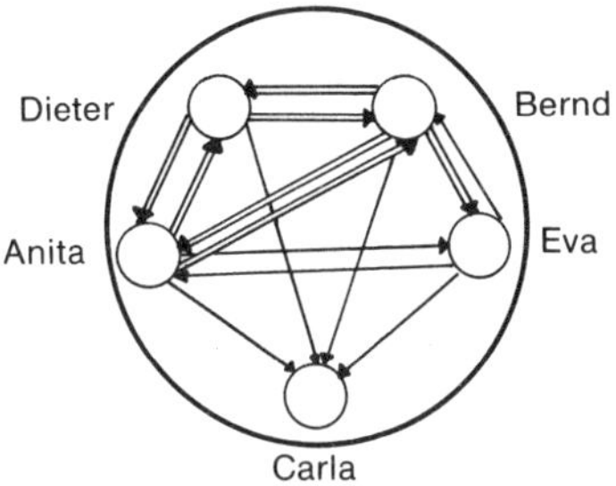

Carla behält alle Kommunikation bei sich und gibt sie nicht weiter

(Die Dicke der Pfeile sagt etwas über die Häufigkeit der Kommunikation aus)

Formal ändert sich der Zustand über 1½ Jahre kaum, obwohl der *Inhalt* der auf Carla zulaufenden Pfeile sehr deutlich wechselte. Zu Beginn bekam Carla viele Anstöße, doch etwas von ihrer persönlichen Situation zu erzählen. Als sie ihr Schweigen nicht brach, wechselten diese Anfragen mit gelegentlichen Attacken ab, die mit der Zeit immer häufiger wurden, bis Carla praktisch nur noch Angriffe auf sich zog.
Die Gruppe zielte wahrscheinlich unbewußt auf ein formales Ideal, das etwa so aussehen könnte:

Möglicher Idealzustand der Selbsterfahrungsgruppe

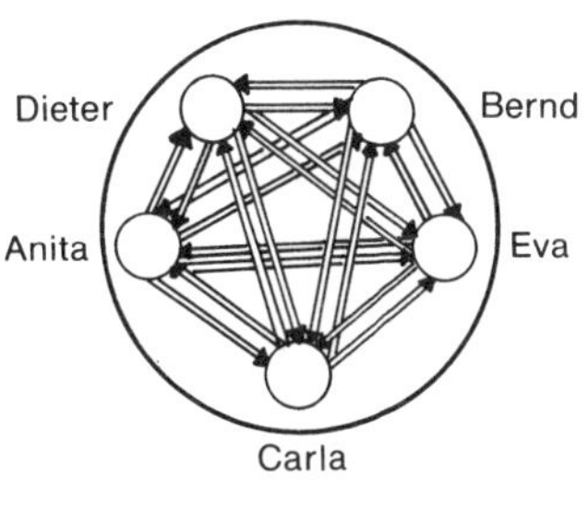

Die Kommunikation fließt gleichmäßig und gegenseitig von jedem zu jedem

»Nur die ›dumme‹ Carla verhinderte mit ihrem Redeboykott dieses Ziel.«

Oder war es nur in den Augen der individualisierenden Gruppenmitglieder so, die für den Zustand, der ihnen Unbehagen verursachte, eine Schuldige suchten?
Aus soziologischer Perspektive müßte man sich fragen, ob Carlas Beitrag zum Problem vielleicht gerade nur der Teil eines strukturellen Prozesses war, den man am leichtesten mit einem negativen Etikett versehen konnte. Wenn ja, wie sah dann der gesamte Prozeß aus? Wir kommen der Antwort auf diese Frage näher, wenn wir Form und Inhalt zusammennehmen und die so entstehende »Quasirollenstruktur« betrachten.
Vorher müssen wir allerdings erst den vielfältigen Inhalt durch eine radikale Zusammenfassung überblickbar machen:

Quasirollen

Die Inhalte der Kommunikationskanäle, die von einem Gruppenmitglied ausgehen, kennzeichnen dieses Mitglied. Sie zeigen, welche »Rolle(n)« es in der Gruppe spielt.
Interessant ist das doppelte Gesicht von Eva. Averbal sendet sie Signale, die ausgesprochen direkt und warm sind und den Gruppenzusammenhalt fördern. Verbal äußert sie platte gesellschaftskritische Sprüche, die meist gegen Männer außerhalb der Gruppe gerichtet sind.
Wenn ein Mitglied verzweifelt erzählt, daß es keinen Zugang zu seinem Ehepartner findet und nicht mehr aus noch ein weiß, dann kommt trocken von irgendwoher Evas Stimme: »Die Männer in unserer Gesellschaft können alle keine Gefühle mehr zeigen. Ihnen geht es doch nur um die Macht.«
Eva zeigt verschiedene typisierte Verhaltensweisen.

Einerseits
- drückt sie mit ihren Worten weder Anteilnahme noch Verstehen aus
- macht sie manchmal bei passenden und meist bei unpassenden Gelegenheiten kurze, bissige Kommentare zu gesellschaftlichen Mißständen
- spricht sie trocken und sachlich etc.

Auf der Wortebene ergeben diese Verhaltensweisen zusammengenommen ein für Eva typisches Bild. Man könnte sie als »Kommentatorin externer Zustände« bezeichnen.

Auf der anderen Seite gibt es die nonverbale Seite von Eva
- sie lächelt beschwichtigend
- faßt die anderen begütigend bei der Schulter
- tröstet etc.

Hier zeigt sich eher die »Gruppenmutter«.

Wie Eva hat jedes Gruppenmitglied eine oder mehrere solcher *Quasirollen* inne. Je nach Situation steht die eine oder die andere davon im Vordergrund. Häufig kann man jedoch eine Hauptrichtung ausmachen. Eva z. B. zeigt zwar meistens beide Quasirollen miteinander, aber da die Teilnehmer mehr auf ihre Worte achten als auf ihre nonverbalen Zeichen, wirkt sie doch vor allem kritisch und distanziert.
Bernd hat eine andere Quasirolle. Er greift am häufigsten einzelne Mitglieder an und wird deshalb von uns als »interner Kritiker« bezeichnet.
Anita hat die Quasirolle »tragisches Gefühlszentrum«. Sie zeigt gerne ihre traurigen Gefühle und spricht die anderen viel auf deren Emotionen und vor allem auf ihre Kümmernisse hin an.

Carla schweigt und schweigt. Sie hat die Quasirolle der »stummen Zuschauerin«.
Dieter versucht häufig, bei Meinungsverschiedenheiten auszugleichen. Ihn wollen wir »Friedensstifter« nennen.

> Quasirollen sind Bündel von Verhaltenstypisierungen, denen man einen treffenden Namen geben kann.
> Sie sind nicht eigentlich von außen gefordert, sondern werden eher vom Mitglied eingebracht. Sie sind jedoch so verfestigt und prägen derart das Handeln des einzelnen, daß sie quasi Rollencharakter bekommen. Daher der Name »Quasirollen«.
> Verläßt ein Mitglied die Gruppe, so nimmt es seine Quasirolle mit sich. Niemand erwartet vom Neuling, daß er sich gleich verhält wie sein Vorgänger bzw. seine Vorgängerin.

Will man in Kleingruppen dem strukturellen Prozeß auf die Spur kommen, so besteht der erste Schritt in einer Beobachtung der Gesprächs*inhalte*, um die einzelnen Quasirollen ausfindig machen zu können. In einem zweiten Schritt schaut man dann die Beziehungen zwischen den Quasirollen an, indem man auch die *Form* der Kommunikation mitberücksichtigt:

Ohne mich kannst Du nicht so sein, wie Du bist: die horizontale Quasirollenstruktur

1) Eva kommentiert Anitas Gefühlsausbrüche: »Hör doch auf, Männer sind eben so – Frauen werden unterdrückt.«
   Damit klemmt sie Anita meist erfolgreich ab.

2) Dieter aber unterstützt die angegriffene Anita: »Laß Dich bloß nicht entmutigen, Anita.«
   Meist traut sich Anita dann, weiterhin ihre Lage zu beklagen.

3) Evas Spruch angesichts Anitas Tränen hat gleich noch eine weitere Wirkung. Carla hätte nämlich fast von sich aus eine Bemerkung zu Anitas Kummer gemacht.
   Nun traut sie sich aber nicht mehr, etwas zu sagen. Damit hat Eva zwei Fliegen mit einer Klappe geschlagen.

4) Dieter spürt die massive Wirkung von Evas Sprüchen und versucht abzuschwächen: »Verallgemeinerst Du nicht ein bißchen viel, Eva?«
   So nimmt er Eva die Möglichkeit, von sich aus einzulenken und wird damit selbst für Spannungssenkung zuständig.

5) Dieters Entspannungsversuche haben eine indirekte Wirkung auf Bernd. Er fühlt sich nun berufen, das Konfliktniveau wieder herzustellen und greift Eva an: »Deine ewigen Sprüche nerven mich richtig.«
Das reizt Evas Widerstand…

6) … und sie kontert mit einer Bemerkung über die aggressiven Männer: »So ist das aber, Männer wollen immer Macht…«
Bernds angestammte Quasirolle wird damit aufs neue angeheizt und prompt…

7) … wendet er sich gegen Carla: »Und Du regst mich übrigens auch auf. Du sitzt da wie im Kino.«
Damit verschüchtert er die »stumme Zuschauerin« aufs neue.

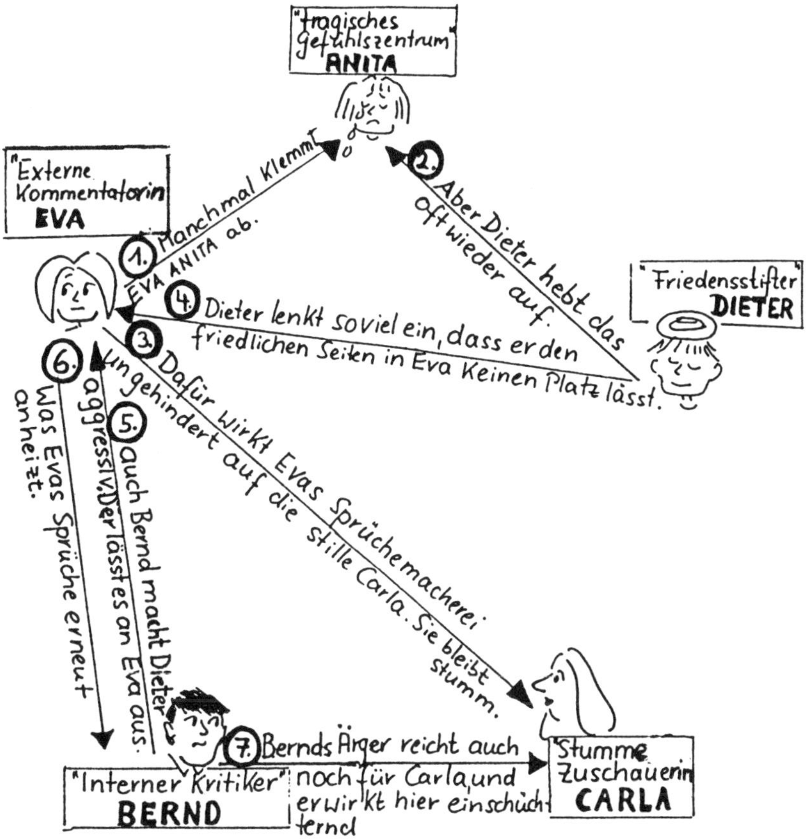

Wir haben in der Zeichnung rigoros Inhalte zusammengefaßt und die Wirkung der Quasirollen aufeinander nur beispielhaft, keineswegs vollständig dargestellt. Trotzdem ist das entstehende Bild schon recht komplex und macht besonders eines deutlich: Quasirollen sind nicht Sache des einzelnen alleine, sondern sie erhalten sich gegenseitig am Leben. Das bedeutet:

> Das Verhalten der einzelnen in einer Gruppe kann nur verstanden und eventuell verändert werden, wenn die *gesamte* Quasirollenstruktur der Gruppe erkannt und den Mitgliedern bewußt wird.

Das Beispiel von Carla soll das illustrieren. Carla bringt die Quasirolle »stumme Zuschauerin« schon mit in die Gruppe. Genauso hat sie mit ihrer Mutter gelebt. Ihrem Mann und ihrem Kind gegenüber ist sie auch verschlossen. Für die Gruppe wird sie zum idealen Sündenbock, um alle Schuld für das allgemeine Unbehagen am Gruppenklima zu verkörpern. Die anderen reden zwar auch etwas seltsam miteinander – bissig, stets heulend, ewig milde etc. –, aber zumindest in ihrer Wahrnehmung nehmen sie aufeinander Bezug. Nur Carla...
Tatsächlich hat Carlas Quasirolle eine verstärkende Wirkung auf andere »negative« Quasirollen in der Gruppe. Carla ist ein gefundenes Fressen für die Teilnehmer. Bernds Neigung zum Kritisieren wird stets aufs neue angeheizt, desgleichen Evas Sprücheklopferei. Anita mag es genießen, daß sie, ungestört von Carlas eigenen Bedürfnissen zur Selbstdarstellung, weinen darf, und Dieter freut sich, daß er Carla vor den anderen in Schutz nehmen kann. Obwohl sich Carla von Anfang an in der Gruppe verschlossen zeigte, tragen die Quasirollen der anderen dazu bei, daß sie sich noch weiter ins Schneckenhaus zurückzieht.
Sicher hatten anfangs alle Gruppenmitglieder ihr Interesse an Carla bekundet. Aber das ganz wenige, was sie gesagt hatte, fiel den beiden Kritikern in die Hände und wurde rasch zerpflückt. Anita benutzte jede Pause, um über ihre eigene Situation zu berichten, und der Friedensstifter nahm Carla die Möglichkeit, sich selber dagegen zu wehren, indem er sich für sie einsetzte.
Oder positiv ausgedrückt: Wenn Eva und Carla sich verändern, wird Bernd seine Kritik nicht aufrechterhalten können und eine neue Quasirolle finden müssen. Wenn Eva sich verändert, wird Carla seltener in ihren schüchternen Versuchen der Selbstdarstellung gestört werden und kann sich eher entfalten. Usw. usw.
Bei der Strukturbeschreibung sind wir an dieser Stelle vom »Photo« zum »Film« übergegangen. Positive Veränderungen sind ohne geschulte Lei-

tung in der vorhandenen Struktur dieser Selbsterfahrungsgemeinschaft kaum zu erwarten. Einer der Gründe dafür ist:

> Das Verhalten der einzelnen wird in der Kleingruppe noch mehr als in großen Gruppen als Merkmal der Persönlichkeit des Individuums interpretiert.

Oder mit anderen Worten gesagt: Man nimmt Carlas Schweigen mehr als Ausdruck ihres Charakters wahr und weniger als Teil eines sozialen Prozesses. Zudem sind die Strukturen nicht von außen durch feste Regeln vorgegeben, sondern sie werden durch jedes Mitglied beeinflußt. Genau das aber verstärkt den Eindruck totaler individueller Freiheit. Tatsächlich ist jedoch die Auswahl an Quasirollen gar nicht unbegrenzt und nur persönlich geprägt. Schweiger finden sich fast überall, kritische Wortführer desgleichen. Friedensstifter sind ebensooft vorhanden wie Leute, die alles auf die Sachebene ziehen.

Auch Kleingruppen arbeiten mit sozial vorgegebenen Materialien. Ein Teil davon wird aus anderen sozialen Bereichen durch das Mitglied »eingeschleppt«, der Rest entsteht durch das Aufeinandertreffen von Quasirollen im sozialen Aushandlungsprozeß der Gruppe. Davon haben wir gerade eine kleine Kostprobe bekommen, werden uns aber noch im Detail ein paar Seiten später damit befassen. An dieser Stelle wollen wir nun noch ein paar Worte zu den Rollen sagen. Sie können als ein Teil der Struktur in Kleingruppen gefordert werden. Vor allem in der Familie sind sie stark ausgeprägt. Hier muß ein Mitglied »Vater«, »Mutter« oder »Kind« sein mit allen damit verbundenen Vorschriften und Rechten. Weil es sich aber um eine Kleingruppe handelt, ist der Spielraum bei der individuellen Ausgestaltung dieser Rollen relativ groß.

Im Normalfall steht also in dieser Gruppenform eher die Quasirolle im Zentrum.

3.2.1.2 Wer bestimmt hier wohl? Die vertikale Kommunikationsstruktur

Bisher haben wir uns nur damit befaßt, wie die Mitglieder der kleinen Gruppe auf einer Ebene – nämlich in der Horizontalen – miteinander umgehen. Quasirollen haben aber auch eine vertikale Dimension.

Es gibt meist Führung und Gefolgschaft oder doch mächtigere und weniger mächtige Mitglieder.

In der sozialwissenschaftlichen Literatur tauchen immer wieder zwei Beispiele auf, die für die meisten Kleingruppen als typisch gelten: der *emotionale* und der *sachliche Führer.*

Wer im emotionalen Bereich viel Einfluß auf die Gruppe hat, weist folgende Verhaltenstypisierungen auf: er bzw. sie zeigt Solidarität, belohnt die anderen, scherzt häufig, lacht und spricht damit sein Gegenüber auf der Gefühlsebene an.
Die eher sachlichen Leiter und Leiterinnen einer Gruppe machen Vorschläge, wie man weitergeht, richten häufig von sich aus das Wort an andere, fassen zusammen, fragen nach und beeinflussen auf diese Weise nachhaltig das Gruppengeschehen.
Laut sozialwissenschaftlichen Untersuchungen schätzen in Betrieben die Untergebenen ganz besonders solche Vorgesetzten, die beide Führungsqualitäten in sich vereinigen. Sie bringen ihre Leute sachlich voran und halten sie gleichzeitig während dieses Prozesses als Gruppe zusammen. Meistens entsteht aber nach einer Weile eine Spaltung: Jemand übernimmt mehr die Förderung der Sache, und ein anderer bzw. eine andere ist eher für den emotionalen Zusammenhalt zuständig. Das ist nicht nur in Organisationen der Fall, sondern auch in kleinen Gruppen wie der uns bekannten Selbsterfahrungsgruppe. Zu einem bestimmten Zeitpunkt ihrer Geschichte haben wir versucht, eine grobe Einschätzung der bestehenden Hierarchie vorzunehmen. Das Ergebnis haben wir aufgezeichnet (S. 57).
Hierarchien sind in kleinen Gruppen selten so klar erkennbar wie auf unserem Bild. Schon ein halbes Jahr später war die Selbsterfahrungsgruppe mit dem schweigenden Mitglied so beschäftigt, daß man Carla wesentlich weiter oben hätte eintragen müssen. Aber auch im Zeitraum unserer Einschätzung entstanden wechselnde Situationen. An einzelnen Sitzungen kritisierte z. B. Bernd das ganze Vorgehen grundsätzlich und beeinflußte damit den Verlauf des Abends nachhaltiger als Anita. Nur die Aufteilung in emotionale Führerin und sachlichen Führer sowie Dieters Mittelstellung konnten wir konstant verfolgen.
Wie der horizontale Zusammenhang zwischen Quasirollen werfen auch Hierarchien für Soziologen mehr Struktur- als Schuldfragen auf. So beansprucht Anitas Quasirolle Zeit und Aufmerksamkeit. Das ist Anitas persönlicher Anteil an ihrem Einfluß in der Gruppe. Zusätzlich schafft Carlas Quasirolle Raum für Anita. Und Eva und Dieter anerkennen auf ihre Art den Anspruch von Anita, denn sie stimmen ihr oft zu, und Eva verlagert Konflikte vor allem nach außen. Einzig Bernd greift als interner Kritiker hin und wieder Anitas sichere Stellung an.
Einfluß wird also genommen und gewährt. Seine Verteilung wird im Hin und Her der Interaktionen immer wieder neu ausgehandelt, verändert oder bestätigt. Er kann dem Wohlgefühl in der Gruppe und möglichen Arbeitsergebnissen zu- oder abträglich sein und als ungerecht oder als genau richtig empfunden werden. Zudem tritt er in ganz verschiedenen Formen

Geschätzte Hierarchie in der Selbsterfahrungsgruppe am Anfang ihres Bestehens

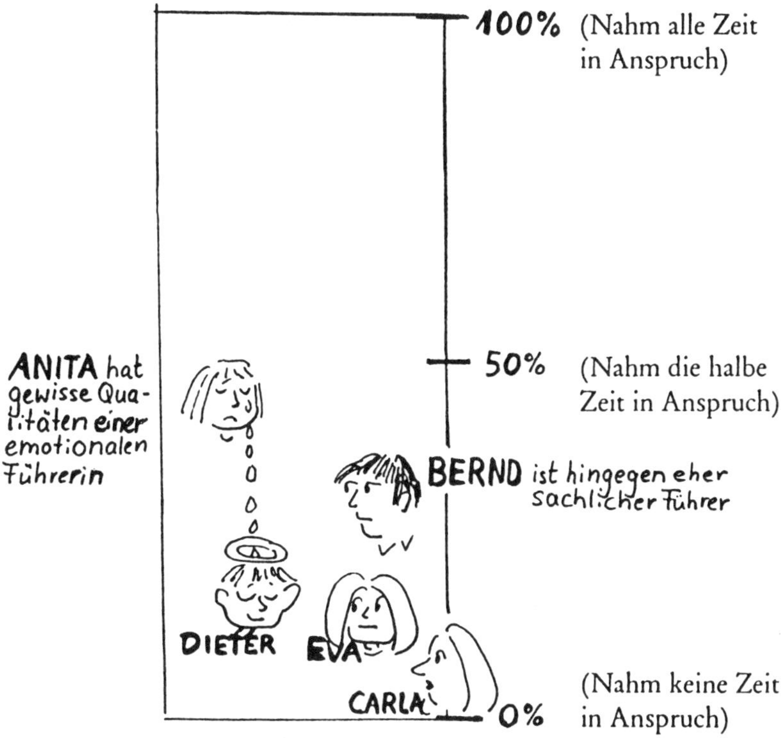

(unsere Skala bezieht sich nur auf die Zeit, die die einzelnen aktiv oder passiv in Anspruch nahmen)

auf: sachlich, bissig, tränenreich, liebevoll, manipulierend oder offen. Immer aber haben alle zusammen an der Verteilung und Art von Einflußnahme in der Gruppe mitgearbeitet.

Bevor wir nun genau diesen Prozeß des Aushandelns von Gruppenstrukturen weiter verfolgen, kann sich jeder anhand der folgenden Fragen die Strukturen der für ihn wichtigen Kleingruppen vergegenwärtigen.

3.2.2 Ich frage mich...

- welche kleinen Gruppen sind mir wirklich wichtig?

  ....

  ....

  ....

  Über welche möchte ich mir jetzt Gedanken machen?

  ....

- sind unsere Kontakte untereinander gleichgewichtig oder eher ungleichgewichtig verteilt? Wie? (Diagramm)
  Erlebe ich das als förderlich oder eher als hinderlich für die Gruppe?
  Fühlt sich wohl jemand von uns ausgeschlossen? Woraus schließe ich das?
  Möchte ich diese Situation verändern?
  Warum?
  Warum nicht?

- Hat die Verteilung der Kontakte einen Einfluß auf unser Wirgefühl? Welchen?

- Kann ich bei einzelnen Gruppenmitgliedern Quasirollen ausfindig machen?
  Wie verhalten sich diese Personen eigentlich genau, daß ich ihnen diese Quasirollen zuschreibe?
  Zeigen sie wirklich nur diese spezielle Art von Verhalten?
  Warum ordne ich den anderen Personen keine Quasirollen zu?
  Wer kat keine? Wem gegenüber bin ich warum blind?
  Wer ist im Moment warum nicht so wichtig für mich?
  Kenne ich meine Quasirolle in den Augen der anderen?

- Welche Quasirollen gefallen mir, welche stören mich? Welche stören vor allem die anderen?
  Sehe ich Gegenquasirollen, welche die störenden Quasirollen stützen?
  Stütze ich sie auch irgendwie?
  Was möchte ich gerne verändert sehen? Und was könnte ich dazu beitragen?
  Wen möchte ich am liebsten verändert sehen?

- Wer hat bei unserem letzten Zusammensein das Gruppengeschehen am meisten beeinflußt?
  Wie hat er oder sie das gemacht? War mir wohl dabei?
  Welche Gegenquasirollen waren an der Situation beteiligt?
  Hätte ich mir etwas anders gewünscht? Wie? Und was hätte ich dazu beitragen können?
  Wer hat bei uns üblicherweise viel Einfluß? Wie gefällt mir das? Was genau löst mein Gefühl in dieser Situation aus?
  Erlebe ich gesamthaft gesehen die Verteilung des Einflusses auf bestimmte Personen begrenzt oder wechselt sie jeweils?
- Was ist mir eben beim Nachdenken besonders aufgefallen? Kann ich darüber mit den anderen sprechen, wenn wir wieder beisammen sind?

3.2.3 Das Aushandeln von Gruppenstrukturen

Wir haben dieses Thema schon mehrmals gestreift, uns aber bisher auf die Verhaltensebene beschränkt. Jetzt wollen wir einen Schritt weiter gehen und alle Strukturelemente berücksichtigen: Das Verhalten, die Gefühle sowie die sozialen Konzepte, welche Handlungen und Interpretationen leiten. Dabei tun wir vorerst so, als wäre die Kleingruppe ein Gebilde, das von Umweltstrukturen unbehelligt existiere. Das stimmt sicher nicht, denn Außeneinflüsse spielen eine große Rolle. Aus didaktischen Gründen lassen wir jedoch auf dieser Ebene eine solche Vereinfachung noch gelten. Strukturen können für die Mitglieder einer Gruppe positiv oder negativ sein, je nachdem ob das Resultat ihre Wünsche und Ziele befriedigt oder nicht. Könnte man vielleicht so etwas wie ideale Ziele und Werte aufstellen? Wir haben es versucht und aus den vielen möglichen solche ausgesucht, die wir für das gute Funktionieren von kleinen Gruppen für besonders wichtig halten.

Thesen zur Gestalt einer befriedigend funktionierenden Kleingruppe

- Die Gruppe hat ein emotional förderndes Klima, in dem das einzelne Mitglied seine Gefühle frei entwickeln und zeigen kann und sich seinen Möglichkeiten entsprechend entfalten darf.
- Entscheidungen werden von einzelnen nach ihren Bedürfnissen gefällt, Grenzen setzen lediglich die für das Zusammensein notwendigen Grup-

penregeln. Die Gruppe ist aber auch zu gemeinsamen Entscheidungen fähig. Damit ist der Boden für eine eventuelle Zusammenarbeit bereitet.

- Hierarchien sind situativ und nur soweit vorhanden als sie das Funktionieren der Gruppe nötig macht. Niemals bestimmen sie jedoch den Wert oder Unwert der Mitglieder. Nicht einmal, wenn die Hierarchien eher dauerhaft sind.
- Die sich wandelnden Anforderungen des Mitglieds an die Gruppe (z. B. durch den Eintritt in eine neue Altersphase) finden Platz, indem andere, der neuen Situation angepaßte Strukturen entwickelt werden.

Wenn wir an die kleinen Gruppen denken, die wir kennen, sehen wir nicht allzuviele Beispiele, bei denen alle vier Bedingungen erfüllt sind. Es ist daher sinnvoll, sich der wachstumshemmenden Strukturelemente bewußter zu werden und die fördernden zu lernen.
Strukturen können nämlich durch das Verhalten der Mitglieder sowohl verfestigt als auch neu gestaltet werden. Beides kann sich auf das gesamte Klima hemmend, aber auch fördernd auswirken.

Illustrationen verschiedener Gruppenprozesse:

Das wird ja immer schlimmer

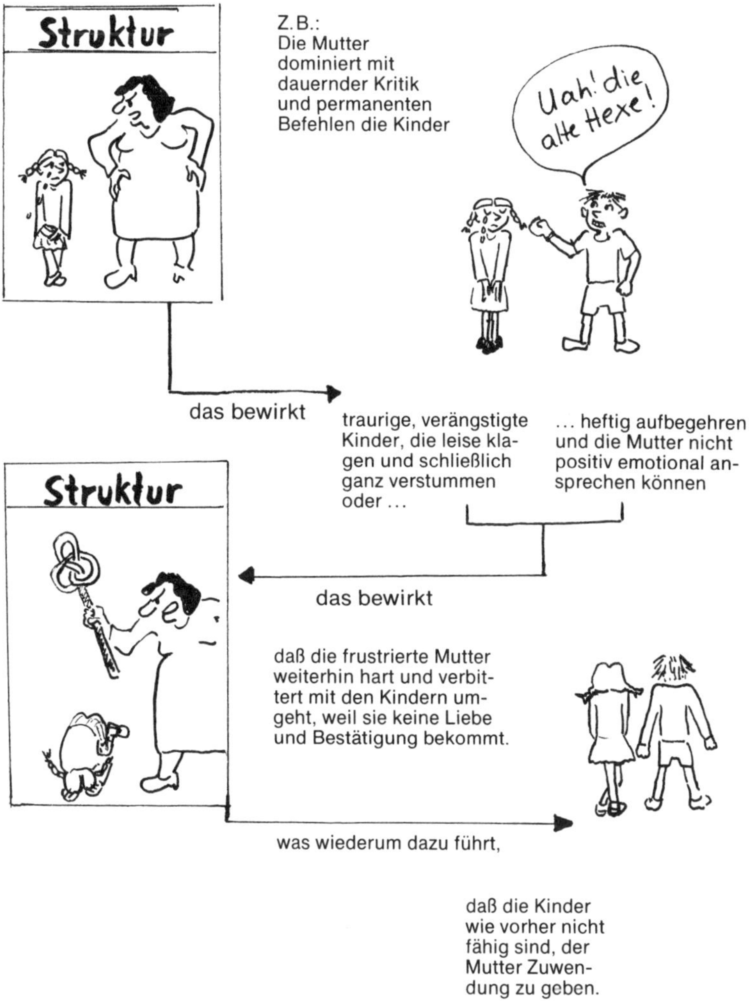

Wenn sich die Strukturen sogar noch negativer entwickeln, so daß die Mutter immer heftiger wird und die Kinder immer verstockter, kann die Gruppe auseinanderbrechen oder pathologisch werden. Auch wenn meist

nur einer der Beteiligten in ein Heim oder eine Klinik eingewiesen wird, ist in jedem Fall die ganze Gruppe am Geschehen beteiligt.
Konstruktiver wäre es, den Prozeß rechtzeitig umzugestalten, denn eine Strukturveränderung, die das Klima fördert, ist durchaus möglich.

Da muß man wohl mal einen Punkt machen

Meist braucht es die Hilfe von Außenstehenden, damit sich eingefahrene Muster ändern können. Aber auch die Verbreitung von Wissen über Strukturen und den Anteil des Individuums an ihnen kann nützlich sein. Deshalb wollen wir am Beispiel der Schmieds detaillierter darstellen, welchen Beitrag der einzelne zur Gruppengestaltung leistet.

Wie Alltagshandeln Quasirollenstrukturen schaffen und stabilisieren kann, die sich eigentlich niemand wünscht

Die Situation bei Schmieds steht nicht zum besten. Peter Frischauf muß sich viele Klagen über den unmöglichen Partner und die untragbare Partnerin anhören. Unsere vier Gruppenziele streben sie vielleicht sogar an, erreicht haben sie sie aber bisher nicht, denn:

- Entscheidungen können nur schwer gefällt werden. Jeder Entschluß wird vom dauernden Hick-Hack der beiden begleitet. Wenn Herr Schmied dann schließlich ein Machtwort spricht, um dem Kampf ein Ende zu bereiten, gibt Frau Schmied äußerlich nach. Sie versucht die Entscheidung jedoch zu boykottieren, indem sie spitze Bemerkungen darüber fallen läßt und nach einer Weile das Ganze doch wieder in Frage stellt.
- Das emotionale Klima ist schlecht. Die Gefühle werden entweder gar nicht gezeigt oder so, daß der andere sie anders versteht, als sie gemeint sind.
- Die offizielle Hierarchie wird klar von Herrn Schmied angeführt. Frau Schmied setzt ihn aber mit vielen Gehässigkeiten unter Druck, denn sie fühlt sich durch sein Verhalten in ihrem Selbstwert gemindert.
- Die Strukturen sind den sich wandelnden Bedürfnissen – soweit sie den Beteiligten überhaupt noch bewußt werden – nicht angepaßt. Daher droht das Familiensystem jetzt auch auseinanderzubrechen.

Entsprechend seinem sozialen Konzept vom »richtigen« Verhalten eines Mannes spricht Herr Schmied praktisch immer sachlich, mit gleichmäßiger, ruhiger Stimme ohne das Auf und Ab der Gefühle. Er redet abstrakt von Politik und Beruf und meidet gefühlsgeladene Themen wie Kindererziehung oder die Beziehung zwischen ihm und seiner Frau. Er belehrt gerne und zitiert Autoritäten, beweist, daß er recht hat und flicht immer wieder Fremdworte ein.
Wie viele intellektuell arbeitende Männer in unseren Breitengraden bewegt er sich im Verhaltensmuster des »Computers«, wie die Familientherapeu-

tin Virginia Satir es nennt. Er entscheidet über die sachlichen Belange der Familie bzw. versucht das zu tun und wird deshalb von uns mit der Quasirolle »sachlicher Führer, Typ Computer« benannt.

Frau Schmied ist eher ein beständig nörgelnder Anklägertyp.

- Sie fällt Urteile über die Kinder: Das war wirklich ganz falsch. Du bist unmöglich. Kannst du denn nie vernünftig werden? Das macht man doch nicht…
- Mit klagender Stimme greift sie ihren Mann an. Jammernd zieht sie Vergleiche. »Du kümmerst Dich nie um uns. Immer hast Du was zu lesen! Robert ist viel mehr zu Hause als Du, dabei arbeitet er in der gleichen Firma.« Die Worte »immer« und »nie« verabsolutieren ihren Angriff.
- Und obwohl ihre Stimme häufig dramatisierend anschwillt, zeigt sie ihre wirklichen Gefühle nur indirekt. Da sie jedoch am ehesten über die emotionalen Belange der Familie entscheidet, ordnen wir ihr die Quasirolle »emotionaler Führer, Typ Ankläger« zu.

Die Kinder vermeiden möglichst jeden Kontakt mit dem Vater und hängen übermäßig am Rockzipfel ihrer Mutter, indem sie dauernd Forderungen stellen, sie hinter sich aufräumen lassen, bei jeder Kleinigkeit jammernd weinen etc. Ihnen könnte man die Quasirolle »Störenfriede« zuordnen.

Die verschiedenen Quasirollen in der Familie ergänzen einander und intensivieren sich gegenseitig, aber letztlich zielen sie doch am jeweiligen Gegenüber vorbei.

Die Kommunikation in der Familie Schmied ist gestört.

Vieles an dieser Störung fiele in das Ressort der Psychologie. Anderes geht aber auch Soziologinnen und Soziologen an. Um zu sehen, was sie zur Übernahme gar nicht unbedingt geliebter Quasirollen und zum Auseinanderleben von Herrn und Frau Schmied zu sagen haben, müssen wir das Geschehen noch näher unter die Lupe nehmen.

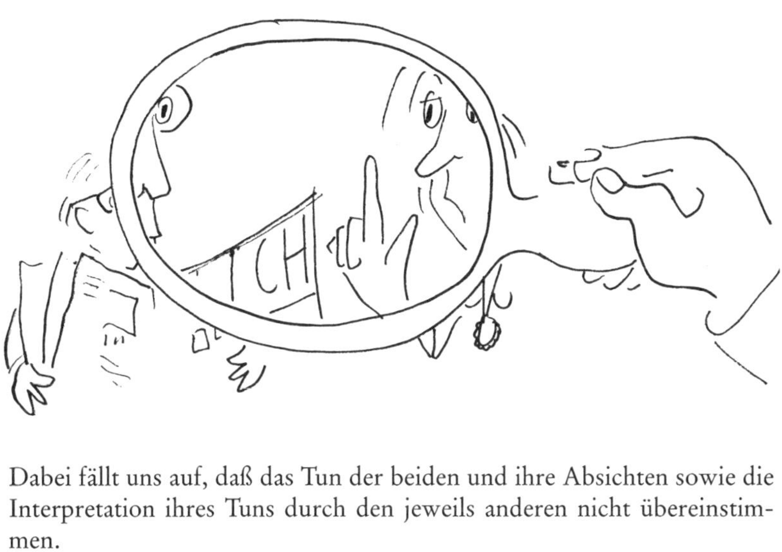

Dabei fällt uns auf, daß das Tun der beiden und ihre Absichten sowie die Interpretation ihres Tuns durch den jeweils anderen nicht übereinstimmen.

Konzepte und deren Einfluß auf Form und Inhalt der Kommunikation

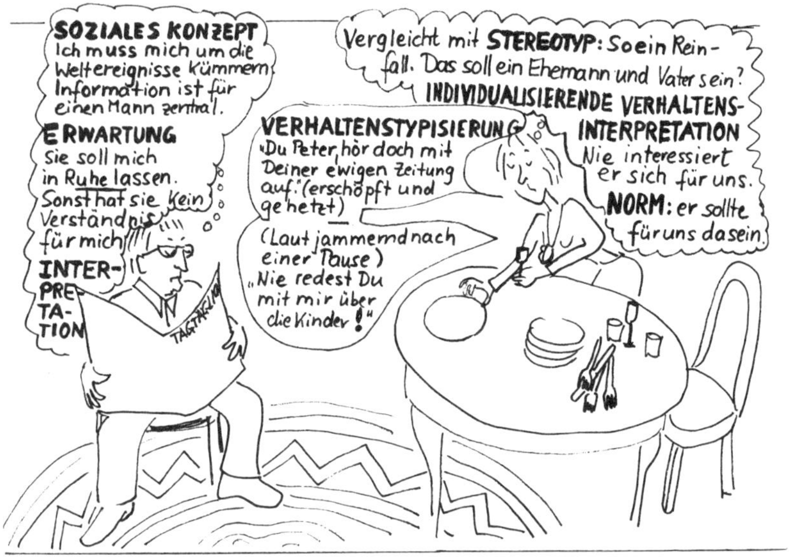

Wir sehen, daß in dieser kleinen Szene bereits sehr viel Mißverständnisse laufen. Herr Schmied hat in zahlreichen Situationen gelernt, daß ein Mann seine emotionalen Bedürfnisse zugunsten sachlicher Zwänge wie z.B. der Information über das Weltgeschehen unterdrücken muß. Seinen Wunsch nach Zärtlichkeit darf er deswegen wahrscheinlich nicht einmal mehr empfinden, geschweige denn äußern. Aber eine Art indirekter Zuwendung erwartet er von seiner Frau in Form von Ruhe für seine Lektüre.

Frau Schmied darf als Frau zwar noch Kontakt erwarten, die Form, in der sie dies äußert, ist aber ebenfalls indirekt und sozial typisiert, nämlich nach dem Motto: eine Hausfrau und Mutter zeige ihre Wichtigkeit, indem sie sich stets hastig wie ein gehetztes Reh ausdrücke. Dazu interpretiert sie sein Verhalten als persönliche Bosheit oder Gleichgültigkeit und sieht nicht, daß er nur gesellschaftlich vorgepfadeten Wegen folgt. Gleich ihm sitzen zur selben Zeit Tausende von Ehemännern vor Zeitung und Tagesschau. Oder etwa nicht?

Jetzt reagiert Herr Schmied auch verbal	Frau Schmied interpretiert diese Reaktion auf ihre eigene Weise

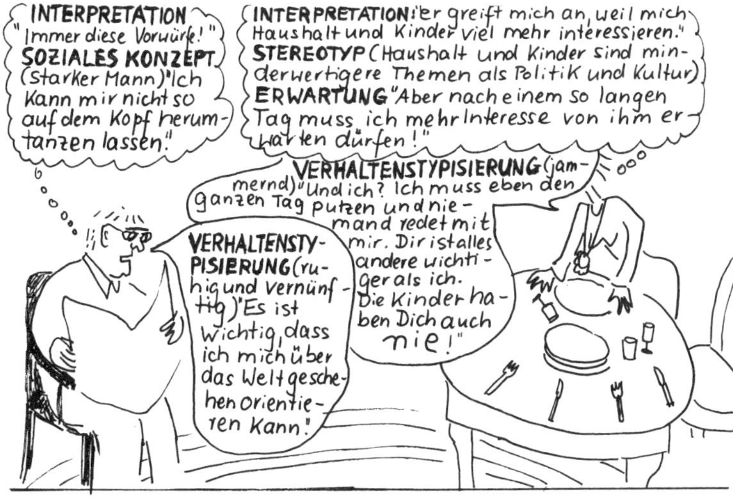

Wieder haben soziale Einflüsse einiges mit der Fehlkommunikation zu tun. Herr Schmied hat sich mit seiner Verhaltenstypisierung gegen ihren vermeintlichen Angriff wehren wollen. Sie versteht seinen ruhigen Satz als Ausdruck von Verachtung und als Angriff, weil sie sich bei ihrer Interpretation am Stereotyp der »hochwertigen intellektuellen Themen« und der »minderwertigen Haushaltthemen« orientiert. Die Idee, sie könnte sich irren, kommt ihr dabei gar nicht. Ihre normative Erwartung auf Kontakt und Beziehung, die sie frauenspezifisch gelernt hat, meint sie in ihrem Satz direkt auszudrücken. Tatsächlich benutzt sie aber eine Verhaltenstypisierung aus ihrer Anklägerquasirolle und wird deshalb konsequent falsch verstanden, wie wir im nächsten Bild sehen können.

Wir haben reale Begebenheiten verkürzt dargestellt, um die wichtigsten Elemente von Kommunikationsstrukturen sowie den sozialen Einfluß auf das scheinbar Individuelle zu illustrieren.

Die genannten Gedanken, Gefühle und Handlungen von Menschen sind nicht die ganze Palette der möglichen Begegnung, aber ein wichtiger Teil davon. Selbstverständlich führen nicht alle sozialen Einflüsse zu Gesprächsstörungen. Aber ob sie nun einen positiven oder einen negativen Effekt haben, in jedem Fall prägen sie einen großen Teil unserer Interaktionen.

Um den zentralen Kommunikationsproblemen auf die Spur zu kommen, werden wir den hochkomplizierten Prozeß noch übersichtlicher zusammenfassen und dafür nochmals vereinfachen:

Wichtige Größen beim Aushandlungsprozeß

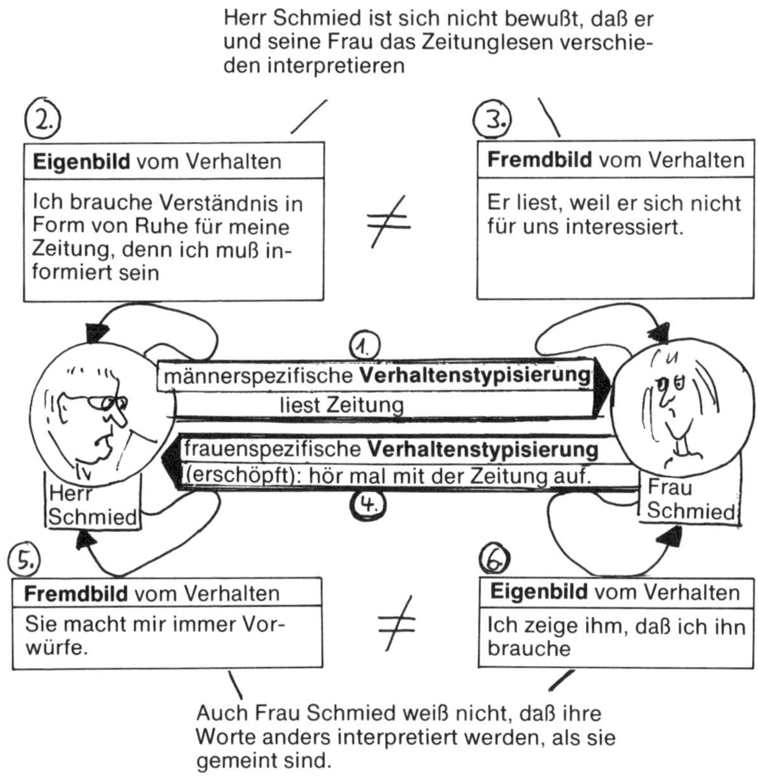

Daher reagiert Herr Schmied nicht auf eine Bitte um Zuwendung, sondern auf einen aus seiner Sicht unberechtigten Vorwurf mit einer intellektuell männlichen Verhaltenstypisierung. (»Es ist wichtig, daß ich mich über das Weltgeschehen orientieren kann.«)
Die Mißverständnisse wachsen, verschärfen sich noch im Prozeß, und schließlich stabilisiert sich in dieser Gruppe eine Quasirollenstruktur, die eigentlich niemand wollte.
Wie Verhaltenstypisierungen, Quasirollen und ihre Interpretation durch die Handelnden von sozialen Konzepten mitgesteuert werden, illustriert unser zweites Schema:

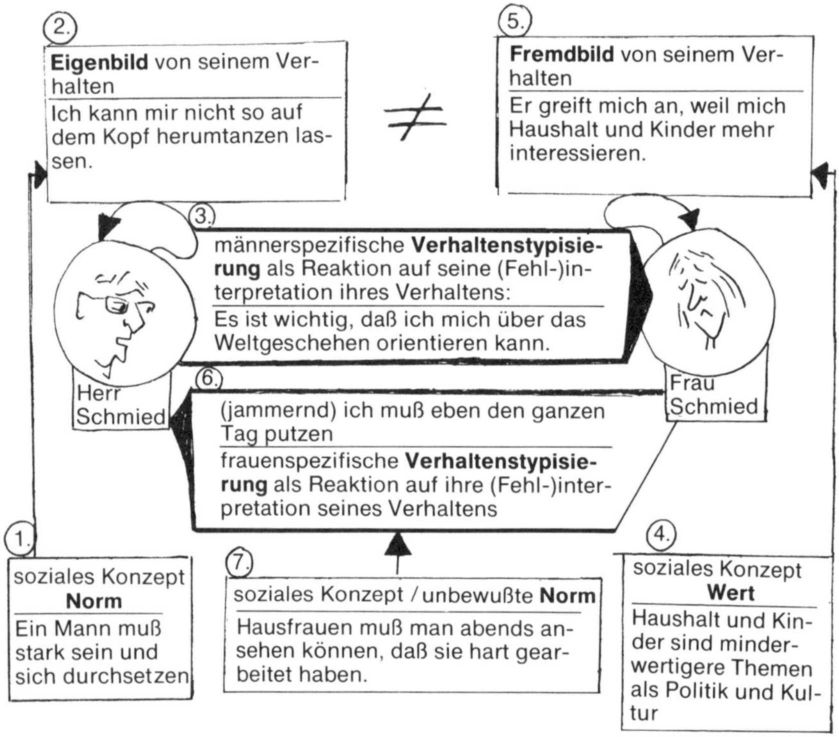

Zentrale Elemente jeder, wie auch immer gearteten Kommunikationsstruktur sind also:

- Verhaltenstypisierungen, die sich verbal und nonverbal zeigen können
- Das Eigenbild vom Verhalten = Interpretation
- Das Fremdbild vom Verhalten = Interpretation
- Soziale Konzepte, die Verhalten und Interpretation mitsteuern

Kommunikationsstörungen und daraus resultierende sich verfestigende, starre und damit entwicklungshemmende Quasirollenstrukturen entstehen vor allem dann, wenn

... verbale und nonverbale Signale widersprüchlich sind,

... sich die eigenen Bedürfnisse nicht so im Handeln ausdrücken, daß sie für den anderen klar verständlich sind,

... somit Eigenbild und Fremdbild vom Verhalten nicht miteinander übereinstimmen,

... die Partner das Risiko des Auseinanderklaffens von Eigen- und Fremdinterpretationen nicht kennen und daher meinen, die Reaktion (die Verhaltenstypisierung) sei die direkte und klare Antwort auf den von ihnen gemeinten Sinn,

... die Partner den kulturspezifischen Ausdruck des anderen nicht deuten können oder anhand des eigenen Begriffssystems falsch interpretieren (jede soziale Kategorie hat wieder ihre eigenen Ausdrucksmittel),

... die eigenen sozialen Konzepte wirken, aber nicht bewußt sind und daher nicht auf ihre Realitätsnähe, Angemessenheit bzw. Starrheit hin überprüft werden können.

Die beispielhaft aufgeführten Normen und Alltagstheorien wirken so undifferenziert, daß es unglaublich scheint, daß sich das Paar Schmied wirklich an ihnen orientiert. Und trotzdem stellen sie keineswegs einen Sonder-, sondern den Normalfall dar. Allerdings wirkt die Familienepisode besonders drastisch, weil sie im Zeitraffersystem dargestellt worden ist. Normalerweise werden niemals alle Konzepte auf einmal verhaltensrelevant, und sie sind auch nie alle den Menschen wirklich bewußt. Mit der Zeit gehen sie ihnen wahrscheinlich nicht einmal dann einzeln durch den Kopf, wenn sie sich im eigenen Handeln durch sie leiten lassen.
So entsteht der Eindruck, man lebe niemals nach pauschalisierenden Sätzen, sondern rein individuell und originell.
In Diskussionen über bestimmte Verhaltensweisen werden manchmal auch die unbewußten oder halbbewußten Regeln wieder in ihrer ursprünglichen und teilweise starren Form abrufbar.

Eine Berliner Studentin erzählte ihrer Mutter von einem Erlebnis auf einer Demonstration. Ein Polizist hatte eine zufällig anwesende Passantin mit Knüppelschlägen für ihr Leben verunstaltet. Die Studentin kannte diese Geschichte genauer, da das Mädchen im gleichen Haus wie sie wohnte.
Die Mutter reagierte auf die Erzählung mit dem stereotypen Satz: »Aber die Polizei muß doch für Ruhe und Ordnung sorgen!« Darauf fragte die Studentin ungläubig, ob ihre Mutter meinte, daß man einem wehrlosen Menschen brutal ins Gesicht schlagen dürfe. Die Antwort bestand lediglich in einer Wiederholung des gleichen Satzes, als würde eine Schallplatte ablaufen.

Diese Geschichte illustriert in extremer Form, wie mit bestimmten sozialen Konzepten ein in ähnlichen Situationen immer ähnliches Verhalten »einprogrammiert« worden ist. Das kann sehr nützlich sein – z.B. wenn

man einem kleinen Kind beibringt, über die Straße zu gehen –, es kann aber auch, wie in unserem Beispiel, dazu führen, daß man veränderten Situationen nicht mehr angemessen begegnen kann.
Die Mutter der Studentin hatte das Bild der zum Schutze der Bürger eingerichteten Polizei so tief in sich aufgenommen, daß sie sogar diesen Extremfall polizeilichen Vorgehens noch als Ausdruck der Wahrung von Bürgerruhe interpretieren mußte.
Den größten Teil unserer sozialen Konzepte lernen wir wahrscheinlich schon während der Kindheit in unserer Familie. Ob wir sie später beibehalten, ablegen oder sie verändern, hängt mit unseren weiteren Erfahrungen zusammen, die wir in anderen kleinen Gruppen und in größeren Organisationen machen.
Die Konzepte der Schmieds, die im dargestellten Fall die Kluft zwischen den Partnern vertiefen, sind z. B. in den ganz verschiedenen Lebensumwelten der beiden verankert:
Wenn wir uns alle noch einmal anschauen, so fällt auf, daß die sozialen Konzepte von Herrn Schmied vor allem mit Rationalität und Durchsetzungsvermögen zu tun haben, d. h. mit Dingen, die in Gebilden wie der Organisation mehr Schwergewicht haben als in der kleinen Gruppe. Frau Schmieds Konzepte hingegen haben eher mit Emotionalität und Schwäche zu tun. Dinge, die vor allem in kleinen Gruppen üblich und erlaubt sind. Beide Typen von Konzepten sind zusätzlich in den gesamtgesellschaftlich geltenden geschlechtstypischen Verhaltenserwartungen verankert.
Das zeigt, wie wenig autonom Kleingruppen sind und wie sie mit den Bedingungen anderer gesellschaftlicher Ebenen verwachsen sind. Das für Kleingruppenmitglieder typische Gefühl der beiden Eheleute, alles, was sie machten, sei Ausdruck ihrer Individualität, wirkt auf diesem Hintergrund fast grotesk.
Unser theoretisches Schema, das wir bereits in Zusammenhang mit dem Individuum eingeführt haben, läßt sich nun folgendermaßen ergänzen (siehe Seite 73):

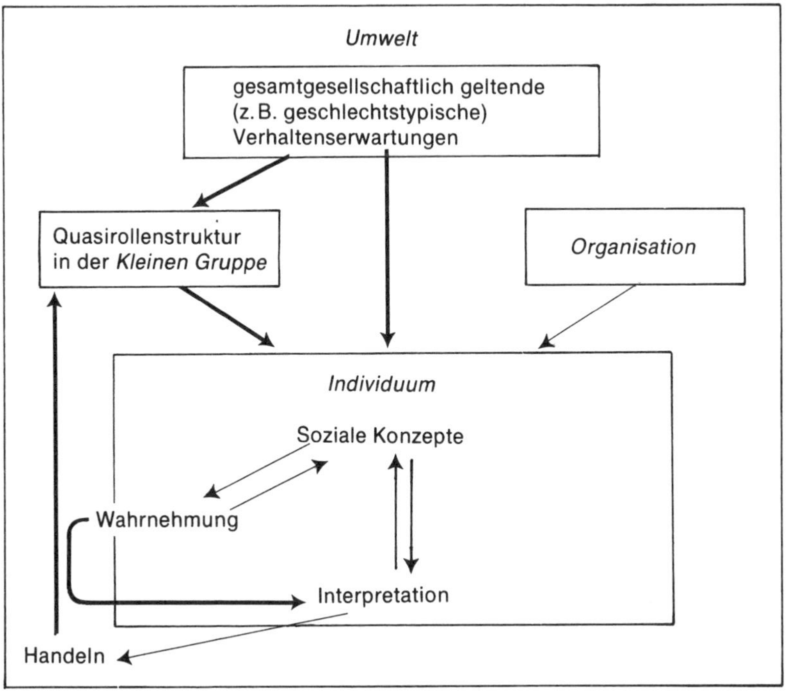

Auf die Frage, was Organisationen im einzelnen mit dem Denken und Handeln von Menschen zu tun haben, soll im folgenden Kapitel genauer eingegangen werden. Zum Zusammenhang zwischen Gruppengeschehen und Individuum sollen jedoch abschließend noch ein paar Gedanken zusammengefaßt werden: Wenn auch ein großer Teil von dem, was in der kleinen Gruppe passiert, durch die Verflechtung der Individuen mit anderen gesellschaftlichen Bereichen beeinflußt wird, so heißt das noch lange nicht, daß die Menschen diesen Einflüssen wehrlos ausgeliefert sind. Wie sie sich in einer Gruppe fühlen, hängt weitgehend davon ab, ob es ihnen gelingt, unbefriedigende interne Gruppenstrukturen zu erkennen, aufzulösen und neu zu gestalten.

Formulieren wir nun also positiv, welche sozialen Voraussetzungen in der kleinen Gruppe erfüllt sein müssen, damit die Teilnehmenden eine für sie befriedigende Quasirollenstruktur planen und verwirklichen können:

Eine von den Gruppenteilnehmern nicht gewünschte Quasirollenstruktur kann neu gestaltet werden, wenn...

- den einzelnen die wichtigsten handlungsleitenden Konzepte bewußt sind,
- sie ihre Angemessenheit im Gespräch mit den anderen Gruppenmitgliedern überprüfen,
- es durch die Bewußtheit eigener Handlungsorientierungen möglich wird, eigene Bedürfnisse (Eigenbilder) so im Handeln auszudrücken, daß sie für andere verständlich sind und
- damit sowohl Eigen- als auch Fremdinterpretationen des eigenen Handelns übereinstimmen.

Werkstattgespräch zwischen Birgit und Christiane

B: Du, ich habe das Gefühl, wir haben da ein ziemliches Stück Arbeit bewältigt. Ich würde nun gerne mit Dir besprechen, was schon da ist und was noch fehlt.

C: Können wir davon ausgehen, was es *uns* gegeben hat, diese Seiten zu schreiben, und was wir selber noch vermissen? Vielleicht können wir so rausfinden, was Leserinnen und Leser noch zusätzlich brauchen könnten?

B: Ja. Fang mal an.

C: Ich habe einen ziemlich guten Überblick...

B: ... begrenzten Überblick...

C: Klar begrenzten, aber guten Überblick über das soziologische Denken auf der Individualebene und vor allem auf der Gruppenebene.
So deutlich war mir das bis jetzt nicht. Ich sehe, wie kompliziert das Ganze ist, aber ich verliere mich nicht mehr so schrecklich im Gewirr. Ich kann die Einzelteile der Theorie vorkramen und das Ganze anschauen. Irgendwie fühle ich mich dadurch in meinem Fach sicherer.
Und Du?

B: Mir geht es ähnlich. Ich fand die genaue Anwendung auf durchgängige Beispiele nicht einfach, aber es hat mir geholfen, die kleinen theoretischen Schlampigkeiten aufzugeben. Ich komme mir jetzt präziser vor. Mein Unterricht läuft ausgesprochen gut. Toi, toi, toi. Ich glaube, das kommt, weil ich Soziologie viel häufiger vom Erlebnis her anschaue. Wenn eine Tagung nicht klappt, denke ich zum Beispiel weniger an Schuld und mehr daran, um welche Art von Gruppe es sich eigentlich handelt. Dann checke ich ab, wie die Kommunikation untereinander verläuft, und wie ich die offizielle Interaktion beim Lernen aufbauen muß. Sie darf nicht zu weit entfernt sein von dem, was im Alltag besteht. Ich benutze also bereits unsere Theorie.

C: Na, aber da sind wir doch genau schon bei dem, was unsere Leser vielleicht noch mehr kriegen müßten!

B: Wieso? Was?

C: Ich merke, wenn Du erzählst, daß die Soziologie nicht nur einfach so in unserem Kopf ist, sondern daß wir was damit machen. Verstehst Du? Wir können die Theorie einfach benutzen, weil wir doch schon zum x-ten Mal Text geschrieben, überarbeitet, wieder und wieder gelesen haben. Aber unsere Leser und Leserinnen kennen den Text gar nicht so gut wie wir.

B: Meinst Du, wir müssen noch eine Art Anleitung für die Benutzung vom Text herstellen?

C: Ja. Unser Buch sollte mal einen Kurzüberblick über die Soziologie werden. Inzwischen ist aber mehr draus geworden. Ich finde, es enthält diskrete, aber deutliche Aufforderungen zur Anwendung. Aber wie wendet man an, wenn man das Ganze nur durchliest und es nicht in einem langen Prozeß selber mitgestaltet hat?

So ungefähr lief unser Dialog, als wir das erste Mal am Ende dieses Gruppenkapitels angelangt waren. Es folgten einige Überarbeitungen. Jede hatte einen anderen anwendungsbezogenen Abschluß. Keiner gefiel uns richtig.

Wir merkten, wenn wir Fragen zusammenstellen, die uns persönlich interessierten und die wir selber zuerst beantworteten, bevor sie ins Buch kamen, fehlte die Vollständigkeit. Wenn wir Praxisvorschläge gaben, glitten wir ins Rezepthafte ab oder wurden langweilig.

Aber hören Sie uns doch wieder zu, wie wir schließlich die endgültige Lösung fanden:

B: Wie machen wir das bloß? Das ist so kompliziert:
Wir wollen doch niemanden belehren und können unmöglich so kommen wie: »Peter Frischauf muß die Kommunikationsstruktur der Familie Schmied genau einschätzen, damit er in einem zweiten Schritt helfen kann, daß beide einander ihre Perspektive darstellen können.« Das klingt so aufgeplustert und überheblich. Außerdem haben unsere Sozialarbeiterfreunde meist gar keine Zeit für lange Eheberatungen. Wozu sollen sie und ihre Kolleginnen dann so einen Satz überhaupt lesen?

C: Ja, sie sind wirklich eher selten therapeutisch tätig. Meistens geht es um sehr handfeste Probleme, und oft müssen sie ja auch Vermittlungsfunktionen übernehmen. Und damit sie das können, ist es ganz wichtig, einschätzen zu lernen, auf welcher Ebene das Problem liegt.

B: Genau. Wenn sich herausstellt, daß Familie Schmied Geldsorgen hat, dann könnte vielleicht schon eine Budgetberatung die Situation entspannen. Oder wenn ein Arbeitsloser die Sozialarbeiterin unflätig behandeln sollte, kann es ihr helfen, die Schwierigkeiten nicht in der eigenen oder fremden Kommunikationsunfähigkeit zu suchen sondern mehr in den strukturellen Hintergründen.

C: Du meinst damit, daß ihn der Verlust seiner Stelle dazu bringt, in der Sozialarbeiterin nur noch eine Symbolfigur des Staates zu sehen, der ihn entschädigen muß. Wenn sie ihm dann nicht soviel geben kann, wie er haben möchte, greift er quasi in ihr die Behörde an. Ohne soziologische Perspektive erlebt sie das wahrscheinlich als persönliche Kränkung.
Übrigens würde ich gerne eine Idee aufgreifen, die aus der Sozialarbeitergruppe stammt. Die Checkliste.

B: Chris! Die Sozialarbeiter. Wie konnte ich das nur vergessen?! Sie haben ja schon gesagt, was sie wollen: Einen Katalog von Punkten, an den sie von der soziologischen Seite her bei der Beurteilung eines Problems denken müßten. Klar, die Checkliste.

C: Eine vielfältige, aber natürlich begrenzte Checkliste. Ja.

B: Und unsere persönlichen Fragen?
Die möchte ich auf keinen Fall weglassen. Daran übe ich nämlich selber gern als erstes. Die Checkliste ist doch eher zum Nachblättern, wenn einem mal ein Fall Schwierigkeiten bereitet.

C: Wir machen einfach beides. Vielleicht zuerst die Fragen. Was würde Dich persönlich zum Nachspüren und Nachdenken reizen?

3.3 Ich frage mich...

- Ich denke an eine ganz bestimmte Gruppe, die mich im Augenblick beschäftigt:

  ....

- Kann wohl jeder von uns frei seine Gefühle zeigen?
  Fühle ich mich in dieser Gruppe geborgen?
  Sind wir fähig, gemeinsame Entscheidungen zu treffen oder passiert es oft, daß manche von uns ihre Interessen gar nicht ausdrücken?

- Wie gehe ich damit um, wenn sich jemand plötzlich anders verhält, als ich es von ihm gewohnt bin? Blocke ich ihn ab? Bespreche ich mit ihm meine möglichen Ängste? Fühle ich mich offen genug für mögliche Strukturveränderungen?

- Wer ist mir eher unangenehm oder gleichgültig?
  Was an seinem Verhalten ist mir so unangenehm, bzw. spricht mich überhaupt nicht an?
  Verstößt er gegen wichtige Normen von mir?
  Weiß ich, wie sich der andere selber sieht? Und was er mitteilen will?

- Was denken die anderen wohl von mir und wie nehmen sie mich wahr?
  Welche Erwartungen haben sie an mich?
  Wie komme ich zu dieser Meinung?

- Inwieweit habe ich schon versucht, mein Bild von mir und mein Bild von den anderen zu überprüfen?
  Wann und wie oft habe ich schon die anderen gefragt, wie sie mich sehen und erleben?
  Wann habe ich das letzte Mal jedem einzelnen geschildert, wie ich ihn sehe und was sein Verhalten für mich bedeutet?

- Wie groß ist das Risiko, das ich in dieser Gruppe eingehe?
  Traue ich mich, von den von mir vermuteten Verhaltenserwartungen abzuweichen?
  Wage ich, auch einmal negativ dazustehen?
  Was erhoffe ich für mich von dieser Gruppe?

3.4 Eine Checkliste zur Einschätzung von Gruppen

Unsere Checkliste kann nicht mehr als anregenden Charakter haben. Sie soll bei der Ortung der wichtigsten Probleme und bei der Weichenstellung für eventuell notwendige Maßnahmen helfen. Je nach Arbeitsstil kann sie unterschiedlich genutzt werden. Der eine wird sie vielleicht zur Strukturierung seiner eigenen Gedanken verwenden, die andere wird die Checkliste lieber gemeinsam mit der Gruppe durchgehen, die zu beraten ist.
Vor der eigentlichen Arbeit ist unbedingt abzuschätzen, ob es sich überhaupt um eine »echte« kleine Gruppe handelt.

Handelt es sich um eine »echte« Kleingruppe?

- Besteht die Gruppe schon eine Weile?
- Gab es in letzter Zeit keinen massiven Wechsel der Mitglieder?
- Kennen sich alle persönlich?
- Sind sie gefühlsmäßig miteinander verbunden?
- Verfügen sie über ein Mindestmaß an gemeinsamen Normen, Zielen, Vorstellungen?
- Fühlen sich diese Menschen zusammengehörig?

Sollten beim einen oder anderen Punkt Zweifel bestehen, so wären hier erste Ansätze für die weitere Arbeit zu finden. Es kann z. B. sein, daß diese Menschen sich in einem Gruppenbildungs- oder Gruppenzerfallsprozeß befinden, bei dessen (Wieder)aufbau zuerst Hilfe geleistet werden müßte, bevor sich an weitere Arbeit denken ließe.
Handelt es sich um eine »echte« kleine Gruppe, so kann die Suche beginnen:

Einschätzung der horizontalen Kommunikationsstruktur

- Zeichnen Sie einmal alle Mitglieder als Kreise und ziehen Sie zwischen den Kreisen verschieden dicke Linien mit Pfeilen, die die von Ihnen geschätzte Häufigkeit und Intensität der Interaktion wiedergeben.
  Was für ein Kommunikationstypus ergibt sich? (Kette, Rad oder Kreis?)
  Ist die Struktur vollständig?
  Meinen Sie, daß die Struktur Auswirkungen auf die Stimmung in der Gruppe hat? Wirkt sie auch auf die Arbeitsfähigkeit der einzelnen?
  Welche Kommunikationsblockierungen scheinen Ihnen am gravierendsten?
- Welche Mitglieder tauschen vorwiegend positive (+), welche vor allem negative (–) Kommunikationsinhalte aus? Bei wem erscheinen Ihnen die Inhalte ausgeglichen (=)? Machen Sie eventuell eine neue Zeichnung.
- Ist das Maß an positiver Bestärkung, an Informationsaustausch und Konfliktaustragung gut oder fehlt etwas davon in der Gruppe insgesamt bzw. zwischen einzelnen Personen?
  Wird das Wohlgefühl und das eventuelle Arbeitsziel der Gruppe dadurch gestört?
- Wie starr ist die Struktur in ihrer Form (Achtung! Nicht vom wechselnden Inhalt täuschen lassen.)

- Versuchen Sie, aus dem Diagramm der Pfeile Normen abzuleiten, die zwischen den einzelnen Paaren bzw. für einzelne Personen gelten (z. B. »mit Myrta darf man nicht ärgerlich werden« oder »wenn Peter angegriffen wird, verteidigt ihn sofort Rita« etc.).
- Wenn Sie nun den Inhalt der Gruppenkommunikation betrachten: Was fällt auf?
  Ist der Inhalt vielfältig und den einzelnen Situationen angemessen oder ist er starr? Ist er vielleicht vor allem durch Quasirollen geprägt, die unabhängig von der Situation immer gleich gespielt werden?
  Welche der möglichen Quasirollen erleben Sie als besonders reaktiv? Gibt es »Gruppenopfer«, »Gruppentäter«, gibt es Außenseiter und Zentren?
  Haben die verschiedenen Quasirollen Auswirkungen auf das Wohlgefühl und die Effizienz der Gruppe?
  Welche Gefühle werden zwischen welchen Personen offen ausgesprochen und welche werden indirekt vermittelt? Wissen Sie, wie das genau geschieht?

Einschätzung der vertikalen Kommunikationsstruktur

- Lassen Sie die Gruppenmitglieder Revue passieren und schauen Sie, ob Sie sie (z. B. anhand einer vorgestellten Gruppendiskussion) in sehr wichtige, wichtige, weniger wichtige und unwichtige Mitglieder einteilen können.
- Woher beziehen die einzelnen wohl ihre Wichtigkeit bzw. ihre Unwichtigkeit? (Aus der Anzahl Voten, durch eine eher sachliche Haltung oder gefühlsnahe Kommunikation, durch Angriffe ... etc.)
- Sie merken nun, aufgrund welcher Kriterien Einfluß vergeben wird. Finden Sie das gut? Gibt es andere Kriterien, die Ihnen besser erschienen? Warum?
- Wer ist der eher sachliche, wer der eher emotionale Führer dieser Gruppe? Ist der Einfluß starr oder flexibel verteilt?
- Wie wirkt wohl die Verteilung des Einflusses auf die Zufriedenheit bzw. die Effizienz der Gruppe?

Gesamtschau

- Haben Sie insgesamt den Eindruck, daß die Gruppe dabei ist, bestehende Strukturen in Frage zu stellen und zu verändern? Oder wird das Vorhandene eher verfestigt?

Wie bewußt ist das den Mitgliedern wohl? Brauchen Sie dabei Hilfe?
Wo würden Sie den wichtigsten Problempunkt ansetzen?
- Woher gewinnt die Gruppe ihren Sinn? (Z. B. gemeinsame Arbeit.) Und welchen Nebensinn braucht sie, um gut zu funktionieren? (Z. B. Vertrauen aufbauen.)
  Ist das Gewicht zwischen beidem günstig verteilt?
  Welche Strukturen fördern, welche behindern eine günstige Verteilung?

Die Einschätzung der horizontalen und vertikalen Struktur einer Gruppe kann wertvolle Hinweise dafür liefern, an welchen Punkten weitere Arbeit ansetzen müßte, um ein Gruppenklima zu schaffen, in dem sich die einzelnen entfalten und entwickeln und die Gruppe als ganzes trotzdem (oder gerade deswegen) weiterbestehen kann (vgl. die Thesen zur Gestalt einer befriedigend funktionierenden Kleingruppe auf S. 59).
Möglicherweise kommt die Gruppe nun nach der Ortung einiger struktureller Probleme erst recht in die Phase des Neuaushandelns ihrer Strukturen. Zu diesem Zeitpunkt müßte eventuellen Kommunikationsstörungen zwischen den Mitgliedern besondere Aufmerksamkeit geschenkt werden:

Kommunikationsstörungen

- Zwischen welchen Mitgliedern in der Gruppe bestehen die gravierendsten Störungen?
  Wer wird als Haupt-Sündenbock betrachtet?
  Wer kommuniziert am eigenständigsten?
- Welche Störungen sind direkt und offen, und welche beruhen eher auf unklarer oder einseitig negativer Kommunikation?
- Wo bestehen Widersprüche zwischen verbaler und averbaler Kommunikation?
- Wo stören besonders enge Koalitionen zwischen Gruppenmitgliedern das Gruppengleichgewicht? Und welche Ursachen lassen sich dafür in der Gruppenstruktur finden? (Z. B. eine starre Hierarchie, Sündenbockrolle etc.)
- Schreiben die Gruppenmitglieder Störungen individualisierend den einzelnen als Charaktereigenschaften zu oder sehen sie ihre eigene Beteiligung an ihnen?
- Wie gut verstehen sich die Teilnehmer gegenseitig?
  Versichern sich die Partner des öfteren, daß ihre Interpretationen dem gemeinten Sinn des anderen entsprechen?

Soziale Konzepte und ihr Einfluß

- Machen Sie eine Liste von Normen, Stereotypen, Alltagstheorien, die nach Ihrer Meinung besonderes Gewicht in der Gruppe haben.
- Gibt es frauenspezifische und männerspezifische Versionen?
- Welches Gruppenmitglied weicht von den Normen ab?
  Wie reagiert die Gruppe darauf?
- Welche Personen weichen vom Gruppenkonsensus ab, werden aber toleriert oder sogar geschätzt, und welche weichen ab, werden aber abgelehnt?
  Hat das etwas mit der Verständlichkeit ihrer Verhaltenstypisierungen für die anderen zu tun?

Selbstverständlich braucht die Arbeit mit Gruppen Zeit. Wie groß der Aufwand sein wird, läßt sich nach dem Durcharbeiten der Checkliste immerhin annähernd einschätzen, so daß sie durchaus auch als Hilfsmittel bei der Entscheidung benutzt werden kann, ob man die Arbeit mit der Gruppe selber übernehmen will und kann oder ob man für sie eine andere, geeignetere Institution suchen will. Idealerweise stellt jedoch die Benutzung der Checkliste bereits einen Teil der konkreten Arbeit mit der Gruppe dar.

Werkstattgespräch
zwischen
Birgit und Christiane

C: Ehrlich, ich hab' einen richtigen Schreck gekriegt. Ich dachte, wir könnten den nächsten Teil, das Organisationskapitel, vom ersten Entwurf übernehmen, aber beim Durchlesen habe ich gemerkt, daß irgendwie was Wichtiges fehlt.
Die Theorie und die spannenden Beispiele sind schon da, aber ich brauche so was wie einen roten Faden. Einen, der zeigt, was die Theorie überhaupt soll. Im Gruppenkapitel ist das schon viel besser gelöst.

B: Du, mich freut, daß wir beide mal wieder über das gleiche gestolpert sind. Wenn wir so ähnlich empfinden, dann muß was dran sein. Wir müssen also zum Teil neu gestalten.
Für einen roten Faden brauchen wir ein Ziel. Was für ein Ziel stellst Du Dir vor?

C: Das Hauptziel wäre für mich im ersten Teil: Wie sehen Organisationen und ihre Strukturen aus, und wie bewegt sich die einzelne in ihnen?
Ja. Und außerdem: Wie können Organisationen, in denen wir arbeiten, unser Lebensgefühl und natürlich auch unser Verhalten bestimmen? Mit welchen Problemen müssen wir rechnen?

B: Du meinst Strukturprobleme, die wir meist nicht so recht als solche wahrnehmen und deswegen als persönliches Versagen unserer Chefin, unseren Schülern und Schülerinnen, Auszubildenden oder womöglich uns selber anhängen, nicht? So, wie wir es auch in der kleinen Gruppe viel zu oft machen.

C: Genau.

B: Dann bleibt uns eigentlich nur noch zu zeigen, wie die Strukturen in Organisationen speziell und anders als in Kleingruppen auf uns alle wirken.

C: Ja. Aber das zweite große Ziel dürfen wir nicht vergessen. Ich finde, das soll so bleiben, wie wir es uns vorgestellt hatten: Strukturveränderungen und spezifische Grenzen und Möglichkeiten solcher Veränderungen. Daß wir dabei nicht von Utopien ausgehen, sondern von den realen Möglichkeiten ganz durchschnittlicher Menschen, das lassen wir, das finde ich gut.

B: Ja. Ich habe jetzt höchstens noch eine Angst: Unsere Leser und Leserinnen sollen sich nicht so belehrt fühlen! Deswegen möchte ich noch ein Beispiel schildern und damit unser Organisationskapitel anfangen. Ich neige nämlich trotz Soziologiestudium immer wieder selber zum Individualisieren und würde gerne einen Bewußtseinsprozeß schildern, wie er ablief, bis ich endlich in einer bestimmten Organisation strukturelle Gesichtspunkte in mein Handeln miteinbezogen habe.
Vielleicht kann man dann leichter weiterlesen, ohne einen erhobenen Zeigefinger zu vermuten.

C: Schön. Das ist ein guter Anfang.
Du, weißt Du, eine gelungene Ministruktur ist ja auch, daß wir so gut und ohne Machtspielchen zusammenarbeiten können. Es ist richtig schön, so zusammenzuspannen, Birgit. Darf ich das wohl noch mal sagen oder kriegt man das langsam über?

B: Wieso? Für uns ist es wichtig, daß wir so was nicht nur fühlen, sondern uns auch sagen. Wenn die anderen genug davon kriegen, müssen sie ja nur die letzten Zeilen überblättern.

4 Angewandtes soziologisches Denken: Die Organisationsebene

Birgit erzählt:
Ich hatte in jahrelanger Erfahrung mit Soziologie- und Gesprächsführungsunterricht methodisch und didaktisch viel gelernt und konnte mit den meisten Gruppen schließlich recht gut arbeiten.
Manchmal waren alle Teilnehmerinnen vom Angebot restlos begeistert, manchmal waren nur die meisten ziemlich interessiert, aber richtigen Mißerfolg? Nein, den hatte ich nicht mehr.
Das heißt, eine Schule für Krankenschwestern bildete die ärgerliche Ausnahme. Dort konnte ich bei den Schülerinnen einfach nicht richtig ankommen.
Mit verschiedenen Kursen hatte ich immer wieder neue Anläufe unternommen, war aber mittlerweile ziemlich resigniert, weil jeder kleine Erfolg in den nächsten Stunden garantiert wieder kaputtgegangen war.
Mit der Zeit ertappte ich mich bei einer besonders perfiden Art des Individualisierens. Ich schrieb nämlich den Schwesternschülerinnen als ganzer sozialer Kategorie persönliche Eigenschaften zu. Zum Beispiel:
»Die sind so borniert! Mein Gott, sind die borniert! Das muß eine ganz besonders negative Auslese von Helfern sein. Die wollen nur die andern bessern, und sich selber wollen die überhaupt nicht anschauen!«
Eine weitere Form des Individualisierens leistete ich mir, indem ich staunte, daß dieses abweisende Verhalten der Schülerinnen gegenüber meinem gefühlsnah konzipierten Gesprächsführungsunterricht überhaupt passieren konnte. Sie hatten doch sehr engagierte und menschliche Klassenlehrerinnen! – Als würde immer alles an den falschen oder richtigen Personen liegen.
Trotzdem schloß ich vom Engagement und der Offenheit der Lehrerinnen auf ihre Unschuld und folglich auf die Schuld der Schülerinnen. Ich schäme mich fast, das zu schreiben, aber innerlich benutzte ich wirklich jahrelang diese beiden individualisierenden Begriffe »Schuld« und »Unschuld«. Zum Glück brachte eine Tagung mit Krankenschwestern in der Praxis die

Wende und ließ mich ganzheitlicher und strukturorientierter vorgehen.
Ich erlebte nämlich meinen ersten Mißerfolg mit einer Weiterbildungstagung, obwohl ich ein vielfach bewährtes Konzept angewendet hatte.
Hier wurde mir aber im Gegensatz zur Schwesternschule sofort klar, warum. Diese Schwestern hatten nicht wie die Teilnehmerinnen an früheren ähnlichen Veranstaltungen freiwillig an dieser Tagung teilgenommen, weil sie das Thema interessierte, sondern sie waren gekommen, weil sie mußten. Es handelte sich um eine Zwangsgruppe.
Meine Methoden, die ganz auf dem Interesse und der freiwilligen Lernbereitschaft der Teilnehmer basieren und ziemlich partnerschaftlich ausgerichtet sind, standen dazu in krassem Gegensatz.
Zum Glück gab es einen zweiten Tagungsnachmittag: Ich stellte den Tagungsablauf ganz und gar um, indem ich zum Beispiel mehr Vorträge, kürzere Gruppenarbeiten und keinerlei kritische Unterlagen zum Berufsfeld der Schwestern bot. Dafür waren die Themen für die Gruppenarbeiten so formuliert, daß eventuelle Kritik von den Leuten selber entwickelt werden konnte.
Die Veranstaltung gefiel und endete sogar mit spontanem Beifall. Diese Menschen waren gar nicht unzugänglich gewesen. Meine Methoden hatten einfach nicht zur bestehenden sozialen Struktur gepaßt!
Nun war die Soziologin in mir erwacht, und ich versuchte, eine Art struktureller Analyse an meiner »Problem«-Schule durchzuführen. Dabei merkte ich, daß die Schule neben den positiv eingestellten Lehrkräften eine Reihe von außen bestimmter Bedingungen erfüllen mußte, die große Widersprüche erzeugten.
Man mußte beispielsweise riesige Klassen aufnehmen und hatte ein enormes Lernpensum zu bewältigen, das zum größten Teil im Frontalunterricht von Spezialisten mit hohem Sozialprestige vermittelt wurde. Diese Fachleute wurden stundenweise von außen beigezogen. Die Kommunikationsstrukturen entsprachen eher denen eines Rades als denen eines Kreises, und den Schülerinnen blieb kein Platz, um gegenseitig Beziehungen aufzunehmen und Gelerntes emotional zu verankern.
Ich könnte die Liste struktureller Gegebenheiten noch verlängern. Wichtig war vor allem, daß die Schülerinnen durch die partnerschaftlichen und menschlich gemeinten Versuche ihrer Klassenlehrerinnen und mir eher verunsichert und überfordert waren und weder ihnen noch mir Vertrauen entgegenbrachten. Die Umstellung von der üblichen Radkommunikation auf die bei uns gewünschte kreisförmige Kontaktaufnahme war ihnen nicht möglich.
Der Sprung war zu groß: Die »andere« Seite forderte von ihnen vor allem

Leistung. Wir aber wollten vielmehr Vertrauen und Menschlichkeit aufbauen, was wir als Grundlage allen Lernens betrachten. Zwei Ziele, die eigentlich zwei ganz verschiedene Einstellungen verlangen. Die Schülerinnen gerieten auch prompt in einen Konflikt, den die Seite gewann, die schließlich die Examensnoten verteilte. Und das war nicht ich.
Ich hatte an sich den Schülerinnen Gelegenheit geben wollen, sich selber und die Kameradinnen besser kennenzulernen.
Doch zu Offenheit kann man nicht zwingen, und nach meinen neuen, strukturell ausgerichteten Gedanken mußte ich daher zuerst noch eine große Änderung einführen.
Ich hatte ja mit meinen Methoden den gleichen Widerspruch erzeugt wie auf der Tagung.
Wäre ich bei der Problemlösung gleich vorgegangen wie dort, hätte ich mein Vorgehen den in der Schule sonst üblichen Strukturen angepaßt. Ich hätte meine Stunden eher dem Frontalunterricht angenähert.
Für den einen Nachmittag an der Tagung war das gut gegangen, aber ein ganzes Jahr mochte ich mit meinen Schülerinnen nicht so arbeiten.
Mein Entschluß stand daher schnell fest: Ich mußte hier eher die Struktur den Methoden anpassen und als erstes Raum für Freiwilligkeit schaffen.
Mein Unterricht wurde fakultativ, d.h. nur die Schülerinnen, die wollten, nahmen teil. Die anderen lösten in dieser Zeit eine selbstgewählte Aufgabe. Dahinter stand die Überlegung, daß die Schülerinnen, die freiwillig teilnehmen würden, auch motiviert wären und sich nicht mehr durch die mißmutigen »Zwangsbeisitzer« behindert fühlen müßten.
Der Unterricht wurde vom größten Teil der Klasse besucht, die meisten anderen lösten ihre Aufgabe auch ohne Kontrolle, und es begann langsam, langsam die so lang vergeblich angestrebte Atmosphäre größeren Vertrauens und offener Kommunikation zu wachsen. Mit der Zeit wude auch ein Teil des ursprünglich geplanten Gesprächsführungsunterrichts möglich, weil die Schülerinnen es immer häufiger wagten, auch persönliche Beispiele zu bringen.
Meine bewährten Methoden versagten nicht mehr so wie am Anfang. Schwierig war es zwar immer noch, aber nicht mehr unmöglich.
Charakteränderung? Wohl kaum. Aber massive Strukturänderung. Nun konnte ich mit den Schwesternschülerinnen arbeiten, ohne daß die Unmotivierten querschossen und damit die Grundlagen für Offenheit verhinderten. Weitere strukturell orientierte Überlegungen müssen folgen, damit die Themen genau gleich gut aufgenommen werden können wie in frei ausgeschriebenen Kursen. Im Moment bin ich dabei, praktisch jeden Tag in dieser Beziehung etwas dazuzulernen. Das individualisierende Den-

ken kann man eben nicht mit einem Schlag loswerden. Es geht immer wieder einen praktischen kleinen Schritt weiter. Manchmal ist es auch ganz schön mühsam. Um es gut zu machen, brauchen wir viele Kenntnisse über die in der betreffenden Organisation bestehenden Strukturen.
Deshalb führt unser folgender Text in die Grundlagen einer prozeßhaft und systemisch ausgerichteten Organisationssoziologie ein.

4.1 Was ist eine Organisation?

Auch eine Organisation kann als Gruppe bezeichnet werden. Sie besteht meist längere Zeit und hat eine Struktur, die sich allerdings von derjenigen der kleinen Gruppe deutlich unterscheidet:

In Organisationen kennen sich meistens nicht alle Mitglieder persönlich. Der größte Teil der Organisationen ist nämlich groß, anonym und schwer durchschaubar.

Es gibt auch hier Gefühle, aber der Zweck ist immer der wichtigste Bestandteil der Selbstdefinition von Organisationen.

Die Menschen sind in Organisationen eher auswechselbar als in kleinen Gruppen, und ihr Fortgehen gefährdet im allgemeinen keineswegs den Bestand der Organisation.

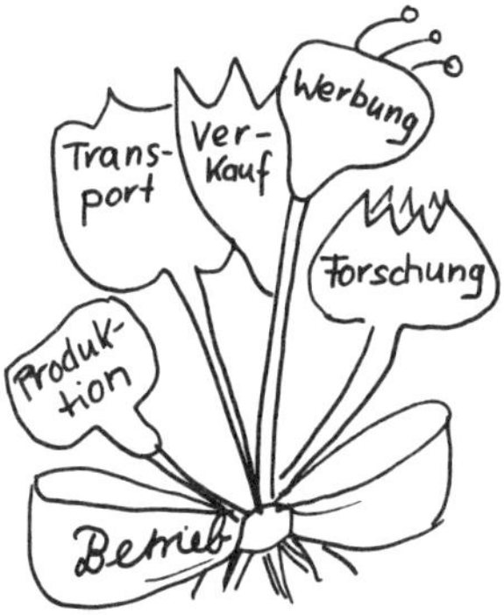

Das hat einen engen Zusammenhang mit der Wichtigkeit der verschiedenen Funktionen in den unterschiedlichen Abteilungen von Organisationen. Sie müssen mehr oder weniger erhalten bleiben, während das Mitglied ohne weiteres ersetzbar ist.

Im Vergleich zur kleinen Gruppe ist ein großer Teil der Ziele und der Mittel, die für die Erreichung der Ziele eingesetzt werden, rational geplant, und ihre Erfüllung bzw. Einhaltung wird vom Mitglied erwartet.

Auch die Art der Normen und die Art, wie Kontrolle ausgeübt wird, ist zu einem größeren Teil offiziell vorgegeben als in der kleinen Gruppe und wird seltener als dort gemeinsam von allen Mitgliedern entwickelt.

In Organisationen gibt es fast immer einigermaßen feste oder sogar starre Hierarchien …

… und nur selten „Wir-Gefühle“, die die Mitglieder aller Ränge miteinander verbinden.

Organisationen haben also Merkmale gemeinsam, die sie gleichzeitig von Kleingruppen unterscheiden. Aber Organisationen sind auch sehr verschieden voneinander, und es ist nicht das gleiche, ob wir von einer kleinen Landschule, einem Gefängnis oder einer Fabrik sprechen. Jede Organisation kann nämlich wieder anders strukturiert sein.
Wir wollen so vorgehen: Am Anfang wird das prinzipiell Organisationstypische an der Struktur im Mittelpunkt stehen, und anschließend werden wir die Besonderheiten berücksichtigen, die für ein Verständnis der jeweiligen Situation bedeutsam sein können. Zuerst also…

4.2 Gemeinsamkeiten von Organisationen

Wie auch immer Organisationen beschaffen sind, man kann überall formelle und informelle Bezüge zwischen den Organisationsmitgliedern unterscheiden.

4.2.1 Die informelle Struktur

In einem Jugendamt können wir in der Kaffeepause eine sehr ähnliche Kommunikation feststellen wie bei den Männern am Stammtisch im vorhergehenden Kapitel. Man lacht, plaudert und teilt den neuesten Klatsch miteinander:

Das Team eines Jugendamtes ähnelt in der Kaffeepause einer Kleingruppe...	... und illustriert die *informelle Struktur* einer Organisation in einem bestimmten Augenblick

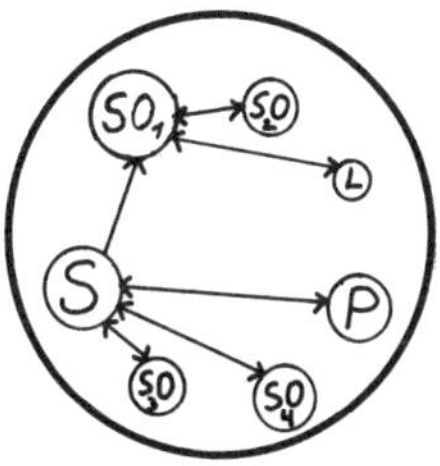

Wie beim Stammtisch finden wir horizontale und vertikale Bezüge zwischen den Teilnehmern.
Sie sind nicht geplant, sondern spontan aus der Situation heraus entstanden.
In unserem Beispiel lassen sich wie in vielen informellen Gruppen die horizontalen und vertikalen Aspekte in der Interaktion schwer voneinander trennen.
Wer lacht und plaudert nimmt horizontal Kontakte auf und bestimmt Inhalt und Form der Gruppenstruktur mit. Zugleich aber nimmt der besonders aktive Plauderer auch Einfluß auf die fröhliche Stimmung, womit die vertikale Dimension angesprochen wird.

SO = Sozialarbeiter
S = Sekretärin
L = Leiter des Teams
P = Praktikant
→ = Kontaktnahme in einem bestimmten Zeitraum

○ = Stärke des Einflusses auf die Stimmung in einem bestimmten Zeitraum

Die *informelle Struktur* umfaßt alle nicht vorgeplanten inoffiziellen Kontakte zwischen Organisationsmitgliedern. Sie kann unterschiedliche Inhalte haben, unterschiedliche Formen annehmen und wechselnde Personen betreffen. Sie wird durch die aktuelle Situation geprägt, kann aber mit der Zeit auch in festen Bahnen verlaufen.

In einigen Organisationen bilden sich informell ganze Freizeitgemeinschaften, die zu richtigen Kleingruppen werden. Im Jugendamt trifft das für die vier Sozialarbeiter zu, die privat regelmäßig über ihre beruflichen Probleme sprechen. In anderen Organisationen – und das ist häufiger der Fall – ist die Verbindung loser, unverbindlicher, wechselt mehr ab zwischen verschiedenen Personen und reicht seltener bis in die Freizeit hinein.

4.2.2 Die formelle Struktur aus der Vogelperspektive

Um 10.00 Uhr ist wieder Arbeitszeit. Jetzt zeigt sich ein ganz anderes Bild im Team...

... es illustriert das eher offiziell ausgerichtete Verhalten in der Organisation

(Wieder zeigt die Größe der Kreise die vertikale Dimension an. Im Beispiel: in welchem Ausmaß die Situation vom Betreffenden bestimmt wird.
Die Pfeile symbolisieren die Form der Kommunikation, d.h. einseitige oder gegenseitige Kontakte. Der Inhalt kann beliebig wechseln.)

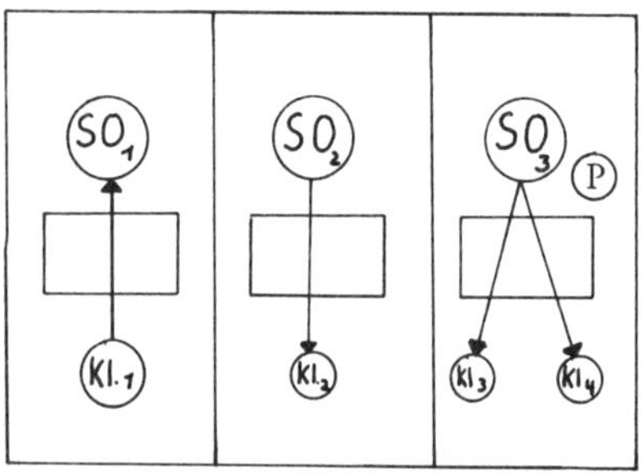

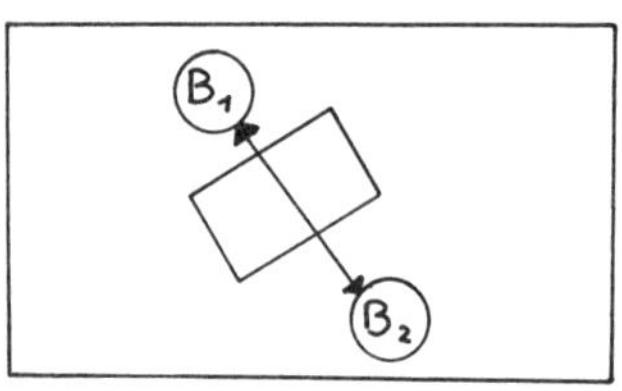

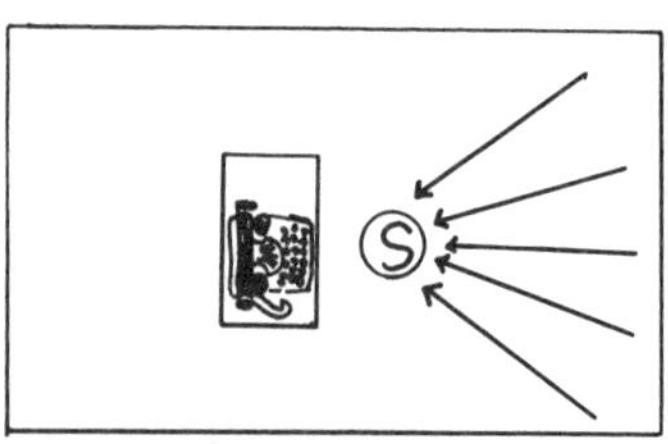

Im Moment telefoniert der Leiter (L) gerade mit einem Klienten wegen einer geplanten Vormundschaft.
Drei Sozialarbeiter (SO) sitzen in ihren Büros und verhandeln mit Klienten (KL).
Der Berufsberater (B), der beim Morgenkaffee fehlte, hat eine Besprechung mit dem Kollegen von der Zweigstelle.
Sozialarbeiter 4 ist nicht da, er besucht ein Mündel in der psychiatrischen Klinik.
Der Praktikant (P) hospitiert bei Sozialarbeiter 3.
Der Inhalt der Kontakte hat wie die Stimmung gewechselt. Die Gelöstheit ist in viel größeren Ernst umgeschlagen.
Der Leiter legt sogar eine ausgesprochene Würde an den Tag.
Die Sekretärin (S) hat wenig zu besprechen.
Sie tippt Erlasse, Briefe, Gutachten, etc., die ihr von allen Seiten auf den Tisch gelegt werden.

L = Leiter
B = Berufsberater
Kl = Klienten
SO = Sozialarbeiter
S = Sekretärin

Das hier dargestellte offizielle Verhalten richtet sich nach der im Jugendamt geltenden formellen Struktur, ist aber nicht einfach damit gleichzusetzen. Immerhin sieht es während der Arbeitszeit ziemlich anders aus als in der informellen Kaffeerunde. Der Unterschied zwischen den beiden »Momentaufnahmen« hat seine Ursachen:
Im informellen Kreis des Sozialarbeiter-Teams zählen viel eher die verschiedenen Quasirollen aus dem sonstigen Freizeitbereich und persönliche Eigenschaften wie z.B. Unterhaltungsfähigkeit oder Liebenswürdigkeit.
Der Inhalt und die Form dieser Kommunikation täuschen daher beim gemütlichen Zusammensein z.T. erfolgreich darüber hinweg, daß es selbst im leger organisierten Jugendamt der Vorortgemeinde von Zürich eine *formelle Struktur* gibt, bei der ganz andere Dinge zählen als im informellen Bereich, nämlich:
Die Position, die jemand aufgrund der Funktion, die er ausübt, innehat, die entsprechende Rolle, und die mit beidem verbundene Bedeutsamkeit und Befehlsgewalt des einzelnen.
In der informellen Ordnung hat der Leiter z.B. ein viel geringeres Gewicht als in der formellen Struktur unseres Beispiels. Hier kann er wegen seiner langweiligen Art, sich auszudrücken, wenig Fuß fassen, dort ist er jemand.
Die Bedeutsamkeit der Sozialarbeiter ist innerhalb des formellen Bereichs weniger unterschiedlich als in der informellen Struktur, da ihr Aufgabenbereich ähnlich gelagert ist und da sich ihre relativ große Möglichkeit zur Beeinflussung der Situation vor allem aus der allen gemeinsamen Entscheidungsgewalt gegenüber den Klienten und Klientinnen ableiten läßt.
Der Situationsausschnitt, der die Arbeit nach der Neun-Uhr-Pause illustriert, zeigt aber nur einen kleinen Teil des formellen Rahmens, auf dessen Hintergrund er sich abspielt.
So täuscht er z.B. eine zu große Autonomie der Sozialarbeiter vor. In Wirklichkeit stehen sie in einer unsichtbaren Verbindung zu anderen internen und externen Bürostellen, die so stark ist, daß sie sogar noch ihr Handeln in der abgeschlossenen Beratungssituation beeinflußt.
Die Verbindung mag zu verschiedenen Zeiten verschieden stark wirksam sein, aber ein erstes zusammenfassendes Bild könnte für einen Teil der internen Abhängigkeiten ungefähr so aussehen:

Die formelle Weisungsstruktur im Jugendamt nach dem offiziellen Stellenplan

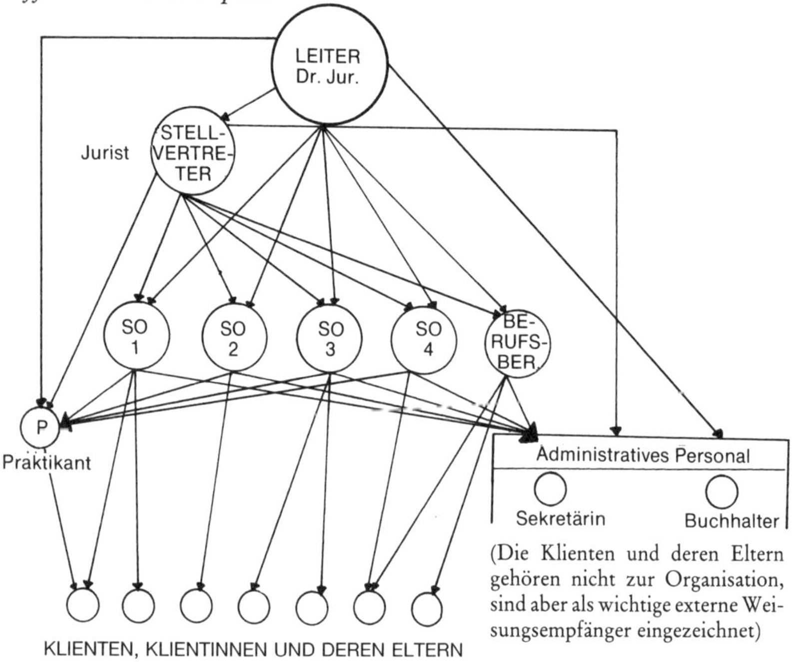

Die Kreisgröße bezeichnet hier das von der *Planung* vorgesehene Gewicht der betreffenden Berufsposition.

Die Pfeile geben an, wer laut Plan wem Weisungen erteilen darf. Daß in den meisten Organisationen so etwas wie eine offizielle Struktur besteht, hängt mit der bei uns üblichen Arbeitsteilung zusammen. Sie bedeutet nicht nur, daß für die Erledigung einer Aufgabe mehrere Menschen unterschiedliche Funktionen übernehmen, sondern sie bedeutet auch, daß meist eine recht klare Trennung zwischen Kopf- und Handarbeit, zwischen leitenden, planenden und ausführenden Arbeiten vollzogen wird.

Die Anlage der verschiedenen Funktionen, d.h. wer allein oder mit anderen welche Aufgaben zu erfüllen hat, kann als *horizontaler Aspekt der formellen Struktur* bezeichnet werden.
Die unterschiedliche Bedeutsamkeit, die den Stellen zugeschrieben wird, und die mit ihnen verbundene unterschiedliche Kontroll-, Weisungs- und Entscheidungsbefugnis stellt hingegen den *vertikalen Aspekt der formellen Struktur dar.*
Diese Dinge sind rational geplant und darum nicht von der aktuellen Situation, sondern vom übergreifenden Organisationsziel abhängig.

Die horizontale formelle Struktur einer Organisation ist viel zu komplex, um sie in einer Zeichnung darstellen zu können, deshalb haben wir uns in unserem Schema auf den vertikalen Aspekt und zudem lediglich auf die Weisungsstruktur beschränkt. Meist wird sie – z.B. in sogenannten Organigrammen – wie auf unserem »Struktur«-Bild statisch dargestellt.
Unsere Zeichnung vereinfacht die mit der Hierarchie verbundenen Aspekte im Jugendamt immer noch stark. Die gesamte vertikale Struktur umfaßt nämlich noch wesentlich mehr:

- die Höhe der Bezahlung für die jeweilige Position;
- das Ansehen, das der Stelleninhaber genießt;
- den Grad seiner Verantwortung gegen außen;
- die für diese Stelle verlangte Ausbildung und Erfahrung;
- die offiziell zugestandenen Rechte und Privilegien;
- die Anzahl der eventuell verlangten Dienstjahre;
- den Grad, in dem der Stelleninhaber andere Stellen mitdefiniert;
- und die Möglichkeit, direkte Befehle oder Sanktionen zu erteilen, sowie das Ausmaß der Entscheidungsbefugnis.

Mit Hilfe dieser Merkmale kann man die vertikale Dimension in Organisationen einschätzen und beschreiben. Allerdings läßt sich damit nicht mehr als die offizielle Ordnung erfassen, denn die Wirklichkeit sieht meist anders aus, als es die Planer vorgesehen haben.
In jeder Organisation wird nämlich die formelle Struktur von den konkreten Positionsinhabern in eine *Handlungsstruktur* übersetzt. Dabei spielen sich regelmäßige Verhaltensmuster ein, es entstehen Quasirollen und soziale Konzepte, die manchmal den offiziellen Wegen folgen und manchmal eben auch nicht.

4.2.3 Ein Ausflug in die statisch erfaßte Handlungsstruktur

Einige Merkmale der formell geplanten Struktur entsprechen durchaus der Realität in unserem Jugendamt, nämlich die Bezahlungsunterschiede, die große Verantwortung des Leiters gegen außen, der unterschiedliche Grad an Ausbildung sowie die offiziell zugestandenen Rechte und Privilegien.
Wenn man jedoch nur das interne Ansehen der einzelnen und die real ausgeübten Weisungen und Kontrollmaßnahmen anschaut, dann müssen wir ein ganz anderes Bild zeichnen:

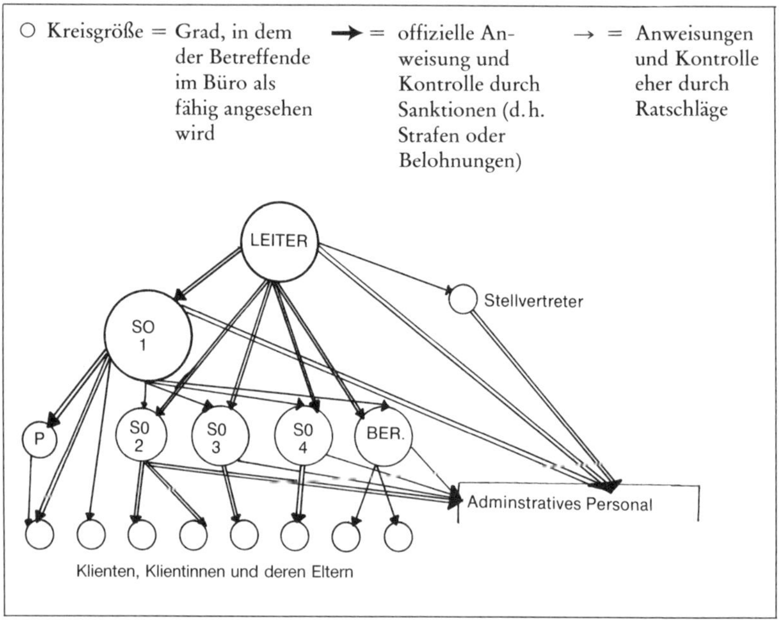

Wenn wir uns noch einmal die formelle Weisungsstruktur vergegenwärtigen, so sehen wir, daß die reale Handlungsstruktur deutliche Unterschiede aufweist: Hier ist der stellvertretende Leiter eine reine Randfigur. Der Chef genießt zwar weniger Ansehen als offiziell vorgesehen, hat jedoch eine ziemlich ausgeprägte Kontrollfunktion. Sozialarbeiter 1 nimmt im Hinblick auf seine realen Einflußmöglichkeiten eine Art informelle »Vize-Chef«-Stelle ein. Er kontrolliert jedoch die übrigen nicht durch Verweise, sondern durch das Erteilen guter Ratschläge, die von den anderen meist auch akzeptiert werden. Das ganze macht folgendes deutlich:

> Formelle Strukturen in Organisationen geben zwar den geplanten Soll-Zustand wieder, entsprechen aber nicht unbedingt der tatsächlichen Handlungsstruktur. Sie dienen vor allem als Ordnungsplan, auf den man sich insbesondere in Konfliktsituationen zu berufen pflegt.

Ein näherer Blick auf die Kaffeerunde hilft uns, einiges besser zu verstehen:

4.2.4 Zum Verhältnis zwischen formeller und informeller Struktur

In unserem Sozialarbeiterbüro braut sich nämlich im Moment ein lange fälliger Konflikt zusammen. Wenn der Chef und sein Stellvertreter, der Jurist, nicht dabei sind, redet man in der Morgenpause nur davon, daß die Stelle des »Vize-Chefs« eigentlich besser von Sozialarbeiter 1 ausgefüllt würde. Er habe wesentlich mehr Dienstjahre und Erfahrungen, zudem müsse die Stelle mehr für soziale Arbeit statt wie bisher für administrative Belange genutzt werden. Auch der Chef wird angegriffen. Er sei zu schwach, um in dieser Situation klare Verhältnisse zu schaffen. Als Jurist könne er ja zugegebenermaßen einiges, aber seine Personalpolitik...
Derartige Spannungen werden nur untereinander ausgesprochen und so immer wieder gemeinsam neu erzeugt. Die formelle Weisungsstruktur steht ein Stück weit in Frage. In der offiziellen Kommunikationsstruktur fallen Personalprobleme allein in den Kompetenzbereich des Leiters. Er aber stützt seinen Stellvertreter, weil es sich um einen Studienkollegen handelt. Diese Haltung läuft der im informellen System geäußerten Meinung komplett entgegen.
Das spürt übrigens langsam auch der stellvertretende Chef. Jedenfalls deutet er immer öfter an, die Stelle wechseln zu wollen. Die anderen hören das nicht ungerne, denn dann stünde der Übernahme dieser Position durch Sozialarbeiter 1 nicht mehr viel im Wege. Im informellen System ist er ja schon jetzt zum stellvertretenden Leiter befördert, ohne jedoch vorerst die entsprechenden Privilegien, wie z.B. die höhere Gehaltsstufe oder die offizielle Erweiterung seiner Kompetenzen nach außen genießen zu können.
Nicht überall haben die informellen Beziehungen so viel Spielraum und so viel Kraft, um langfristig sogar die formellen Strukturen (in unserem Beispiel die Stellendefinition des »Vize-Chefs«) mit ändern zu helfen. Immer jedoch zeigen sie bestehende Mängel auf, und sie haben einen wichtigen Anteil an der Stimmung in der Organisation. Außerdem beeinflussen sie mit, ob die Legitimität des formellen Rahmens anerkannt wird und damit problemlos funktioniert oder nicht.
Noch ein weiteres Beispiel soll den Anteil des informellen Systems an der Stimmung im Betrieb illustrieren: Diesmal wird Spannung abgebaut:

> Wir hatten einmal die Möglichkeit, ein ähnliches Team von Sozialarbeitern, wie wir es bei der Darstellung von formellen und informellen Strukturen gezeigt haben, mehrere Tage bei ihrer Arbeit zu begleiten.
> Eine Analyse unserer Aufzeichnungen der von uns wahrgenommenen

Gesprächsinhalte und nonverbalen Kontakte während der morgendlichen Kaffeepausen zeigte unter anderem folgendes:

In erster Linie wurden laufende, aktuelle Fälle erzählt, in zweiter Linie assoziierten die Teilnehmer episodenartig vergangene Fallgeschichten. Weniger häufig wurde der letzte Klatsch über gemeinsame Kollegen bzw. Kolleginnen und andere Ämter ausgetauscht, und hin und wieder besprach man auch sachliche Informationen über irgendwelche Anordnungen, die der eine oder andere auf informellem Weg erfahren hatte.

Auffallend war, daß aktuelle Schwierigkeiten mit Klienten zwar ernsthaft dargelegt wurden, meist aber die Gruppe zu lustigen Berichten über lang zurückliegende Fälle animierten, die dann schnell Lachen und allgemeines Erzählen auslösten.

Es war, als würden sich die Teilnehmer und Teilnehmerinnen jedesmal indirekt mitteilen wollen: »Kopf hoch, nur halb so schlimm, man übersteht jeden Fall, und manchmal kann man Jahre danach sogar drüber lachen.«

Nach der Kaffeepause gingen die Teammitglieder – jedenfalls nach unserem Eindruck – gelöst in ihre Büros zurück und stellten sich wieder dem oft großen Elend ihrer Klienten.

Aus diesen Beobachtungen zogen wir den Schluß, daß die informelle Struktur in diesem Sozialarbeiterteam eine psychische Entlastungsfunktion erfüllt.

Die formelle Struktur weist nämlich trotz der auch hier üblichen Teamsitzungen dem einzelnen Sozialarbeiter die Position eines isolierten Einzelkämpfers zu. Außerdem ist er durch Verpflichtungen gegenüber seinen Vorgesetzten und Klienten belastet sowie durch die intensive Interaktion mit der sozialen Umwelt seiner Organisation. Diese Umwelt setzt sich aus dem Gericht, aus Behörden und anderen Hilfsorganisationen zusammen und ist entsprechend komplex.

Im informellen Kreis seiner Kollegen kann er die ihm auferlegte Isolation in der Entscheidungsfindung für ein paar Minuten überwinden. Er kann seine Gefühle zeigen, Sorgen über einen Fall äußern und bekommt vor allem – sofern es ihm gelingt, eine günstige Quasirolle im Team einzunehmen – soziale Zuwendung und Anerkennung in Form von aufmerksamem Zuhören und beifälligem Lachen. Daß aus der informellen, gemütlichen Kaffeerunde nie eine formelle Arbeitssitzung wurde, dafür sorgten alle Anwesenden nach Kräften.

Zusammenfassend läßt sich also über den Einfluß der informellen auf die formelle Struktur festhalten:

Das informelle System kann im formellen Bereich Spannungen erzeugen. Es kann das formelle Gefüge mitverändern oder aber auch die emotionalen Voraussetzungen schaffen, die für die Durchführung der offiziellen Aufgabe notwendig sind. Fast immer zeigen sich Warnzeichen für schlecht funktionierende geplante Strukturen zuerst im informellen System.

Was kann nun umgekehrt das formelle beim informellen Interaktionsnetz bewirken?
In vielen Fällen behindert die formelle Struktur einer Organisation ein gutes Funktionieren der persönlichen Kontakte mehr als daß sie es fördert.
So sind z. B. der Wechsel von Organisationsmitgliedern, der eher knappe zeitliche Spielraum für die Entwicklung gemeinsamer Interessen und Ziele und die geringe Möglichkeit, so etwas wie ein Eigenleben als Kleingruppe zu entwickeln, daran beteiligt, daß schwach strukturierte und eher unverbindliche Beziehungen die vorherrschende Form informeller Kontakte darstellen.
Im allgemeinen gilt, daß in kleinen Organisationen wie dem Sozialarbeiterbüro viel mehr Platz für informelle Strukturen bleibt und daß man die formellen Interaktionen hier auch viel schwerer von den informellen unterscheiden kann. Trotzdem können sich überall persönliche Beziehungen innerhalb eines formellen Kontaktkreises bilden. Vielfach sind sie an gemeinsamen Merkmalen ausgerichtet, wie z. B. dem Alter, der Dauer der Organisationszugehörigkeit oder der beruflichen Position.
Das Zusammenspiel beider Bereiche, nämlich der geplanten, formellen Struktur auf der einen Seite und der informellen Kontakte auf der anderen Seite bestimmt schließlich die Handlungsstruktur, d. h. das konkrete Zusammensein von Menschen in Organisationen.
Wenn wir nun Organisationen als lebendige Gebilde besser verstehen wollen, müssen wir die formelle Struktur wie die Handlungsstruktur noch genauer als bisher anschauen. Hier hilft ein statischer Begriff, nämlich »die Rolle«, ein Stück weiter:

4.2.5 Die formelle Struktur aus der Nähe betrachtet

Das kleinste Element, die soziale Rolle

Der Sozialarbeiter Peter Frischauf ist für die Arbeit mit Jugendlichen angestellt. Das heißt, er übernimmt z. B. freiwillige Fürsorge, bei der ihm junge Menschen, die in Schwierigkeiten geraten sind, meist durch Eltern, Lehrerinnen oder Schulpsychologen vermittelt werden.

Auf der anderen Seite muß er aber auch gesetzliche Sozialarbeit leisten, was bedeutet, daß ihm das Gericht offiziell bestimmte Aufgaben wie die Übernahme der Erziehungsaufsicht bei Jugendlichen aus gefährdeten Familienverhältnissen oder z. B. die Übernahme von Vormundschaften zuweist.
Konkret bedeutet diese Arbeit: Tägliche Sprechstunden für seine Klienten und Klientinnen, deren Eltern, Vorgesetzte, Freunde. Gespräche, die abklären sollen, Beratungsgespräche, Gespräche, die Maßnahmen aufzeigen und plausibel machen sollen. Dazu muß er sich bei Vorgesetzten, Eltern, Freunden, Psychologinnen, Drogenberatungsstellen, Berufsberaterinnen und Medizinern informieren und Rechenschaftsberichte für Ämter, wie z. B. die Vormundschaftsbehörde, verfassen.
Nicht zuletzt muß er Entscheidungen treffen, ob die Jugendlichen mit psychischer Unterstützung allein weitermachen können, ob man ihnen eine Stelle suchen muß, sie unter Druck setzen oder gar in irgendeine Anstalt einweisen soll.
Für jeden Fall-»Typ« hat er eine Art »offiziellen Plan«, der einer bisherigen Gewohnheit oder politischem Druck entspricht. Er bestimmt zum Beispiel, wieviel Zeit ihm im Durchschnitt für einen Fall bleibt und welche Entscheidungen im normalen Rahmen liegen bzw. eher ungewöhnlich sind.
Dieser Plan wird zum kleineren Teil durch schriftliche Erlasse und Vorschriften, zum größeren Teil durch die Arbeitsweise erfahrener Kollegen sowie Kolleginnen und natürlich auch durch seinen Chef repräsentiert:

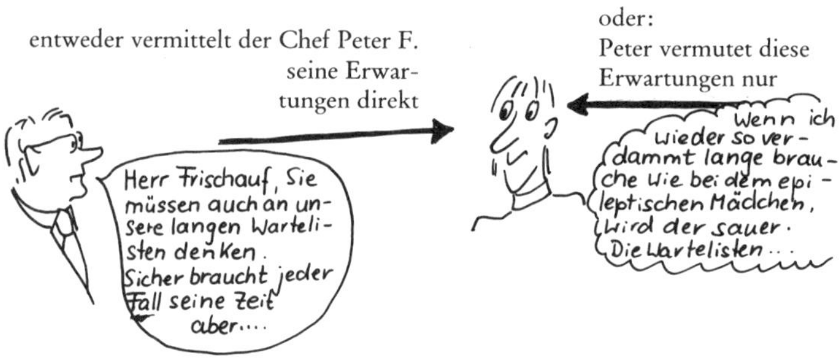

Auch die Kolleginnen und Klienten, die Vertreter verschiedener Institutionen und die Expertinnen haben Erwartungen an Peter, und alle zusammen bestimmen schließlich mit, was er in seiner Position als Sozialarbeiter konkret tut.
In der Soziologie nennt man diese Einflußgrößen das *Rollenfeld.*

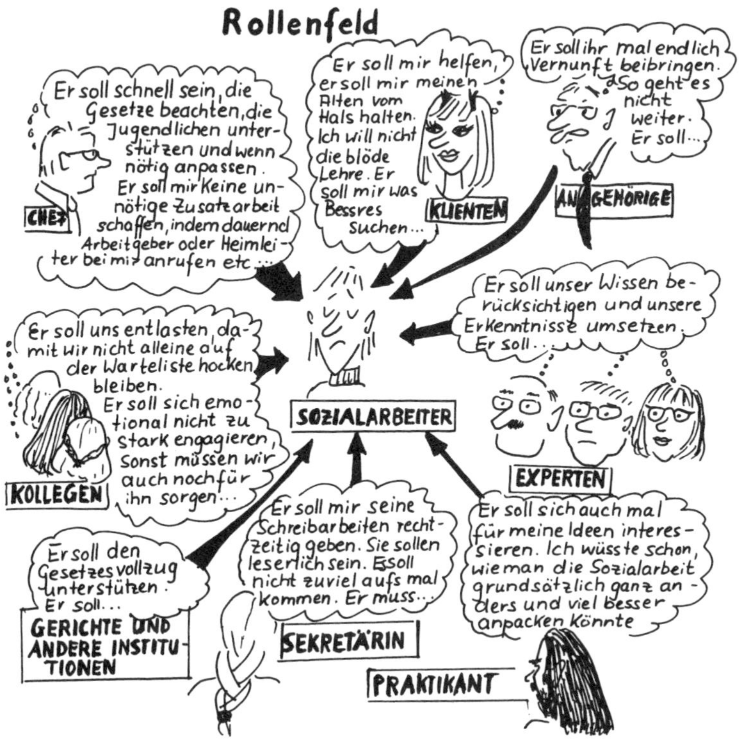

Die *Rolle* ist nun die Summe aller Erwartungen der verschiedenen Gruppen und Personen, die Menschen in einer bestimmten sozialen Position beeinflussen. Nichts anderes.
Dabei sind die Erwartungen nicht frei erfunden, sondern beruhen auf gesellschaftlichem Konsens, d.h., es besteht weitgehend Einigkeit darüber, was wer von wem zu fordern hat und erwarten darf. Rollen enthalten Forderungen (Normen) darüber, was der Positionsinhaber mit wem wann tun soll, wessen Weisungen er folgen soll, über wen er in welchen Belangen bestimmen darf und wen er mit Achtung behandeln muß.

Glücklicherweise sind nun aber nicht alle Rollen-Normen gleich wichtig. Wenn die eine oder andere nicht eingehalten wird, so ist nicht in jedem Fall mit starken negativen Reaktionen zu rechnen. Aus diesem Grund teilt man sie in Muß-Erwartungen, in Soll-Erwartungen und in Kann-Erwartungen ein:

Die *Muß-Erwartungen* haben absolute Priorität.

Peter meint, sie in jedem Fall befolgen zu müssen, sonst fürchtet er schwere *negative Sanktionen* wie Entlassung oder gar Gefängnis.

Bei *Soll-Erwartungen* muß er immerhin sehr ernsthaft erwägen, ob er ihnen nicht entsprechen wolle. Wenn er gegen sie verstößt, treffen ihn zwar schmerzhafte, aber nicht katastrophale negative Sanktionen wie z. B. teilweiser Gruppenausschluß, soziale Ächtung und Ähnliches.

Peter hat zum Beispiel eine gewisse Art, in Sitzungen zu dominieren:

Damit verstößt er gegen die Soll-Erwartung „Kollegialität. Man schaut ihn aber nur betreten an oder unterbricht ihn gönnerhaft „Nun mach mal halblang, Peter".
Wenn er nicht schon leiser geworden wäre, hätte man mit der Zeit wahrscheinlich hinter seinem Rücken schlecht über ihn geredet.

Die *Kann-Erwartungen* hingegen kann, aber muß man nicht erfüllen.
Ihre Berücksichtigung stellt eine Art freiwillige Zugabe dar und zieht *positive Sanktionen* nach sich.

Der Praktikant hat zum Beispiel ein Wochenende lang ein suizidgefährdetes Mädchen betreut:

Dieser Katalog suggeriert Klarheit und teilweise auch eine ziemlich starke Übereinstimmung zwischen Forderung und Handlung. Das Bild trügt allerdings. Normalerweise werden längst nicht alle Erwartungen erfüllt, wahrscheinlich nicht einmal alle Muß-Erwartungen.
Was der Rollenträger tatsächlich tut, nämlich sein *Rollenhandeln*, ist noch von vielen anderen Einflußgrößen abhängig. Deswegen ist es sinnvoll, von der gerade dargestellten Ebene der geforderten und geplanten Strukturen auf die Ebene der Handlungsstruktur zurückzugehen und am Beispiel Peter Frischauf nachzuschauen, wie sich der Mensch in Wirklichkeit mit den Erwartungen an ihn herumschlägt.

Was alles nötig ist, um eine Rolle umzusetzen: Eine Liste statischer Handlungselemente

Peters formelle *Rolle* besteht wie gesagt aus den verschiedenen sozialen Forderungen an ihn:

Rolle

In den vorhergehenden Abschnitten haben wir gesehen, daß er viele Entscheidungen alleine und spontan in der Situation fällen muß. Die offiziellen Strukturen nehmen ihm nicht alles ab. So versucht er täglich mit viel bewußtem und auch unbewußtem Aufwand die Anforderungen der Rolle in Verhalten umzuwandeln. Wieder wollen wir die Sache zuerst einmal statisch anschauen, um das nötige Werkzeug für eine spätere Prozeßdarstellung zusammenzubringen.
Von den sozialen Fakten, die neben den formellen Forderungen sein Rollenhandeln steuern, ist ihm etwas besonders bewußt, nämlich

---

Sein *Rollenselbstbild*

Wir möchten daher mit diesem Handlungselement beginnen. Peter hat sich soziale Konzepte zu eigen gemacht, die nun in ihm zur Verwirklichung drängen. Er hat Vorstellungen, Wünsche, Ideale, Meinungen und Moralsätze, die er anwenden möchte.

Zum Teil weniger bewußt, aber darum nicht weniger wirksam, sind andere Einflußgrößen, wie

---

gelernte *soziale Konzepte, Verhaltenstypisierungen* und *Quasirollen*

Denn Peter hat ja auch seine ganz persönliche Geschichte. Er hat daher seine eigenen sozialen Normen, Alltagstheorien und Quasirollen, die ihm zur zweiten Natur geworden sind und die nun auch in sein Handeln einfließen.

eine soziale Norm, der Peter unbewußt folgt, ist z.B.: „Vor Autoritäten kneift man besser“

Vielleicht hat er sie sogar in einem ganz anderen Zusammenhang gelernt und vielleicht decken sie sich nicht einmal mit seinem Rollenselbstbild oder mit den Erwartungen an ihn. Merken muß er das nicht unbedingt, denn sie sind zum Teil recht unbewußt.

Eine seiner Alltagstheorien ist vielleicht nichts anderes als eine Rationalisierung seiner Norm „Vor Autoritäten kneift man besser“:

So verstummt Peter hin und wieder und verläßt damit seine sonst übliche Quasirolle des stets Aktiven, Herzlichen.

Normen und Alltagstheorien zusammen verhindern auch in anderen Konflikt-Fällen, daß Peter die Eltern mit einem neuen Erziehungsverhalten konfrontiert. Seine herzliche Art bringt sonst aber wirklich manche positive Veränderungen zustande, und eine gewisse Wärme strahlt er auch aus. So mag er also schon ein wenig Liebe in die Welt tragen und damit der Verwirklichung seines Selbstbildes näher kommen.
Schauen wir aber weiter, durch was Peters Verhalten außerdem noch beeinflußt wird:

Die *Rolleninterpretationen*

Nur ein Teil der Erwartungen wird deutlich ausgesprochen, und sogar bei ihnen kann sich Peter täuschen. So steht und fällt das Ausfüllen seiner Rollenpflichten mit den Interpretationsmustern, die er kennt und die er beim Versuch benutzt, die Wünsche der anderen zu verstehen. Vielleicht denkt die Person, die einmal gewisse Erwartungen äußerte, inzwischen wieder ganz anders darüber. Peter aber hat immer noch ihre Worte im Ohr und richtet sich danach. Vielleicht ist er deswegen manchmal konformer als ihm lieb ist. So kann es z.B. vorkommen, daß er meint, sich seinem konservativen Chef anpassen zu müssen, der aber tatsächlich viel mehr Toleranz aufbringen würde, als Peter annimmt.
In jedem Fall muß er über einen großen Teil der sozialen Erwartungen Mutmaßungen anstellen. Diese Mutmaßungen laufen nicht frei, sondern von gelernten Interpretationen gesteuert ab.

Fassen wir zusammen: In allen Organisationen wird Handeln von formellen Strukturen mitbeeinflußt. Diese Strukturen sind im voraus unabhängig vom einzelnen Organisationsmitglied geplant oder durch lange Gewohnheit entstanden.
Persönlich bekommt sie das Organisationsmitglied durch die an es gestellten Anforderungen zu spüren.
Sein konkretes Verhalten schließlich richtet sich einmal nach den Erwartungen der Teilnehmer und Teilnehmerinnen seines Rollenfeldes und zum anderen nach den verschiedenen sozialen Konzepten, Verhaltenstypisierungen, Interpretationsmustern und Quasirollen, die es für solche Gelegenheiten speziell gelernt hat oder aus der Erfahrung in anderen sozialen Bereichen einbringt.
Sie bestimmen immer das konkrete Verhalten mit. Auch zur Stunde Null, dem spektakulären Eintritt des Rollenträgers in eine neue Organisation:

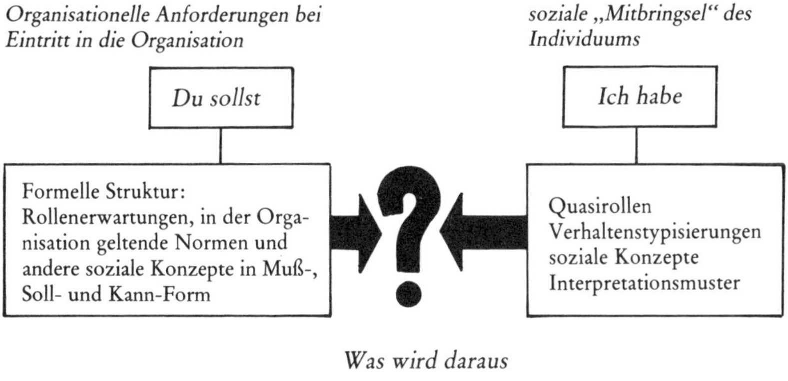

Das Bild sieht klar aus. Aber genügt es, um die Situation nach dem »Countdown der Stunde Null« zu erfassen?
Wie Sie als Leser bzw. Leserin aus dem Gruppenkapitel bereits wissen, ist soziale Realität nicht ganz so einfach zu beschreiben, wie es die bisherigen eher statischen Begriffe vermuten lassen. Sie geben uns nicht mehr als ein Gerüst für das weitere Verstehen des Verhaltens unseres Rollenträgers.
Sein Handeln ist immer ein Prozeß mit anderen Handelnden, in dessen Verlauf meist Wechsel und Veränderungen passieren. In der Organisation spielt sich dieser Prozeß etwa folgendermaßen ab (siehe Bild S. 106).

Wir wollen vorerst nur ein knappes Beispiel schildern, das die Aneignung der Rolle im Zeitraffersystem illustriert:

> Als Peter Frischauf anfing, im Jugendamt zu arbeiten, spürte er noch stark das »Ich soll«, die Macht der Rolle. Er versuchte, die Erwartungen richtig zu interpretieren. Das war keineswegs immer einfach, und er war auch nie ganz sicher, ob er wirklich richtig verstanden hatte.
> Anfangs lebte Peter einfach mit dem unangenehmen Gefühl, niemals alle Anforderungen auch nur einigermaßen erfüllen zu können.
> Zwei Wochen später konnte er bereits nicht mehr entscheiden, ob sein Gefühl einem alten Familienmuster entsprach (»der Peter kann das sowieso nicht«) oder ob die Anforderungen tatsächlich so hoch und vielfältig waren, wie sie ihm erschienen.
> In jedem Fall kämpfte Peter mit seinen Vorstellungen über die verschiedenen Erwartungen, die von allen Seiten auf ihn zukamen und plagte sich immer wieder mit Selbstzweifeln. Natürlich mußte er trotzdem

Rollenhandeln als Prozeß

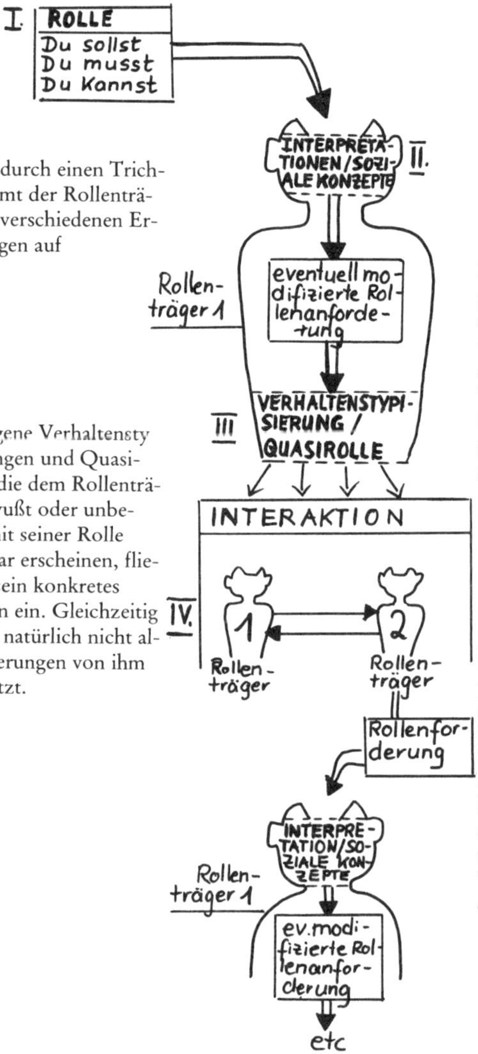

I. Wie durch einen Trichter nimmt der Rollenträger die verschiedenen Erwartungen auf

II. Diese Erwartungen passieren den Filter seiner sozialen Konzepte und werden von ihm auf bestimmte Art interpretiert. Vielleicht genauso, vielleicht ähnlich, vielleicht ganz anders, als sie gemeint sind.

III. Eigene Verhaltenstypisierungen und Quasirollen, die dem Rollenträger bewußt oder unbewußt mit seiner Rolle vereinbar erscheinen, fließen in sein konkretes Handeln ein. Gleichzeitig werden natürlich nicht alle Forderungen von ihm umgesetzt.

IV. In der Interaktion mit Rollenträger 2 erfährt Rollenträger 1, ob seine persönliche Art des Rollenhandelns annehmbar ist oder nicht. Die Reaktionen in seiner Umgebung interpretiert er u.U. als neue Anforderungen und wird so vielleicht sein Verhalten aufs Neue modifizieren.

Der Prozeß wiederholt sich...

handeln, und so entschloß er sich, möglichst viele Anforderungen zu erfüllen und seine Klienten und Klientinnen entsprechend zügig und sicher (jedenfalls nach außen hin) abzufertigen. Die Reaktionen des Chefs waren nicht besonders auffällig, was Peter als Bestätigung dafür nahm, daß seine Interpretationen der Anforderungen offenbar richtig gewesen sein mußten.

Seine Anpassung machte ihm allerdings zu schaffen. Eigentlich wollte er ein anderer Sozialarbeiter sein, als man seiner Meinung nach hier von ihm verlangte.

Er wollte Lebenshilfe bringen, sich Zeit nehmen, Bewußtseinsbildung treiben, bessere soziale Bedingungen für die von ihm Betreuten schaffen etc. Aber mit der Zeit verblaßte dieses Bild im Alltag, und Peters persönliche Lösung der Rollenproblematik wurde ihm zur Gewohnheit.

Noch später verschmolz er wieder ein Stückchen mehr mit seiner Aufgabe und erlebte sie immer stärker als Selbstverständlichkeit, als Teil seiner Selbst.

Vor allem weil er sich mit seiner wachsenden Sicherheit im Beruf nun gelegentlich auch einige Freiheiten herausnahm, machte er sich immer weniger Gewissensbisse, wenn er die Abklärung rasch vornahm und Maßnahmen ergriff, die oft eher an »bewährter« Tradition als an der jeweils besonderen Situation des Klienten bzw. der Klientin orientiert waren.

Damit hatte ein in vielen Organisationen normaler Prozeß der »Rollenumarmung« seinen vorläufigen Abschluß gefunden. Peters »persönliche Mitbringsel« hatten sich auf seine Interpretation des »Soll« zubewegt: Die Rolle und die Person des Sozialarbeiters hatten sich einander angeglichen.

Rollenumarmung ist überall dort besonders schwierig, wo das Organisationsmitglied außerhalb der Organisation auf seine spätere Tätigkeit vorbereitet worden ist und sich dort Vorstellungen von seiner zukünftigen Arbeit angeeignet hat, die sich eher an einem Ideal als an der Realität ausrichteten. Gerade in der Sozialarbeit ist das besonders häufig der Fall.

Kurzinformation aus der Forschung

Organisationen, in denen Sozialarbeit betrieben wird, wurden nicht nur mit der Zielsetzung eingerichtet, in Schwierigkeiten geratenen Menschen bei der Bewältigung ihres weiteren Lebensweges zu helfen, sondern diese Organisationen garantieren auch zu einem Teil die Aufrechterhaltung der gesellschaftlichen Ordnung und die Einhaltung bestimmter gesellschaftlicher Normen.
Eine sozialwissenschaftliche Untersuchung der Einstellungen und der beruflichen Situation von mehr als 200 Sozialarbeitern in West-Deutschland zeigte, daß die meisten in den ersten Jahren nach Abschluß ihrer Ausbildung erwarteten, vor allem sozialpädagogisch zu arbeiten.
Gegenüber administrativen Tätigkeiten hatten sie eine ziemlich starke Abneigung. Aufgaben, die hauptsächlich eine Kontrolle der Normkonformität der Klientele beinhalteten, wurden stark abgelehnt. Dafür waren sie bereit, sich vor allem für deren Interessen zu engagieren, und zwar auch dann, wenn sie von herkömmlichen Normvorstellungen abwichen.
Diese Berufsperspektive bezeichnen die Autoren der Untersuchung als »Erzieher-Helfer« Perspektive.
Im Gegensatz dazu zeigte sich, daß Sozialarbeiter und Sozialarbeiterinnen, die schon längere Zeit in ihrem Beruf tätig waren, häufiger eine andere berufliche Orientierung besaßen, die von den Autoren mit dem Begriff »Vollzugs-Kontrolleur«-Perspektive bezeichnet wird. Damit ist gemeint, daß soziale Fachleute mit dieser beruflichen Orientierung Maßnahmen befürworten, die eher den herrschenden Normvorstellungen als den Interessen der Betreuten gerecht werden, und daß sie nicht bereit sind, das Risiko einzugehen, durch bestimmte unkonventionelle Maßnahmen in Konflikt mit ihren Vorgesetzten und Kollegen zu geraten:

Dauer der Berufstätigkeit und Berufsperspektiven von Sozialarbeitern mit Methodenausbildung

Berufsperspektiven	Dauer der Berufstätigkeit			Total
	0–3 Jahre	4–8 Jahre	8 Jahre u. mehr	
Vollzugs-Kontrolleur-Perspektive	2 %	13 %	*29 %*	12 %
Mischtypen	40 %	62 %	*67 %*	53 %
Erzieher-Helfer-Perspektive	*58 %*	25 %	*4 %*	35 %
absolut:	100 % 50	100 % 32	100 % 28	100 % 110

(Quelle: Blinkert, B., u.a., 1976, S. 74)

Die Tabelle zeigt, daß von den Sozialarbeitern und Sozialarbeiterinnen mit einer Ausbildung in Methoden der Sozialarbeit dann, wenn sie erst seit kurzer Zeit im Beruf stehen, 58 % ihre Aufgabe vor allem in der Unterstützung des Klienten sehen, während es bei den »Alteingesessenen« nur noch 4 % sind.

Die Autoren stellen fest, daß sich damit interessanterweise die seit langer Zeit im Beruf tätigen Sozialarbeiter in ihrer Berufsperspektive kaum noch von ihren Kollegen und Kolleginnen unterscheiden, die diesen Beruf ohne entsprechende Ausbildung ausüben.
Möglicherweise spiegelt sich in dieser Entwicklung die Diskrepanz zwischen den während der Ausbildung geweckten Erwartungen und der tatsächlichen beruflichen Praxis, an die sich die Fachpersonen dann im Laufe der Zeit schließlich anpassen.
Ein Wort der Vorsicht ist jedoch am Platze. Diese Daten werden von den Autoren so interpretiert, als könne man mit ihnen den Prozeß eines Einstellungswandels erfassen. Es handelt sich aber nicht um gleiche Personen, die man mehrere Male und zu verschiedenen Zeitpunkten befragt hat, sondern man interviewte lediglich einmal Sozialarbeiter und Sozialarbeiterinnen mit einer unterschiedlich langen Dauer der beruflichen Tätigkeit. Daher ist es durchaus möglich, daß sich deren Einstellungsunterschiede mit einer anderen Ausrichtung früherer Ausbildungsgänge erklären lassen.

Wir haben nun gezeigt, was für alle Organisationen typische Strukturmerkmale und Strukturprozesse sind, und kommen jetzt zu den wichtigsten Unterschieden zwischen verschiedenen Organisationen. Beginnen wir zuerst wieder mit einer eher statischen Betrachtungsweise:

4.3 Verschiedenheiten von Organisationen

Natürlich ist es unmöglich, all den Verschiedenheiten von Organisationen im Detail nachzuspüren. Glücklicherweise ist das für unseren Zweck auch gar nicht nötig. Uns geht es nämlich vor allem darum, ein brauchbares Begriffsinstrumentarium vorzustellen, das es leichter macht, die strukturellen Besonderheiten von Organisationen besser einschätzen zu können.

4.3.1 Der organische und der mechanistische Strukturtyp

Wir werden uns nun vor allem mit zwei Strukturtypen beschäftigen, nämlich mit der mechanistisch und der organisch strukturierten Organisation. Bei beiden handelt es sich um *Idealtypen*, d.h. um einseitig und konsequent beschriebene Strukturbilder, die so extrem, wie sie geschildert werden, in der Wirklichkeit kaum vorkommen. Als Maß für die Realität sind sie uns jedoch nützlich gewesen, so daß wir sie Ihnen nicht vorenthalten wollen.
Unsere Illustrationen zum Text nehmen wir aus jenen Teilbereichen von uns bekannten Organisationen, die dem gerade dargestellten Aspekt des jeweiligen Idealtypus unserer Meinung nach entsprechen. Dabei unterstellen wir aber natürlich nicht, daß die gesamte Organisation diesem Typus angehört.

Merkmale mechanistischer und organischer Organisationsstrukturen

Mechanistische Organisation	*Organische Organisation*
Entscheidungen und Kontrolle sind in den oberen Hierarchieebenen konzentriert. 	Entscheidungen und Kontrolle sind über die ganze Organisation verteilt, indem die Entscheidungszentren – je nach Problem und nach vorhandenem notwendigen Wissen für die Entscheidungsfindung – wechseln. 
Sie ist hochspezialisiert und arbeitsteilig aufgebaut, d.h. die Gesamtaufgabe ist in so viele kleine Arbeitsschritte aufgespalten, daß sie leicht aus dem Auge verloren wird. 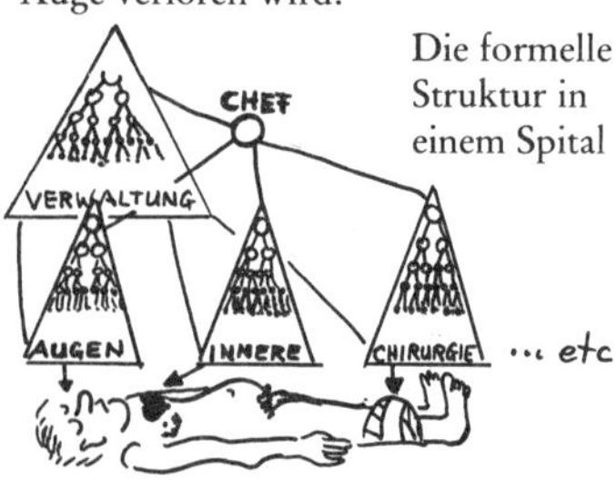 Die *Gesamtaufgabe* ist auf Abteilungen verteilt und innerhalb jeder Abteilung auf verschiedene Rollen.	In ihr sind Spezialisten und Spezialistinnen beschäftigt, die immer die Gesamtaufgabe im Auge behalten. 

Mechanische Organisation	*Organische Organisation*
Stellen werden durch Vorgesetzte koordiniert, die nur ihre eigene Abteilung im Auge haben.	Es wird Wert auf gegenseitige Anpassung der Abteilungen gelegt. Eventuelle Neudefinitionen der Einzelaufgaben werden nach Absprache zwischen den Mitgliedern der verschiedenen Abteilungen vorgenommen. Es besteht also eine hohe Interaktion zwischen den Abteilungen.
Das Schwergewicht liegt auf partikulärem Wissen, d.h., betriebsinterne Erfahrungen und Kenntnisse werden höher bewertet als allgemeine Erfahrungen und Fähigkeiten.	Universelles Wissen wird betont. D.h., Erfahrungen in der betriebsexternen wirtschaftlichen, sozialen und technischen Umwelt werden besonders geschätzt.
Für jede Stelle sind genaue Rechte, Pflichten und Verfahrensweisen festgelegt. Zum Beispiel: Der Konsulatsbeamte muß zur Ausstellung eines Kinderpasses (für Kinder unter 10 Jahren) folgendes verlangen: 1. Den Antrag auf Paß(neu)erstellung ausgefüllt 2. Den Reisepaß des Vaters oder der Mutter 3. Das Familienbuch nebst Heirats- oder Geburtseintragungen... 4. ... 5. ... Er läßt den Antragsteller auf dem Gang warten. In Zimmer 6 wird das Unterlagenmaterial geprüft. Nach 10 Tagen kann der Antragsteller den Paß abholen. Minderjährige Geschwister fallen unter §... etc.	Die Verantwortung für einen begrenzten Bereich von Rechten, Pflichten und Verfahrensweisen wird dem einzelnen Organisationsmitglied übergeben. Zum Beispiel: Der Sozialarbeiter sollte eine dem Fall gemäße Entscheidung treffen. Die Einzelheiten des Vorgehens bleiben ihm überlassen. Er sollte allerdings die gesetzlichen Grenzen und Vorschriften des einzelnen Falles kennen und einhalten. Usw. ...

Mechanistische Organisation	*Organische Organisation*
Sie hat eine hierarchische Kontroll-, Autoritäts- und Kommunikationsstruktur, d.h. jeder fühlt sich in erster Linie seinen Vorgesetzten verpflichtet und nimmt von oben vor allem Weisungen entgegen.	Kontrolle und Kommunikation sind als Netzwerk aufgebaut, d.h. jeder fühlt sich auch seinen Kollegen und Kolleginnen verpflichtet und bringt die Interessen der Kollegengruppe bei den Vorgesetzten zum Ausdruck.

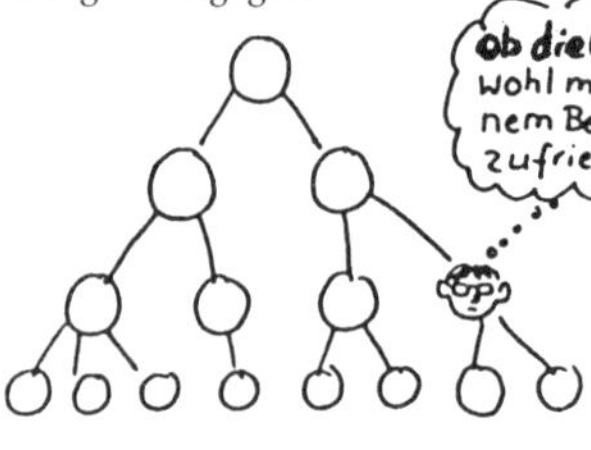

Mechanistische Organisation	*Organische Organisation*
Die Mitglieder an der Spitze haben ein Informationsmonopol.	Information wird immer da konzentriert, wo es für die Lösung der Aufgaben erforderlich ist.
Das Arbeitsverhalten wird durch Anweisungen und Kontrolle der Vorgesetzten gesteuert.	Das Arbeitsverhalten wird durch Information und Ratschläge gesteuert. Die Mitglieder übernehmen vermehrt eigene Verantwortung und kontrollieren sich selber.

Mechanistische Organisation	*Organische Organisation*
Gegenüber Vorgesetzten wird Loyalität und Gehorsam verlangt. Die integrierende Kraft ist die Autorität des jeweiligen Vorgesetzten.	Es wird weniger Gehorsam als Verpflichtung gegenüber den Organisationszielen und einem Berufsethos erwartet und die integrierende Kraft ist gegenseitiges Vertrauen.

Diese beiden Typen organisationeller Strukturen können auch als bürokratisch bzw. entbürokratisiert bezeichnet werden. So zeigt die mechanistisch aufgebaute Organisation beispielsweise folgende Merkmale der *Bürokratisierung* (nach Hall 1968):

- viele Hierarchieebenen;
- großes Ausmaß an formalen Regelungen (wie z.B. genaue Stellenbeschreibungen, schriftlich festgesetzte Regeln über Kompetenzen etc.);
- das Handeln der Mitglieder stützt sich vor allem auf die mit ihrer Stellung in der Hierarchie verbundenen Befugnisse;
- ein nach der Stellung in der Hierarchie abgestuftes Einkommen;
- hoher Grad an Arbeitsteilung;
- Unpersönlichkeit der Beziehungen zwischen den Mitgliedern;
- Wichtigkeit schriftlicher Kommunikation.

Da in der organisch aufgebauten Organisation in viel geringerem Maße solche Anzeichen der Bürokratisierung vorhanden sind, können wir sie auch als entbürokratisierten Strukturtyp bezeichnen. Deswegen werden wir im folgenden Text die Begriffe organisch und entbürokratisiert sowie die Begriffe mechanistisch und bürokratisch gleichsetzen.
Nach diesem Abstecher in etwas abstraktere Gefilde möchten wir nun gerne auf den Boden der Realität zurückkehren. Von allen Organisationen, die wir kennen, ist keine gleich wie die andere. Es ist nicht einmal so, daß alle Angehörigen einer Berufskategorie auch zwangsläufig unter gleichen strukturellen Bedingungen arbeiten. Für die Tätigkeit von Sozialarbeitern gilt zum Beispiel folgendes:

Kurzinformation aus der Forschung

In der bereits erwähnten deutschen Untersuchung von Blinkert und seinen Kollegen wollte man den Prozentsatz der Sozialarbeiter und Sozialarbeiterinnen ermitteln, die auf bürokratische Weise kontrolliert werden. Je nach Amt, in dem sie tätig waren, fand man deutliche Variationen.

Organisation	Prozent der Sozialarbeiter, die auf bürokratische Weise kontrolliert werden	Anzahl Befragte in absoluten Zahlen (= 100%)
Sozialämter (Stadt und Land)	94%	19
Jugendämter (Stadt und Land)	84%	34
Einrichtungen der freien Wohlfahrtsverbände mit allgemeinen Aufgaben der Sozial- und Jugendhilfe (z. B. evang. Gemeindedienste, die innere Mission, Arbeiterwohlfahrt)	65%	22
Spezialeinrichtungen (z. B. Erziehungsberatungsstellen, Jugendzentren, Ag. für Gefährdetenhilfe etc.)	37%	38

(Quelle: Blinkert und andere, 1976, S. 58f.)

Wenn sich diese Ergebnisse auch nur auf eine relativ kleine Auswahl von Befragten stützen können und somit keinesfalls als repräsentativ zu betrachten sind, so illustrieren sie doch, daß auch die Sozialarbeit auf dem Hingergrund recht unterschiedlicher organisationeller Strukturen geleistet wird.

4.3.2 Zur Außen- und Innenwelt von Organisationen

Wir müssen uns davor hüten, die bürokratische oder die organische Struktur grundsätzlich als gut oder schlecht zu bezeichnen. Denn welche Form der Organisation im konkreten Fall gewählt wird, ist nur in geringem Maße eine Frage der persönlichen Einstellung der Gründungsmitglieder. Vielmehr bestimmt die Außenwelt der Organisation entscheidend mit, welcher Strukturtyp sinnvollerweise gewählt werden sollte. Was das heißt, möchten wir anhand zweier wichtiger Beurteilungskriterien für das Funktionieren von Organisationen illustrieren. Wir meinen die Effizienz und die Wirkung der Organisation auf die Persönlichkeitsentwicklung des einzelnen Mitglieds.

Die soziale Außenwelt und die zu erfüllende Aufgabe bestimmen, welche Form – bzw. welche Innenwelt – der Organisation besonders effizient ist. Je nachdem worum es sich handelt – ob es nun um ein Wirtschaftsunternehmen geht, in dem vor allem materielle Leistungen vollbracht werden, oder um Organisationen, die auf bestimmte Personengruppen einwirken sollen, wie Gefängnisse, Spitäler, Universitäten etc., oder schließlich um Freizeitvereine, in denen schon das Zusammensein an sich ein wichtiges Ziel bedeutet – werden verschiedene Aspekte der sozialen Umwelt für das Funktionieren der Organisation besonders wichtig. Ein Wirtschaftsunternehmen wird genauso wie ein Spital den Stand der Technik und die spezifisch wirksamen Umweltgesetze mitberücksichtigen müssen und daher z. B. kaum Handwerksarbeit oder magische Rituale einführen können. Vor allem das Wirtschaftsunternehmen muß sich dem jeweils herrschenden Wirtschaftssystem anpassen. Darüber hinaus stehen zusätzlich alle genannten Einrichtungen unter dem Druck und der Kontrolle des in der Gesellschaft herrschenden Sozialethos.

Jede Organisation sieht sich also mehr oder weniger zahlreichen externen Größen für die Entscheidungsfindung gegenüber, und sie muß sich zudem mit relativ stabilen oder eher veränderlichen Faktoren auseinandersetzen.

Was bedeutet das für den Aufbau ihrer Struktur?

Die mechanistische Organisationsform wird sich mit ihren vielen bürokratischen Elementen vor allem dann bewähren, wenn die Umwelt der Organisation stabil und die zu leistenden Aufgaben gleichzeitig klar umrissen sind.

Ist die Umwelt der Organisation hingegen komplex, d. h. sind sehr viele externe Größen bei der Entscheidungsfindung zu berücksichtigen und verändern sich zudem noch ziemlich rasch die Anforderungen an die Organisation, müssen also immer wieder Zielsetzungen überprüft und neue Mittel für die Zielerreichung gefunden werden, so erweist sich die mechanistische Struktur als viel zu starr, um diesen Anforderungen gerecht werden zu können. In solchen Fällen müßte die organische Struktur als »gut« bezeichnet werden, da sie viel mehr Möglichkeiten beinhaltet, die Aktivität und den Gedankenreichtum der einzelnen für die Lösung der komplexen Probleme einzusetzen und zu nutzen.

Gesamtaufgaben können sich in verschiedene Unteraufgaben aufgliedern und Kontakt mit ganz verschiedenen Umwelten erfordern. So kommt es, daß innerhalb der gleichen Organisation durchaus unterschiedlich strukturierte Abteilungen nebeneinander bestehen können. Der Produktionsbereich einer Fabrik ist häufig mechanistisch organisiert, obwohl der Stand der Technik erhebliche, schnelle Veränderungen mit sich bringt. Das liegt daran, daß die Auseinandersetzung mit diesem Teil der Umwelt von eigens dafür geschaffenen eher organisch konstruierten Abteilungen, wie der Forschung und dem Management, geleistet wird, die kleiner und flexibler sind und somit die Produktion weniger unmittelbare Kontakte mit der Umwelt nötig hat.

Eine ganz andere Frage ist nun, ob die unterschiedlichen Typen von Organisationsstrukturen in bezug auf die Persönlichkeitsentwicklung ihrer Mitglieder gut oder schlecht sind. Organische Strukturen lassen mehr Platz für Initiative, Bedürfnisse und Gefühle der einzelnen, aber das heißt deshalb noch lange nicht, daß jeder Mensch in dieser Umgebung grundsätzlich glücklicher ist. Zumindest sind uns einige Fälle bekannt, in denen die Umstellung von bürokratischen auf organische Strukturen auf heftigen Widerstand der Organisationsmitglieder gestoßen ist. Das kann unterschiedliche Ursachen haben. Veränderungen können schon an sich schmerzhaft sein, es kann aber auch der verlangte Einsatz als zu groß empfunden werden.

Die in organischen Strukturen verlangten Fähigkeiten wie Offenheit, Verletzbarkeit, Entscheidungsfreudigkeit, eigene Initiative und Kritikfähigkeit stellen sehr hohe Anforderungen an die Menschen. Der Verlust des Schutzes jahrelanger Routine kann deshalb Krisen auslösen, auch wenn gerade diese Routine die eigenen Entfaltungsmöglichkeiten stark behindert hat.

Die Frage, welche Struktur das Wohl der Mitglieder am besten berücksichtigt, muß also mindestens mit den Beteiligten zusammen entschieden werden. Einsame Planerbeschlüsse können wirklichkeitsfremd sein und ein böses Erwachen zur Folge haben.

Bevor wir im nächsten Abschnitt aufzeigen werden, wozu das Wissen um die strukturellen Bedingungen in Organisationen nützlich ist, möchten wir zuerst noch einen Moment der Besinnung einschalten. Wie verhält es sich eigentlich mit uns selber? Was bedeutet die Arbeit in Organisationen für unser eigenes Leben? Und was mag sie wohl für Menschen bedeuten, die uns nahestehen, oder mit denen wir beruflich zu tun haben?

4.4 Ich frage mich...

Ich denke an die Organisation, in der ich arbeite, und an meine eigene Tätigkeit in dieser Organisation ....

....

- Wie ist die Organisation, in der ich arbeite, gesamthaft strukturiert?
  Entspricht sie mehr dem organischen oder mehr dem mechanistischen Organisationstypus? Wie steht es mit meiner Abteilung bzw. mit meinem Team? Fühle ich mich in dieser Struktur wohl? Was macht mir (eventuell) am meisten zu schaffen: die vielen bürokratischen Zwänge, die unterschiedlichen Einflußmöglichkeiten oder eher eine diffus ungute Stimmung?
- Wie sieht eigentlich meine Rolle aus?
  Wer hat alles Anforderungen an mich? Welche? (An diesem Punkt könnten Sie einmal Ihr persönliches Rollenfeld zusammenstellen)
  Welche Erwartungen muß ich unbedingt erfüllen, welche sind weniger wichtig und woraus schließe ich das?
  Welche Anforderungen erfülle ich höchst ungern? Kenne ich konkrete Anzeichen dafür, daß diese Anforderungen wirklich bestehen? Oder sind es nur meine eigenen Vermutungen?
  Gibt es vielleicht ethische Gründe für meine Probleme mit diesen Anforderungen? Fühle ich mich durch die Erwartungen über- oder unterfordert? Woran liegt das?
- Wie möchte ich handeln und was möchte ich mit meiner Arbeit erreichen?
  Wie handle und was bewirke ich wohl tatsächlich?
  Sehe ich Diskrepanzen zwischen dem, was ich will und dem was ich wirklich tue? Macht mich die Diskrepanz traurig, will ich sie abbauen oder habe ich mich mit ihr abgefunden?
- Wie verhält es sich mit den informellen Kontakten in meinem Organisationsalltag? Helfen mir diese persönlichen Beziehungselemente oder hemmen und verunsichern sie mich eher bei der Bewältigung meiner Aufgabe?
- Wie war ich, als ich anfing, in meiner Organisation zu arbeiten?
  Habe ich heute noch ähnliche Einstellungen und Ziele in meiner Arbeit oder muß ich manchmal über mich selber lächeln und finde meine Einstellung von damals illusorisch?

Welche Erfahrungen waren daran beteiligt, daß sich meine Einstellungen änderten bzw. weitgehend erhalten geblieben sind?

- Wie groß ist der Handlungsspielraum, den mir meine Rolle läßt?
  In welcher Art wird meine Tätigkeit am ehesten kontrolliert?
  - Durch mein eigenes Verantwortungsbewußtsein?
  - Durch die Beurteilung meiner Rechenschaftsberichte, die ich an Vorgesetzte und andere Ämter schicken muß?

- Durch die Hilfe meiner Kollegen und Kolleginnen, indem wir uns gegenseitig in der Arbeit kontrollieren? (Z.B. durch die Teilnahme an einer Supervisionsgruppe)

Bei welcher Art von Kontrolle wäre mir persönlich am wohlsten?

4.5 Probleme – Konflikte – schwache Stellen. Ein Einblick in typische Ärgernisse in Organisationen

Nachdem wir über so viele Seiten ein Begriffsinstrumentarium zur Beschreibung und Einschätzung organisationeller Strukturen dargestellt haben, möchten wir uns nun mit der Anwendung dieser Begriffe in konkreten Situationen beschäftigen, um auf diese Weise ihre Nützlichkeit zu erproben. Wenn die Hauptthese unseres Buches stimmt, dann neigen viele Menschen dazu, Schwierigkeiten, in die sie verwickelt sind, als ureigenstes Versagen zu empfinden oder – wenn sie sich einen ungebrochenen Selbstschutz aufgebaut haben – die Ursachen beim Versagen ihrer direkten Interaktionspartner zu suchen. Das Wissen um die auf den letzten Seiten eingeführten soziologischen Begriffe hilft ein Stück bei der Entwicklung einer neuen Sichtweise. Die Gegebenheiten der Organisation können eingeschätzt und bei der Beurteilung der Situation mitberücksichtigt werden. Vielleicht wird das Problem zuerst noch komplexer erscheinen, wenn man beginnt, Zusammenhänge zwischen eigenem Unbehagen und organisationellen Bedingungen zu erkennen. Aber für die bewußte Gestaltung der Lebens- und Arbeitssituation ist das Erkennen-Können struktureller Umweltbedingungen der unbedingt notwendige erste Schritt.

In diesem Kapitel werden wir einige Probleme schildern, die in Organisationen arbeitenden Menschen mindestens zum Teil sehr bekannt vorkommen werden. Unsere Auswahl ist natürlich nicht ganz zufällig. Wir beschränken uns auf solche Beispiele, von denen wir vermuten, daß sie ganz besonders häufig individualisierend gedeutet werden. Dabei planen wir keineswegs irgendwelche wissenschaftlichen Analysen. Unsere Absicht liegt vielmehr darin, an kleinen Situationsschilderungen jeweils einige Aspekte der strukturellen Bedingtheit von Konflikten aufzuzeigen und damit vielleicht die einen oder anderen von Ihnen anzuregen, auch Ihre eigene Situation, Ihre eigenen Probleme einmal unter dieser Perspektive anzuschauen und vielleicht neu einzuschätzen.

Wir beginnen mit einem Phänomen, das typischerweise als individuelle Schwäche in Erscheinung tritt, häufig auch so gedeutet wird, nachgewiesenermaßen aber fast immer strukturell bedingt ist.

Wenn der Kopf weh tut, weil einem jemand auf den Zehen steht oder: Umgeleitete Konflikte

Herr Schmied ist nicht einfach. Für manche ist er sogar ein ziemlich »unleidlicher« Mensch. Nur zu oft kommt er mit schlechter Laune aus dem Büro, läßt sie sogleich an Frau und Kindern aus und hat gleichzeitig ein bohrend schlechtes Gewissen. Er selber kennt nämlich einen wichtigen Grund für seine Gereiztheit: »Dieser ewige Streß im Büro... die viele Arbeit... und dann noch der Chef, dieser sture...«. Leider kann er ihm aber seinen Groll nicht ohne weiteres zeigen, und so trägt Herr Schmied seinen Ärger heim, und die Gefährdung des häuslichen Friedens ist wieder einmal abzusehen.

Herr Schmied ist

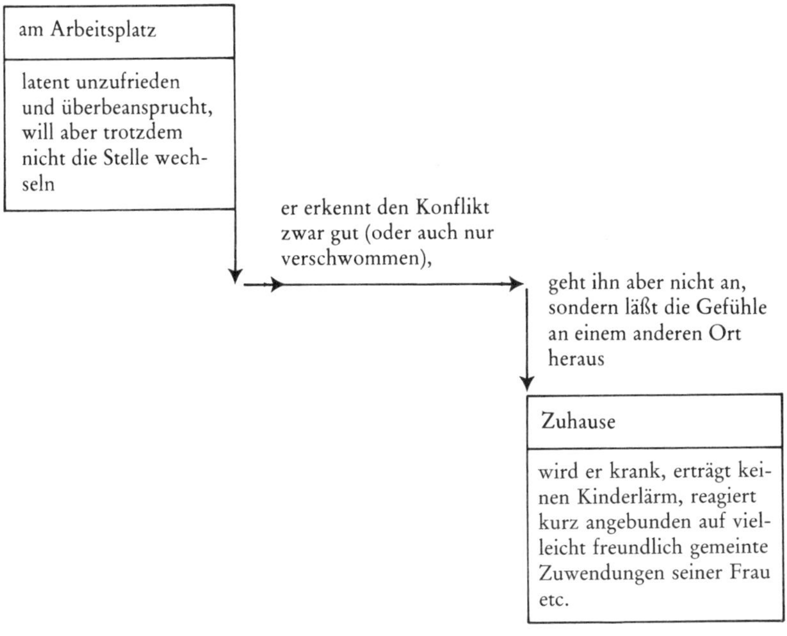

Das Phänomen ist unter dem Namen *Umgeleitete Konflikte* bekannt und weitverbreitet, wie der folgende Text andeutet.

Kurzinformation aus der Forschung

Der Gießener Soziologe W. Kellner fand heraus: Wer sich durch seinen Meister benachteiligt fühlt, steht unter einem ständigen oder zumindest unter einem häufig wiederholten psychosozialen Streß, der einer der bekannten Risikofaktoren des Herzinfarktes ist. Eine Benachteiligung durch den Meister kann also zu schwerer Erkrankung, ja zu Frühinvalidität und zum Tod führen. Auch bei leichteren von Kellner beobachteten Krankheiten handelte es sich nicht etwa um vorgetäuschte Leiden. Schlechte Behandlung durch Vorgesetzte führte vor allem zu drei Krankheiten: Grippe, Darmgrippe und Angina Pectoris.

Der »Spiegel« zitiert eine amerikanische Studie, die von 60 Wissenschaftlern durchgeführt wurde:

Rund 75 % aller Risikofaktoren, die Herzkrankheiten auslösen können, werden am Arbeitsplatz produziert. Frustrationen im Berufsleben führen immer häufiger zu psychischen Störungen, zu Alkoholismus und Drogensucht, zu gewalttätigem Verhalten und zu Konflikten in den Ehen und Familien der Arbeiter und Arbeiterinnen. In amerikanischen Autofabriken litten ca 40 % von ihnen unter psychischen Krankheitssymptomen. In manchen Firmen waren bis zu 15 % heroinsüchtig. In amerikanischen und europäischen Industriebetrieben bleiben vielfach ständig mehr als 10 % der Belegschaft ihrer Arbeit fern.

(Quelle: HEW-Studie. In: Spiegel, Nr. 27, 1973 und Kulturbrief 5)

Herr Schmied spürt zwar recht genau, wo der eigentliche Konflikt liegt, deutet ihn dann allerdings individualisierend: »Einen so unleidlichen Menschen wie den Chef kann man halt nicht ändern, man muß ihn irgendwie ertragen.«

Dabei durchschaut er nicht, daß in seiner bürokratisch organisierten Abteilung der großen Versicherungsfirma die zu hohen Anforderungen Teil der formellen Rolle sind und daß die »Sturheit« seines Chefs vor allem aus dessen Verpflichtungen herrührt, die überfrachtete Rollentätigkeit von Herrn Schmied sicherzustellen und zu kontrollieren.

Das Problem hat also weniger mit einem widerwärtigen Charakter als vielmehr mit Unzulänglichkeiten des formellen Rahmens zu tun. Was hindert nun Herrn Schmied daran, die auftauchenden Ärgernisse am Arbeitsplatz auszusprechen und mögliche Konflikte da auszutragen, wo sie entstehen?

Besonders wohl die Tatsache, daß in seiner bürokratisch aufgebauten Organisation die Struktur aus Forderungen nach Leistung und emotionsfreier Sachlichkeit besteht. Zwischen Kollegen, Vorgesetzten und Untergebenen sind formell keinerlei Bezüge vorgesehen, die über einen aufgabengebundenen Informationsaustausch hinausgehen. Das heißt, diffuse Gefühle wie Ärger, Enttäuschung, Eifersucht oder Neid müssen entweder in irgendwelche möglichst sachlich klingende Argumentationsweisen verpackt und so weitergeschoben werden, oder man muß sie nach Möglichkeit unterdrücken und in sich hineinfressen. Damit richtet sich der Konflikt mit der Zeit unschöpferisch gegen die Menschen selber oder gegen die ihm nahestehenden Personen.

> Umgeleitete Konflikte treten besonders dann auf, wenn die Beziehung zwischen den Organisationsmitgliedern nur durch ihren Rang in der Hierarchie bestimmt ist. Außerdem werden sie gefördert, wenn die formellen Rollenanforderungen persönliche Kontakte unmöglich machen, wenn offiziell keine Möglichkeit für eine angstfreie Konfliktbearbeitung vorgesehen ist und kein spannungsminderndes informelles System besteht.
> Diese Konstellation ist in einer bürokratisch strukturierten Organisation mit größerer Wahrscheinlichkeit anzutreffen als in einer organisch aufgebauten. Trotzdem kann auch für die Arbeit in organischen Strukturen das Phänomen umgeleiteter Konflikte nicht ausgeschlossen werden.

Auch unser nächstes Beispiel aus der Palette strukturell bedingter Probleme ist eher in mechanistischen als in organischen Organisationen anzutreffen:

Man sieht sich täglich, aber man kennt sich nicht: Soziale Distanz und die Einseitigkeit der Perspektive

Daß Bedingungen in Organisationen wie z.B. das Arbeitsklima oder das Verhalten von Vorgesetzten oder Untergebenen im allgemeinen eher selten als Folge struktureller Gegebenheiten und häufiger individualisierend interpretiert werden, liegt auch daran, daß ganz besonders in großen und mechanistisch aufgebauten Organisationen eine hohe soziale Distanz zwischen den Menschen besteht. Sie ist um so größer, je weiter die einzelnen Ränge voneinander entfernt sind.

> Große soziale Distanz heißt: Man lebt in ganz unterschiedlichen sozialen Rollen, benimmt sich verschieden, denkt verschieden, sieht dieselben Situationen einseitig nur aus seiner Perspektive und ersetzt die mangelnde Kenntnis vom Interaktionspartner durch Stereotype über ihn.

Ganz kraß spielt dieses Phänomen zwischen Organisationsspitze und Organisationsbasis. Vertreter der Spitze kennen Angestellte und Arbeiter an der Basis oft nur aus Statistiken, während Angehörige der Basis meist nebulöse Vorstellungen vom Lebensweg »der da oben« haben. Fehlende

Kontakte und mangelndes Wissen übereinander werden jedoch nur selten als Problem erkannt, da man meist handliche Vorurteile hat wie z. B.:

- Die können doch nicht selbständig entscheiden. Sie wollen einfach keine Verantwortung übernehmen, sondern nur ihren Lohn kassieren.

...oder die andere Seite...

- Letztlich interesiert es die da oben doch einen Dreck, wie es uns geht. Die sind doch bloß Ausbeuter...

Durch die formale Hierarchie bedingte große soziale Distanzen verhindern, daß man sich mit der konkreten Situation, wie sie der einzelne aus seiner Sicht erlebt, auseinandersetzen kann und führen dazu, daß man eventuelle Gemeinsamkeiten in der Situation – wie z. B. entfremdete Arbeitsbedingungen – nicht wahrnehmen kann.
Sie werden in der Hauptsache durch mechanistisch ausgerichtete Interaktionsstrukturen gestützt.
Das Gefährliche an großen sozialen Distanzen ist, daß die Stereotype über den anderen häufig mit der Kenntnis seiner wirklichen Situation verwechselt werden.
Wir möchten ein Experiment zitieren, in dem durch einen Kunstgriff die soziale Distanz zwischen zwei Rollenträgern – nämlich männliche und weibliche Patienten und Pfleger in einer psychiatrischen Anstalt in den USA – aufgehoben wurde.
Die Pflegenden »spielten« ein Wochenende lang Patienten. Sie nahmen also deren soziale Perspektive ein und mußten entsetzt feststellen, daß sie nichts über die wirklichen Gefühle dieser Menschen und ihren eigenen negativen Einfluß darauf gewußt hatten. Und das, obwohl sie täglich eng und voll bester Absichten mit Patienten zu tun hatten.

Kurzinformation aus der Forschung

Fünfzig junge Pfleger und Pflegerinnen, die in amerikanischen Anstalten für Geisteskranke arbeiteten, hatten sich für folgenden Versuch zur Verfügung gestellt:
29 von ihnen übernahmen für ein Wochenende die Rolle von Patienten, während die übrigen 21 ihre gewohnte Rolle weiter ausübten. Der Verlauf des Experiments wurde von verschiedenen Sozialwissenschaftlern beobachtet, protokolliert und gefilmt.
Die »Patienten« hatten sich zuerst der üblichen Aufnahmeprozedur zu unterwerfen: Sie wurden gebadet und in sackförmige Kleidung gesteckt. Anschließend wurden ihnen alle persönlichen Gegenstände weggenommen. Im Eßsaal der Klinik aßen sie mit echten Insassen, wobei sie als Belohnung für gutes Benehmen (wie es in amerikanischen Heilan-

stalten häufig üblich ist) Spielmarken erhielten, die ihnen bei »schlechtem« Betragen wieder abgenommen wurden.
Die Versuchspersonen wirkten schon nach wenigen Stunden verängstigt, gereizt und unruhig.
Eine Auswertung der nach Abschluß des Versuchs ausgefüllten Fragebogen ergab, daß sich 75 % der Teilnehmer nicht wie Menschen behandelt gefühlt hatten. Fast alle hatten unter der starken Beschneidung ihrer Freiheit gelitten, und 89 % hatten sich zeitweise eher wie in einem Gefängnis als wie in einer Heilanstalt gefühlt.
Fast alle waren sehr erschüttert von diesem Erlebnis des Perspektivenwechsels und wollten sich künftig in ihrem Beruf anders als bisher verhalten.

(Quelle: McDaniel, C.G., 1972)

Solche aufschlußreichen Rollenspiele werden einem Organisationsmitglied normalerweise nicht möglich sein. Für einen Abbau sozialer Distanz ist jedoch eine realistische Darlegung der gegenseitigen Sichtweisen unumgänglich.

> Das Phänomen der sozialen Distanz ist zwar eher für Bürokratien typisch als für entbürokratisierte Organisationen, trotzdem finden wir es auch in organischen Strukturen. Hier bieten aber die meist weniger ausgeprägte Hierarchie, die kleinere Mitgliederzahl und die formell vorgesehenen Interaktionen zwischen den Angehörigen ähnlicher Ränge einen gewissen Schutz vor solchen Extremfällen, wie sie das Experiment zutage brachte.

Nun ist es allerdings nicht so, daß ein entbürokratisierter, organischer Aufbau einer Organisation in *jedem* Fall weniger Probleme mit sich bringt als der einer mechanistischen Organisation.
Für die Punkte, die wir bisher angesprochen haben, gilt zwar, daß sie in organischen Strukturen weniger ausgeprägt oder auch gar nicht auftreten, dafür gibt es aber strukturelle Schwächen, die besonders typisch für diese Organisationsform sind und dem Mitglied durchaus einiges Kopfzerbrechen bereiten können.
Wir wollen ein Beispiel dafür aufzeichnen:

Die Gefahr der Orientierungslosigkeit in organischen Strukturen

Judith geht seit einigen Monaten regelmäßig ins Jugendzentrum und arbeitet dort in der Filmgruppe mit. Am Anfang war sie begeistert, wie nett man miteinander umging, wie kameradschaftlich die Jugendhausleiter waren und wieviel Spielraum den Besuchern und Besucherinnen sowie den einzelnen Arbeitsgruppen von den Leitern gelassen wurde.

Richtig toll fand sie das. Irrsinnig demokratisch. Neuerdings merkt sie aber, daß es außer dem Drogenverbot keine klaren, offiziellen Normen gibt und daß das, was sie anfangs als echte Demokratie empfunden hatte, eher einer Art Orientierungslosigkeit entsprach.
Eigentlich weiß sie gar nicht so genau, was man überhaupt von ihr erwartet. Engagiert sie sich stark bei der Planung der Filmabende, so wird das weder von den Leitern noch von den anderen Jugendlichen besonders positiv beachtet. Im Gegenteil. Jedenfalls hörte sie schon Bemerkungen wie: »Judith ist aber heute mal wieder besonders busy!«
Verhält sie sich eher passiv, scheint es auch nicht richtig zu sein. Irgendwie hat sie das diffuse Gefühl, daß es gut wäre, so eine richtig lässige Type zu sein. Aber was das genau ist, weiß sie leider auch nicht.
Mit der Zeit merkt sie, daß drei bestimmte Jugendliche sehr viel zu sagen haben. Sie bestimmen nämlich, wer lässig ist und wer nicht, und dabei wählen sie das sehr willkürliche Kriterium ihrer persönlichen Neigung. Kein Wunder, daß Judith nicht herausfinden kann, was »richtig« ist und was beliebt macht. Zu Hause schimpft sie gemeinsam mit ihrer Freundin über die blöden Böcke und ihre Terrorherrschaft, und zusammen wundern sich die beiden, wie drei Leute so viel Einfluß bekommen konnten.

> In organischen Strukturen kann das Phänomen der *Normlosigkeit* viel eher entstehen als in mechanistisch aufgebauten Organisationen, da sie oft in einem Stil geführt werden, der so ziemlich alles zuläßt. Wird diese Gefahr nicht früh genug erkannt, so besteht die Möglichkeit, daß fehlende formell gesetzte Normen durch informelle ersetzt werden, die – je nach Beschaffenheit der informellen Kontakte – durchaus starrer und autoritärer sein können, als es je im Interesse der Befürworter organischer Strukturen läge.

Viele junge Leute, die sogenannte alternative Kleinorganisationen aufbauen halfen, mußten diese Erfahrung ähnlich schmerzlich durchleben wie Judith. Im folgenden werden wir auf ein Problem eingehen, das sowohl in mechanistisch als auch in organisch aufgebauten Organisationen auftritt.

Was ich auch tue – es ist falsch: Der Intrarollenkonflikt

In der Soziologie wird zwischen einer ganzen Anzahl unterschiedlicher Typen von Rollenkonflikten unterschieden. Wir möchten beispielhaft ei-

nen einzigen herausgreifen und näher schildern. Er genügt, um zu illustrieren, wie leicht ein strukturelles Problem nicht nur von den Betroffenen selber, sondern auch von Menschen, die ihnen gegenüber Sanktionsmöglichkeiten haben, individualisierend gedeutet werden kann.
Diesmal beginnen wir mit einem Beispiel aus der sozialwissenschaftlichen Forschung, da es geradezu perfekt den Typ von Rollenkonflikt illustriert, um den es uns geht: den Intrarollenkonflikt.

Ein *Intrarollenkonflikt* entsteht dann, wenn die Teilnehmer eines Rollenfeldes einander widersprechende Erwartungen an den Rollenträger haben

Kurzinformation aus der Forschung

Die Untersuchung wurde in den sechziger Jahren in einer Flugzeugfabrik in New York durchgeführt, in der etwa 26000 Arbeiter beschäftigt waren. Während eines Jahres arbeitete ein Teilnehmer der Forschungsgruppe dort als Monteur und sammelte eine Fülle von Beobachtungen, die genaueren Einblick in die interne Handlungsstruktur dieser Organisation erlaubten. Besonders interessant war dabei der Umgang mit dem Gewindebohrer.
Bei der Endmontage der Ladeklappen mußten Schrauben eingepaßt werden. Durch die Massenproduktion der Flugzeugteile waren Abweichungen normal. Schraubte man diese nicht passenden Teile mit Gewalt zusammen, so verbogen sie sich. Demontierte man die Teile und ersetzte sie durch passende, so kostete das extrem viel Zeit. Benutzte man hingegen den Gewindebohrer, um ein neues Gewinde zu schneiden, so verstieß man gegen eine wichtige Betriebsnorm. Absolute Sicherheit war nämlich nur gewährleistet, wenn die ursprünglichen Gewinde benutzt wurden. Da Sicherheit begreiflicherweise – mindestens theoretisch – einen hohen Wert in der Flugzeugfabrik darstellte, wurde jeder Arbeiter fristlos entlassen, wenn bei ihm auch nur ein Gewindebohrer entdeckt wurde. Trotzdem besaß mehr als die Hälfte der Monteure dieses Werkzeug und benutze es auch. Wie war das zu erklären?
Die Einhaltung der Regel, unter keinen Umständen den Gewindebohrer zu benutzen, wurde gleich von drei Instanzen kontrolliert, nämlich von Vertretern der Luftwaffe, von Fabrikinspektoren und vom Vorarbeiter.
Die Qualitätskontrolle der Luftwaffe kann man eher vernachlässigen, da sie wegen des geringen Personals nur mangelhaft durchgeführt wurde. Interessanter ist die Situation der Fabrikinspektoren, der Vorarbeiter und der Arbeiter. Sie alle nämlich hatten sich spezifischen Intrarollenkonflikten zu stellen, deren »Lösung« darin bestand, daß trotz scharfen Verbotes letztlich der Gewindebohrer doch benutzt wurde.
Der Vorarbeiter arbeitete mit den Monteuren zusammen und hatte sie laufend zu überwachen. Da er aber außerdem für die Einhaltung quantitativer Leistungsnormen verantwortlich war, und seine eigene Karriere entscheidend von der Höhe der Produktionskurve seines Arbeitsteams abhing, blieb ihm nichts anderes übrig, als die Leistungsnorm auf Kosten der Qualitätsnorm einzuhalten. Eine Demontage der Teile hätte unendlich viel

Zeit gekostet, der Gebrauch des Gewindebohrers ging hingegen schnell und erlaubte somit die Einhaltung der vorgeschriebenen Produktionsnormen. So kam es, daß es der Vorarbeiter nicht nur »übersah«, wenn das verbotene Werkzeug von den Arbeitern benutzt wurde, sondern daß er es z.T. sogar selber anordnete.
Auch der Fabrikinspektor war widersprüchlichen Anforderungen ausgesetzt. Er arbeitete mit der Monteurgruppe zusammen, um möglichst genau die Einhaltung der Norm, keinen Gewindebohrer zu benutzen, kontrollieren zu können.
Während die Fabrikleitung also scharfe Kontrolle von ihm verlangte, erwarteten Vorarbeiter und Arbeiter aufgrund der permanenten Zusammenarbeit eine gewisse Kollegialität von ihm.
Dieser Intrarollenkonflikt wurde durch bestimmte informelle Regelungen gelöst, indem man ihm z.B. bedeutete, sich zu entfernen, wenn der Gebrauch des Gewindebohrers gerade mal wieder fällig war.
Die Arbeiter aber waren wohl in einer besonders verzwickten Lage. Wie sie sich auch verhielten, es war falsch. Weigerten sie sich, die Erwartungen des Vorarbeiters zu erfüllen, so zwangen sie ihn damit, die Gewinde selber zu bohren und machten sich bei ihm entsprechend unbeliebt. Wenn sie hingegen selber den Gewindebohrer benutzten, riskierten sie im Extremfall ihre Entlassung.
Da allerdings die gesamte Produktion überhaupt nur aufrechterhalten werden konnte, wenn niemand die wichtigste betriebliche Norm »Sicherheit« einhielt, wurde der Verstoß dagegen nur sehr selten entdeckt.

(Quelle: Bensmann, J., Gerver, I., in Steinert, H., 1973, S. 126f.)

Und damit wären wir beim wichtigsten Punkt angelangt: Was auf Individualebene mit großer Wahrscheinlichkeit vorwiegend als Konflikt empfunden wurde, dessen »Lösung« mit mehr oder weniger großer Angst und tiefen Schuldgefühlen verbunden war, erweist sich bei genauerem Hinsehen nicht als persönliche Schwäche, sondern als tiefgreifendes strukturelles Problem.
Zu den wichtigsten Zielen dieser Organisation gehörte die absolute Sicherheit im Flugzeugbau und die effiziente Arbeitsleistung. Beide waren unvereinbar, und der Konflikt, der daraus entstand, wurde von der Betriebsleitung elegant verschleiert, indem sie die beiden widersprüchlichen Erwartungen, schnell und sicherheitsbewußt zu arbeiten, einfach zu Bestandteilen einzelner Rollen gemacht hatte.
Im Extremfall kann eine Verdeckung solcher grundlegenden organisationellen Probleme zu Katastrophen führen, weil auf den unteren Ebenen der Organisation Pseudolösungen gesucht werden müssen und schließlich gefunden und praktiziert werden.

> Intrarollenkonflikte gehören zum normalen Alltag von jedem Organisationsmitglied. Sie sind unvermeidbar und oft auch nicht lösbar. Sie können jedoch gemildert werden, indem alle Beteiligten regelmäßig und offiziell Gelegenheit erhalten, offen über ihre Erwartungen zu reden und sie realistisch aufeinander abzustimmen.

Solche Konfliktregelungsmechanismen sind jedoch in bürokratischen Organisationen fast nie vorgesehen.
Wir haben anhand einiger Beispiele gezeigt, wie eine Reihe von Problemen, denen in Organisationen arbeitende Menschen ausgesetzt sind, nur wenig mit persönlichem Unvermögen aber viel mit strukturellen Bedingungen zu tun haben. Nun wollen wir abschließend noch auf einen etwas gewagten, aber durchaus wahrscheinlichen Punkt eingehen:

4.6 Organisationelle Strukturen und Lebensgefühl

Selbst auf die Gefahr hin, daß wir beide als Verkünderinnen eines Sozialcharakters verschrien werden, möchten wir einen gewissen Zusammenhang zwischen organisationellen Strukturen und dem Denken und Fühlen der darin arbeitenden Menschen postulieren. Die folgenden Zeichnungen zeigen, was wir meinen:

Zum Beispiel könnte…

Je nachdem, ob jemand eher in höheren oder in tieferen Rängen arbeitet, und je nachdem ob seine Abteilung eher organisch oder eher bürokratisch organisiert ist, wird sich auch die Lebenshaltung des Betreffenden und das damit verbundene fundamentale Lebensgefühl unterscheiden.
Allerdings könnten ja unsere Buchfiguren und unsere Freunde, Freundinnen und Bekannte rein zufällig solche Ansichten vertreten. Und in Wirklichkeit – so kann man argwöhnen – haben sie vielleicht überhaupt nichts mit der Organisation ihrer Arbeitswelt zu tun.
Daß unsere Beispiele dennoch ein Stückchen Realität spiegeln, soll die folgende Information aus dem Forschungsbereich deutlich machen:

Kurzinformation aus der Forschung

Im Rahmen einer repräsentativen Untersuchung des Fremdarbeiterproblems in der Schweiz stellte man 473 männlichen und weiblichen Schweizer Arbeitnehmern Fragen zu ihrer allgemeinen Haltung dem Leben gegenüber. Wurden bestimmte Fragen besonders häufig mit »ja« beantwortet, so schloß man daraus, daß sich diese Personen ganz besonders unsicher, desorientiert und entfremdet fühlen.
Die Fragen waren folgendermaßen formuliert:
»Alles ist heute so unsicher und wechselt so schnell, daß man oft nicht mehr weiß, wonach man sich richten soll.«
»Das Schlimme an der heutigen Zeit ist, daß den Leuten die alten Traditionen und Gewohnheiten gar nichts mehr bedeuten.«
»Der Durchschnittsmensch wird eigentlich immer schlechter.«
»Es hat keinen Sinn, mit den Behörden Kontakt aufzunehmen, denn diese interessieren sich doch nicht für die Probleme des Durchschnittsbürgers« und
»Manchmal scheint es mir, andere Leute wüßten besser als ich, was in bestimmten Situationen zu tun ist.«
Bei der Auswertung der Ergebnisse zeigten sich nun je nach Stellung der Befragten in der organisationellen Hierarchie deutliche Unterschiede im Lebensgefühl.
Mit den oben genannten Ansichten, die Stereotype, Normen, Werte und Alltagstheorien beinhalten und deshalb auch als soziale Konzepte bezeichnet werden können, identifizierten sich am ehesten ungelernte und angelernte Arbeiter.
Höhere Angestellte und Beamte, die im allgemeinen einen größeren Entscheidungsspielraum und mehr Ansehen besitzen und gleichzeitig weniger extern kontrolliert werden, distanzierten sich hingegen besonders häufig von den im Fragebogen vorgegebenen sozialen Konzepten.

Gefühle der Desorientierung und Unsicherheit (in %)	Berufliche Stellung							
	Arbeiter			*Angestellte und Beamte*			*Selbständige*	abs.
	un- und angelernte	gelernte	Vorarbeiter	untere	mittlere	höhere		
tief	*7,7*	30,4	24,3	22,1	36,5	*46,3*	32,5	156
mittel	30,8	34,8	*43,2*	30,9	36,5	*27,6*	35,0	155
hoch	*61,5*	34,8	32,4	47,1	27,0	*26,0*	32,5	155
Gesamt	100 %	100 %	100 %	100 %	100 %	100 %	100 %	
absolut	26	46	37	68	126	123	40	446

(Quelle: Hoffmann-Nowotny, H.-J., 1973, S. 73)

Sicher werden Denkweisen und Gefühle nicht *allein* von den Bedingungen der Arbeitswelt geprägt. Aber wenn man sich vergegenwärtigt, wieviel Zeit Menschen in ihrer Arbeitsorganisation verbringen, wird man vielleicht das Gewicht solcher Einflüsse nicht mehr unterschätzen.

4.7 Zusammenfassung

Theoretische Modelle können zwangsläufig niemals der Komplexität realen Geschehens gerecht werden. Zudem sind sie wegen ihres hohen Abstraktionsgrades meist auch nur schwer verständlich. Da wir uns aber bemüht haben, die Zusammenhänge zwischen menschlichem Denken und Handeln und organisationellen Strukturen so lebensnah und konkret wie möglich darzustellen, meinen wir, daß auf diesem Hintergrund die Weiterführung unseres theoretischen Schemas den notwendigen Überblick über das bisher Gesagte ermöglicht (s. S. 130).

Der Inhalt dieser Abbildung läßt sich in kurzen Worten zusmmenfassen:
Welche sozialen Konzepte Menschen in bezug auf sich und ihre Umwelt entwickeln, wie sie ihre organisationelle Umwelt wahrnehmen und interpretieren, hängt zum Teil von ihren strukturellen Positionen in den für sie wichtigsten Organisationen ab.
Das Verhalten von Menschen in Organisationen ist kein Zufall. Es ist einerseits durch die Möglichkeiten und Grenzen ihrer formellen Rolle in

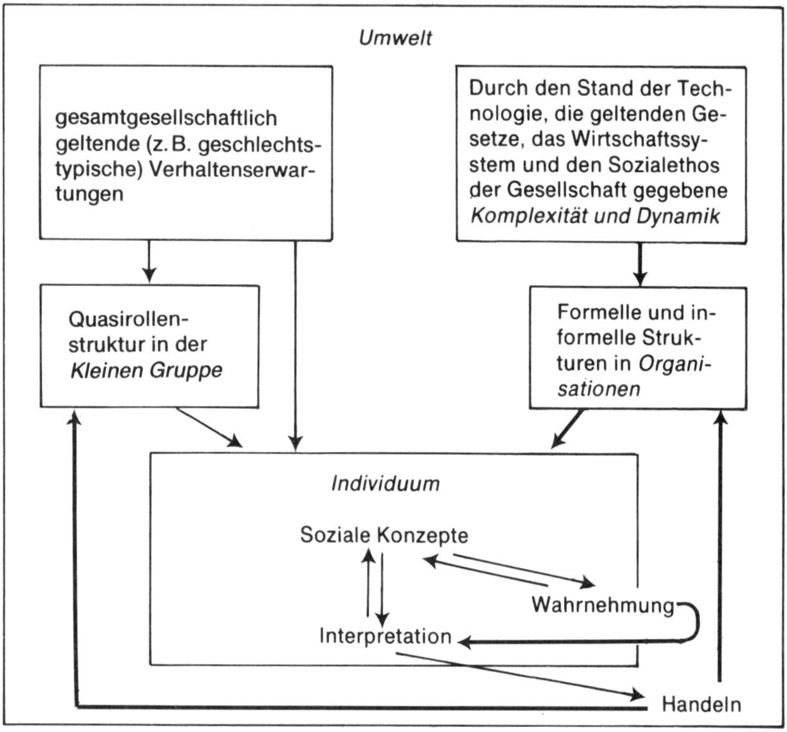

der Organisation geprägt, andererseits aber auch durch eigene Quasirollen und Verhaltenstypisierungen, die sie außerhalb der Organisation – beispielsweise in einer für sie wichtigen kleinen Gruppe oder in anderen Organisationen – gelernt haben.
Umgekehrt wird aber auch ein Teil des Verhaltens in kleinen Gruppen durch Verhaltensmuster beeinflußt, die in der Organisation eingeübt worden sind.
Die Organisationsstruktur selber entsteht nicht willkürlich, sondern ist wiederum abhängig von der gesamtgesellschaftlichen Umwelt und vom Handeln des einzelnen Mitglieds.
Letzteres gilt gleichermaßen für das formelle wie für das informelle System. Bevor wir auf diesen sehr wichtigen Aspekt genauer eingehen werden, wollen wir Ihnen zuerst wieder Gelegenheit geben, sich Ihre eigene Lage in Organisationen zu vergegenwärtigen:

4.8 Ich frage mich...

- Kann ich mich an Situationen erinnern, in denen ich möglicherweise daheim besonders gereizt war, weil am Arbeitsplatz nicht alles so geklappt hatte, wie ich es mir wünsche?
  Habe ich manchmal körperliche Beschwerden, deren Ursachen in Belastungen am Arbeitsplatz liegen könnten?
  Was hinderte mich wohl daran, die Probleme dort direkt anzugehen?
  Sehe ich Wege, Konflikte und Probleme vermehrt da auszutragen, wo sie entstehen?
  Wie müßte ich mich verhalten, damit das besser gelingt als es bisher der Fall war?
  Gibt es an meinem Arbeitsplatz eine formell vorgesehene Möglichkeit, Spannungen und Konflikte zwischen den Mitarbeitern und Mitarbeiterinnen oder zwischen Mitarbeitern und Vorgesetzten bzw. Untergebenen auszusprechen und zu bearbeiten?
  Wenn ich so etwas vorschlüge, welche Widerstände wären von wem zu erwarten?
- Wieviel Stärke, Sachlichkeit und emotionale Distanz wird von mir in meiner Rolle gefordert?
  Kann es sein, daß ich am Arbeitsplatz mehr von meinen Gefühlen unterdrücken muß als mir lieb ist?
  Bei wem und in welchen Situationen darf ich meine positiven und negativen Gefühle richtig zeigen und ausleben?
  Ist mir dabei wohl oder macht es mir Angst?
  Wo kann ich meine Gefühle nicht zeigen? Könnte ich das verändern?
- Wie groß ist die soziale Distanz zwischen mir und meinen Vorgesetzten, Kolleginnen, meiner Sekretärin, meinen Klienten?
  Wie äußert sich diese Distanz?
  In übergroßem Respekt, in Schimpfereien hinter dem Rücken der Betreffenden oder wie sonst?
  Kann ich mich in die strukturelle Situation der anderen hineinversetzen?
  Welche Widerstände habe ich, sie zu verstehen?
  Was tue ich, um von meinen Interaktionspartnern Informationen über ihre Situation und Perspektive zu bekommen?
  Ist es mir überhaupt wichtig, eventuelle soziale Distanzen abzubauen?
  Bei wem möchte ich es schaffen, bei wem interessiert es mich nicht so sehr? Was könnte ich dabei gewinnen?

– Kenne ich Rollenanforderungen an mich, die nicht miteinander vereinbar sind? Welche?
Was sind das konkret für Personen, die so unterschiedliche Erwartungen an mich haben?
Wie sieht meine Lösung dieses Konfliktes aus?
Bin ich zufrieden mit ihr oder gäbe es eine bessere? Welche?

Werkstattgespräch zwischen Birgit und Christiane

B: Chris, mich plagt was, und ich möchte mit Dir darüber reden. Kannst Du Dir vorstellen, was es ist?

C: Mal sehen, ich fühle mich zum Beispiel irgendwie beklemmt, wenn ich an unseren nächsten Brocken denke. Manchmal schwelge ich in so Phantasien, daß lauter geniale Gedanken in die Maschine rattern. Und dann läuft das blöderweise in Wirklichkeit überhaupt nicht so genial ab. Diese verflixten Organisationen sollte man überhaupt abschaffen, sie sind viel zu kompliziert, um sie wirklich durchschauen zu können. Wir Menschen schaffen uns da selber Gebilde, die uns über den Kopf wachsen.
Aber fang Du mal zuerst an. Was plagt denn Dich?

B: Was ganz Ähnliches. Im nächsten Abschnitt vom Organisationskapitel wollten wir ja zeigen, wie der einzelne an den Organisationsstrukturen mitarbeitet und sie auch eventuell positiv beeinflussen kann.
Jetzt kommen aber Riesenansprüche in mir hoch. So im Stil, daß ich genau wissen müßte, was eine gute Organisation ist und daß ich dazu den Menschen, die unser Buch lesen noch beibringen sollte, welche Schritte ich sehe, daß sie alleine aus ihrer Organisation ein ideales Gebilde machen können.
Klingt blöd, wenn es ausgesprochen ist, aber ich habe tatsächlich solche Superansprüche an mich. Und der Erfolg ist dann, daß ich nicht losschreiben kann.

C: Wie beruhigend, daß Du so ähnliche Leiden hast. Genau deswegen habe ich nämlich auch nichts hingekriegt.
Wollen wir jetzt zusammen unsere Genialitätsansprüche begraben und mal schauen, was real drinliegt? Ja? O.k., also: Du möchtest kein Rezeptbuch für den totalen Neubau von Organisationen schreiben müssen. Hättest Du auch was dagegen, wenn wir versuchen würden, wie bei der kleinen Gruppe Themen zusammenzustellen über die wichtig-

sten Anforderungen, die eine Organisation erfüllen müßte, damit sie für alle Beteiligten befriedigend funktioniert?

B: Du meinst grundsätzliche Wünsche an die Organisation?

C: Ja. Ohne aber schon im einzelnen die richtige Gewichtung zu kennen und ohne die Verwirklichung bis ins letzte Detail zu beschreiben. Eher so eine Art pauschale Kurz-Utopie.
Mich regen Utopien immer an, und ich sage mir, wenn unsere Leser und Leserinnen auch nur eine der vielen Thesen herausgreifen und finden: »Das! Genau das möchte ich. Gibt es irgendwelche Möglichkeiten, daß ich das irgendwie erreichen kann?« Also, das fände ich schon unheimlich gut.

B: Chris, Klasse. Das gefällt mir. Jetzt, wo Du anfängst, real zu planen, weiß ich auch, was ich will. Ich muß Dir das mit einem Bild erklären: Mit den geplanten und den organisch gewachsenen Gärten.
In Italien sind mir immer wieder die wunderschönen alten Gärten aufgefallen. In ihnen wuchert alles wild durcheinander. Dagegen fand ich die sauber abgesteckten geplanten in den Neubausiedlungen todlangweilig. Und irgendwo habe ich auch mal gelesen, daß die gewachsenen Gärten viel besser gedeihen, und daß sich ihre Pflanzengemeinschaften besser vertragen und so. Sie funktionieren also einfach besser. Und das gleiche gilt übrigens auch für geplante und gewachsene Städte...

C: Ich ziehe den gewagten Schluß, daß Du also auch für gewachsene Organisationen bist. Aber was heißt das für unser nächstes Kapitel?

B: Das heißt, daß wir uns wirklich mit gutem Gewissen auf das durchschnittliche Mitglied in Organisationen konzentrieren können. Im letzten Kapitel haben wir schlaglichtartig einzelne Strukturprobleme geschildert. Genauso schlagartig können wir doch zeigen, wie jemand versucht, seine Situation in der Organisation so einzurichten, daß ihm wohl ist.

C: Ich glaub, ich verstehe. Für das muß er nicht das Ganze überblicken können und sich dabei so überfordert fühlen wie wir. Er muß nur den Teil der Struktur verstehen, mit dem er unmittelbar zu tun hat. Zumindest mal im Anfangsschritt sollte er beurteilen können, was subjektiv für ihn gut ist und nicht gleich an alle oder an das Ganze oder so denken müssen.

B: Ja. Wenn er nur von seiner Lage ausgeht und aus seiner Lage heraus durch ein besseres Verständnis der Situation einzelne Strukturen immer wieder ein Stückchen seinen Bedürfnissen anpaßt und natürlich auch mit den Bedürfnissen der anderen Leute um sich herum abstimmt, und wenn das alle machen, dann...

C: ... wächst die Organisationsgemeinschaft wie italienische Gärten. Die Radieschen neben den Blumen sozusagen. Nützlich und erfreulich zugleich.

B: Ich sehe, wir verstehen uns. Wir fangen also mit einem Thesenkatalog an, der sozusagen das Optimum wiedergibt. Aber dann gehen wir mit der Lupe ran und schauen, wie ein gewöhnliches Organisationsmitglied versucht, einen dieser Punkte, der ihm persönlich besonders wichtig ist, zu verwirklichen. Was meinst Du?

C: Wenn Du sagst »mit der Lupe«, dann habe ich das Gefühl, daß sich mein Problem vielleicht auch auflösen könnte.

B: Welches? Wir haben noch gar nicht darüber gesprochen.

C: Ich habe beim Durchschauen vom Text gemerkt, daß wir im Abschnitt über die Rolle zwar kurz einen Prozeß gezeigt haben, wie er in Organisationen abläuft. Weißt Du, die Geschichte, wie sich Peter Frischauf seine Rolle aneignet, und Rolle und Person sich schließlich einander annähern. Solche Prozesse find ich unheimlich wichtig. Sie laufen meistens unbemerkt ab und doch passiert in ihnen so viel. Und mein Problem ist, daß ich finde, wir haben solche Prozesse in dem Kapitel noch nie genau genug angeguckt. *Wie* läuft denn so was im einzelnen?

B: Ich glaube, Du hast recht. Aber ich finde, das läßt sich ohne weiteres nachholen. Eine Veränderung der eigenen Situation in Organisationen läuft doch prozeßhaft, da können wir wirklich ins Detail gehen. Zum Beispiel: Eintritt in die Organisation, Vertrautwerden mit der eigenen Rolle, und Änderungsversuche an der Struktur. In so einem Ablauf sind doch die Prozesse drin.

C: Mir fällt ein Stein vom Herzen. Überhaupt ist mir wieder richtig wohl. Fangen wir an.

B: Ja. Zuerst unsere Utopie.

4.9 Wie der einzelne an Organisationsstrukturen mitwirkt

Wenn auch die in eine Organisation eintretenden Menschen dort bereits bestimmte, mehr oder weniger gut funktionierende, Strukturen vorfinden, so stützen oder verändern sie sie doch mit ihrem weiteren Handeln. Meist verlaufen solche Prozesse weder bewußt noch gezielt. Dieses Kapitel soll

dazu beitragen, daß der Anteil der einzelnen an der Strukturgestaltung durchschaubarer und damit – vielleicht – auch planbarer wird.
Um planen zu können, muß man jedoch wissen, was man selber will. Eine Frage, die meist leichter gestellt als beantwortet ist. Wenn wir uns aber noch einmal vergegenwärtigen, welche typischen Probleme in Organisationen auftauchen und die Menschen dort schwer belasten können, so lassen sich durchaus einige Thesen aufstellen, wie eine Organisation beschaffen sein sollte, damit sie bestehen kann, und man sich trotzdem in ihr wohlfühlt.

Die beste aller Organisationen: Eine Utopie?

1) Die Organisation bietet ein Klima, in dem die einzelnen Raum für ihre Fähigkeiten finden, persönliche Befriedigung erlangen und sich als Person entwickeln und entfalten können.

2) Sie muß die ihr gestellten Aufgaben effizient erfüllen können.

3) Hierarchien sind nicht starr, sondern flexibel, d.h. sie sind eher situations- und aufgabengebunden. Auf keinen Fall bestimmen sie den Wert oder Unwert eines Menschen.
Sie müssen von den Mitgliedern anerkannt sein, und diese Anerkennung muß von Zeit zu Zeit gemeinsam überprüft werden.

4) Der Grad der Arbeitsteilung bleibt so gering, wie es eine effiziente Lösung der Aufgabe der Organisation nur erlaubt.

5) Das einzelne Mitglied sollte so weit an allen Entscheidungen in der Organisation beteiligt sein, als sie in Zusammenhang mit seiner Funktion stehen und als es seinen Fähigkeiten und Kenntnissen entspricht. (So wie es sie selber bzw. wie sie seine Interaktionspartner einschätzen.)

6) Es sollten formell strukturelle Gelegenheiten vorgesehen sein, die es einzelnen und Gruppen ermöglichen, soziale Distanz abzubauen sowie Konflikte auszusprechen und produktiv zu bearbeiten.

7) Da sich die Bedürfnisse der Mitglieder wandeln können, und sich sowohl die Gesamtziele einer Organisation als auch die Anforderungen von außen verändern können, machen die internen Organisationsstrukturen einen eventuellen Wechsel von Aufgaben und Methoden sowie detaillierte Rollenveränderungen möglich.

Die beiden erstgenannten Thesen sind den folgenden übergeordnet. Die Punkte 3–7 sprechen eher Mittel an, mit deren Hilfe sich die zwei zentralen Ziele 1 und 2 verwirklichen ließen.
Wir sind uns darüber im klaren, daß man wahrscheinlich über jede einzelne These ein ganzes Buch schreiben könnte. Genau das werden wir aber aus naheliegenden Gründen bleiben lassen und statt dessen einen Weg suchen, eher bescheidene Beispiele struktureller Einflußmöglichkeiten in den verschiedenen Organisationstypen aufzuzeigen. Vielleicht kann der eine oder die andere daraus sogar Mut zu eigenen Gedanken oder Taten schöpfen.
Wenden wir uns zuerst den Möglichkeiten in bürokratischen Organisationen zu:

4.9.1 Stabilität und Veränderung in bürokratischen Organisationen

> Die bürokratische Organisation ist strukturell viel mehr auf Effizienz als auf die Förderung persönlicher Entfaltung ausgerichtet.

Das heißt, das Individuum bewegt sich in den engen Grenzen genauer Verhaltensvorschriften und fester Hierarchien. Es kann dabei durchaus zufrieden sein. Wenn es jedoch wachsen will, sich spüren, wach und lebendig auf Situationen reagieren, neue Erkenntnisse machen und neue Dimensionen seines Handelns erschließen möchte, dann muß es sich mehr Platz schaffen als in der Bürokratie strukturell dafür vorgesehen ist.
Strukturveränderungen im großen Stil sind ihm allerdings versagt und lediglich den wenigen Menschen an der Organisationsspitze vorbehalten, denen offiziell mehr Einfluß zugesprochen ist. Da sich aber die Führungskräfte leichter der Effizienz zuwenden als den Entfaltungsmöglichkeiten der Mitglieder, ist es meist um »menschenfreundliche« Änderungen des formalen Rahmens schlecht bestellt. Zumindest aus dieser Quelle. Aber auch im *kleinen* gehen vom durchschnittlichen Mitglied wenig Impulse aus, die mechanistischen Strukturen zu öffnen. Wenn jemand mit dem Bestehenden unzufrieden ist, so übt er sich eher in einer Art passiven Widerstand, der letztlich nichts anderes als eine Stabilisierung schwelender Konflikte bewirkt. (Man denke nur an die endlose Reihe ratloser Lehrpersonen, die Tag für Tag mit eben solchem Widerstand bei den Schülern und Schülerinnen zu kämpfen haben.)
Der Weg positiv verändernder kleiner Schritte auf der Handlungsebene scheint also schwierig zu sein und wird daher selten beschritten. So kommt es zu folgendem typischen Prozeß:

Meistens *bestätigen* die Mitglieder bürokratischer Organisationen eigene und fremde Rollen durch ihr Rollenhandeln.

Wir wollen das an einem Beispiel aufzeigen:

4.9.1.1 Will ich das wirklich? Die Bestätigung der formellen Struktur

Frau Stiller ist Sekretärin und bewarb sich vor kurzem um eine Stelle in einer Großbank. Sie hatte sich eigentlich vorgenommen, beim Einstellungsgespräch mehr Selbstsicherheit als sonst zu zeigen und einen hohen Anfangslohn zu fordern. Sie wollte dem zukünftigen Vorgesetzten klarmachen, daß sie nicht nur mit dem Diktaphon arbeiten mochte, sondern daß sie nach entsprechender Einarbeitung einen Teil der Korrespondenz gerne selbständig führen würde. In unserer Sprache ausgedrückt, zielte sie damit auf eine partnerschaftliche Situation ab und wollte bessere Chancen für ihre persönliche Entfaltung bekommen. Mit diesen Vorsätzen kam sie also in das Büro ihres zukünftigen Chefs. Dort saß er hinter einem imponierend großen Schreibtisch und blätterte in den von Frau Stiller eingesendeten Unterlagen. Wie zufällig blickte er zerstreut davon auf, als sie eintrat und wies ihr höflich aber mit Bestimmtheit den leeren Platz vor dem Schreibtisch zu. Ihr begann bereits der Mut zu sinken.

Was nun geschah, haben wir auf Seite 138 zusammengestellt:

Die formelle Struktur …	Auf der Ebene der Quasirollen- und Handlungsstruktur spielt sich entsprechend folgender Prozeß ab …

… die aus einer steilen Hierarchie mit großer sozialer Distanz und chefgebundener Entscheidungsgewalt besteht

… wird durch

r e a k t i v e s

statt aktives Handeln der Rangtieferen in der Quasirollenstruktur

nicht verändert sondern bestätigt.

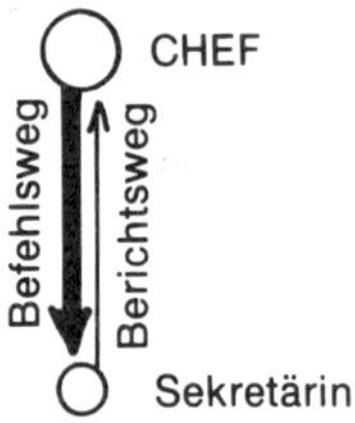

Der Chef spricht den größten Teil der Zeit, holt Informationen ein, setzt seine Anforderungen fest, hat ein sicheres, leicht kühles Auftreten, unterbricht Frau Stiller ein paarmal, weist auf die Menge weiterer Bewerbungen hin

und bewirkt mit diesem ‚Chefverhalten' daß

Frau Stiller ihre Vorsätze vergißt und immer unterwürfiger antwortet.

Das wiederum bewirkt, daß

der Chef seinerseits die Quasirolle weiterspielen muß, denn ihr Verhalten ist gleichermaßen eine Einverständniserklärung wie eine Aufforderung zum Beibehalten der überlegenen Vorgesetztenrolle

Frau Stiller hat den neuen Einstieg verpaßt. Auch an dieser Stelle bleibt sie die (kompetente) Hilfskraft.
Ihren Anteil am Prozeß der Rollenstabilisierung unterschätzt sie jedoch. Genau wie sie den Wunsch des Chefs, seine Untergebenen zu dominieren, überschätzt.

Es gäbe unzählige Beispiele für die – meist ungewollte – Bestätigung formeller Strukturen in bürokratischen Organisationen durch die Beteiligten, und es ließen sich viele Überlegungen anstellen, warum das im einzelnen so ist. Wir glauben aber, daß es fruchtbarer und inspirierender ist, einmal den Weg einer Frau anzuschauen, die auf ihre Weise versucht, sich in einer bürokratisch strukturierten Organisation ein Klima zu verschaffen, in dem ihr wohl ist und in dem sie ihre Fähigkeiten entwickeln kann.

4.9.1.2 Die schrittweise Veränderung von Quasirollen

Unsere Freundin Annemarie ist ebenfalls Sekretärin. Das heißt, nachdem sie eine Weile Telefonistin war, machte sie eine Kurzausbildung von einem halben Jahr als Konsulatssekretärin und bewarb sich sofort um den Posten einer Direktionssekretärin in einer Großbank.
Genau wie Frau Stiller.
Sie hatte zudem ganz ähnliche Ziele im Kopf und hatte sich für ihr Einstellungsgespräch so ziemlich das gleiche vorgenommen.
Auch bei ihrem ersten Bürorendezvous saß der Herr Direktor hinter einem imponierenden Schreibtisch aus wertvollem Holz. Auch er blätterte leicht zerstreut in seinen Unterlagen und wies ihr einen Platz zu.
Der ganze materielle Hintergrund zeugte von Geld, die soziale Umgebung von Ehrfurcht vor dem hohen Chef, dem unsere Freundin nun gegenübersaß.

Und dann passierte etwas Ungewöhnliches…

Die formelle Struktur	Auf der Ebene der Handlungsstruktur spielt sich nämlich folgendes ab …

die aus einer steilen Hierarchie mit großer sozialer Distanz und chefgebundener Entscheidungsgewalt besteht

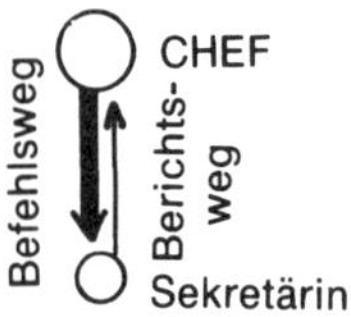

… wird in ihrer Wirksamkeit durch

a k t i v e s

Handeln der Rangtieferen in der Quasirollenstruktur vorübergehend außer Kraft gesetzt.

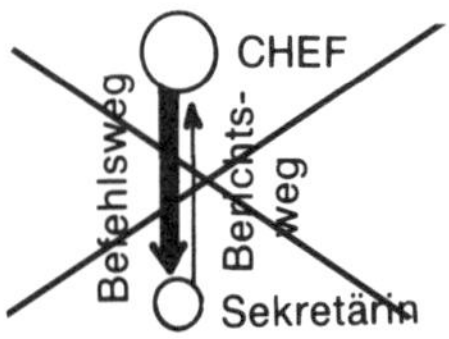

Das heißt, sie ist nicht mehr handlungsleitend. Abgeschafft ist sie damit noch nicht.

Würde man in der Firma solche Prozesse offiziell zur Norm erklären, so würde man viel weniger Entscheidungsbefugnisse nur beim Vorgesetzten belassen und die soziale Distanz wäre von der Planung her viel kleiner. Etwa so:

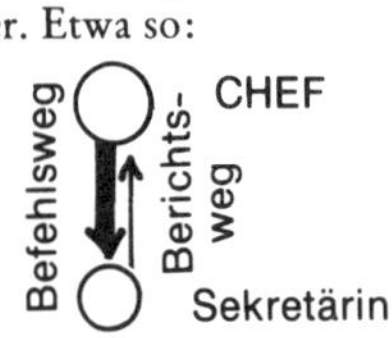

Der Chef will zuerst seine Fragen stellen und sich verhalten wie der Direktor von Frau Stiller.

aber er kommt nicht weit

Denn Annemarie unterbricht ihn gegebenenfalls und stellt auch ihrerseits die sie interessierenden Fragen. Höflich aber bestimmt. Sie schaut ihn vor allem sehr offen, ohne die geringste Spur von Frechheit oder Unterwürfigkeit an. Sie antwortet auf seine Fragen, stellt aber ebenfalls ihre eigenen Forderungen und Fragen. Sie benimmt sich wie ein gleichwertiges Gegenüber.

Und …

Ihr zukünftiger Chef lächelt. Er fühlt sich angesprochen und stellt Annemarie ein. Er verabschiedet sich herzlicher als er sie begrüßt hat. Obwohl viele Bewerbungen vorlagen, reibt er ihr das nicht unter die Nase. Nur Ihre Gehaltsforderung trifft auf eine erschrockene Pause – und geht dann anstandslos durch. Wie sie später feststellt, verdient sie mehr als einige jahrelange Mitarbeiterinnen, die nicht gewagt hatten, soviel zu verlangen.

Annemarie hat ihren eigenen Anteil am Handlungsprozeß nicht unterschätzt. Statt wie Frau Stiller die Rolle zu stabilisieren, hat sie sie in Frage gestellt. Indem sie das durch partnerschaftliches Verhalten und nicht durch Widerstand tat, half sie ihrem Gegenüber, selber eine partnerschaftliche Quasirolle einzunehmen, was ihm offensichtlich recht angenehm war.

So hatte Annemaries Abenteuer in der Bank begonnen, und so ging es auch weiter. Nur verlief ihr Weg zur Quasirollenveränderung nicht immer so leicht und glatt wie beim Einstellungsgespräch. Oft war sie wochenlang blaß, gespannt und traurig, weil sie sich von ihrem Chef nicht ernstgenommen fühlte. Wir und ihre anderen Freundinnen mußten sie dann trösten und ihr Mut machen. Insgesamt war es aber ein spannendes und ereignisreiches Jahr, und manchmal machte es uns auch ein wenig atemlos. Wir erinnern uns zum Beispiel mit Vergnügen an die Schilderung der Ereignisse um die Stellwand, die von Annemarie in ihrem Büro eingerichtet worden war. Sie befestigte dort jeweils die neuesten Nachrichten aus der Frauenbewegung, der sie selber angehörte und die von ihren Vorgesetzten mit höchstem Mißtrauen betrachtet wurde. Kein Chef kam ins Büro, ohne einen widerstrebenden aber doch neugierigen Blick darauf zu werfen, und häufig entbrannten heftige Diskussionen um einzelne Artikel.

Eine davon war besonders lautstark und wurde beinahe handgreiflich, weil sich der Vizechef für die Klitorisbeschneidung in afrikanischen Kulturen stark machte. Die chromblitzenden Bankhallen hörten wahrscheinlich das erste und vielleicht das letztemal solche Töne und Gesprächsinhalte zwischen Vorgesetzten und Untergebenen.

Es hat uns richtig leidgetan, daß wir aus Platzgründen nur drei Beispiele für den weiteren Text auswählen konnten.

Aber hier sind sie, und wir wollen sie die »Kleiderordnung», die »Kaffeeordnung« und die »Diktatordnung« nennen.

Alle drei haben mit der Rolle »Sekretärin« zu tun, und die nächsten Abschnitte illustrieren, wie Annemarie sie Schritt für Schritt ihren eigenen Bedürfnissen und Interessen anpaßte.

Wir verfolgen dabei ein doppeltes Ziel. Wir möchten die Auseinandersetzung mit der Rolle prozeßhaft darstellen, und wir möchten zeigen, unter welchen Bedingungen und auf welche Weise Veränderungen auch in bürokratischen Strukturen möglich werden können.

Erste Station: Rollenwahrnehmung und Rolleninterpretation Der Erwerb von Rollengewißheit

Wie alle Neueintretenden in Organisationen stand Annemarie am Anfang vor einer Fülle von Eindrücken, die sie verwirrten. Aus allen Sinneswahrnehmungen sollte sie nun ihre Rolle herausschälen. Das war nicht leicht, denn nur ein kleiner Teil des Geschehens bestand in klaren Anweisungen an die neue Sekretärin. Schließlich meinte sie jedoch ungefähr zu wissen, was ihre offiziellen Pflichten seien. Tatsächlich hatte sie aber nur eine eigene Vorstellung von ihrer Rolle entwickelt.

Handlungsstruktur und Interpretationssystem sind zwei Filter, durch die jede von außen geforderte Regel sich ihren Weg bahnen muß. Manchmal kommt sie recht verzerrt an ihrem Bestimmungsort, der Rollenvorstellung des Rollenträgers, an. Manchmal erscheinen dort Normen, die niemand anders teilt, und manchmal dringt eine Regel gar nicht erst soweit vor wie sie sollte. In jedem Fall tendieren einmal vorhandene Rollenvorstellungen auch dann dazu, hartnäckig im Kopf zu bleiben, wenn Rollenträger neue widersprüchliche Informationen aus dem Handlungssystem aufnehmen.
Wie nahm nun Annemarie einzelne Teile ihrer Rolle wahr, wie interpretierte sie sie und zu welchen Schlüssen kam sie schließlich? Beginnen wir mit der

Kleiderordnung: Für Annemarie stellte sich bereits vor dem Stellenantritt die Frage, ob es wohl zwingende Kleidervorschriften geben würde

oder nicht. Wir hatten schon manches bange Gespräch darüber geführt, denn Annemarie hat wunderschöne lange, sehr lange Haare, trägt mit Vorliebe Jeans und originelle, jedoch sichtbar selbstgestrickte Pullover. Sie denkt nicht im Traum daran, sich zu schminken, und ein Friseur könnte durch sie nicht reich werden.
Einer ihrer ersten umwerfenden Eindrücke auf der Abteilung in der dritten Etage des vornehmen Bankgebäudes war das Aussehen ihrer zwei zukünftigen Kolleginnen. Die Kleidung war klassisch elegant und immer modisch. Schuhe und Handtasche waren aufeinander abgestimmt. Sie trugen echten Schmuck und im Winter elegante Pelzmäntel. Ihre Haare waren stets frisch onduliert. Sie benutzten falsche Wimpern und Make-Up, legten Rouge auf und malten sich die Augen an. Kurz, sie sahen makellos und sorgfältig zurechtgemacht aus. All das weckte bei Annemarie wie selbstverständlich die Vorstellung, daß gepflegte und damenhafte Kleidung Pflicht sei. Die Erinnerung an die steten diesbezüglichen Ermahnungen ihrer Lehrerin in der Sekretärinnenschule bestärkte sie noch zusätzlich in ihrer Meinung.

Was die *Kaffeeordnung* betraf, so schien es Annemarie noch klarer zu sein, worin die Rollennorm bestand. Im Büro hing eine Tafel mit genauen Mengenangaben für Kaffee, Zucker und Milch für alle 4 Chefs. Und ihre Kolleginnen hatten ihr schon am ersten Tag gesagt, daß sie für die Herren im Turnus Kaffee zu kochen hätten. Tatsächlich gab es aber hier eine schwache Stelle, da Annemarie die Wünsche der Vorgesetzten nur indirekt durch die Kolleginnen vermittelt bekam.

Ihre Vorstellung über die *Diktatordnung* entwickelte Annemarie über vier Wochen anhand sorgfältiger Beobachtung des Verhaltens ihrer zwei Hauptchefs. Wer rief sie wie oft zu sich, und was spielte sich dabei genau ab? Sie sah, daß man detailliert diktierte und jede Zeile auch noch kontrollierte. Daraus schloß sie, daß sie keine selbständige Arbeit leisten durfte.

Am Ende dieser ersten Phase der Rollenübernahme hatte Annemarie ihre anfängliche Unsicherheit verloren.

Sie nahm nämlich ihre *Vorstellung* von der Rolle als *Gewißheit* über diese Rolle.

Bis hierher ist dieser Prozeß bei Menschen, die ihre Rolle verändern, wahrscheinlich ähnlich wie bei Menschen, die sich schließlich anpassen. Die Weichen werden erst in der nächsten Phase gestellt.

Zweite Station: Kampf mit dem Selbstbild. Der 1. Schritt vom »Rollenspieler« zum »Rollengestalter«

Zu diesem Zeitpunkt begann ein unangenehmes Gefühl an Annemarie zu nagen, nämlich Unzufriedenheit. Nun, da die erste große Unsicherheit vorbei war, zog sie endlich gründlich Bilanz.
Nach ihrer Meinung kam sie gut in der Bank zurecht und hatte so genügend Kräfte frei, um sich bewußt zu machen, daß nicht nur die drei Beispielnormen, sondern auch etliche andere fundamental ihrem idealen Rollenselbstbild widersprachen.

Annemarie merkte aber auch, daß sie nach den ersten Arbeitswochen in der Bank ihren anfänglichen Schwung so ziemlich verloren hatte. Der Weg zur Rollengewißheit war auch ein Weg zur Anpassung gewesen, auf dem ihr eigentliches Rollenselbstbild nur noch zur Ideologie, nicht aber mehr handlungsleitend geworden war.
Sie fragte sich nun, wie es dazu hatte kommen können.
Dabei fand Annemarie heraus, daß sie sich im Einstellungsgespräch noch als eine Person gesehen hatte, die sehr viel erreichen konnte, wenn sie nur wollte. In der Bürokratie hatte sie dann aber allmählich ein ganz anderes Bild von sich selbst bekommen:
Annemarie fühlte sich jetzt resigniert und unterlegen, machtlos und eher passiv. Sie sah sich äußeren Zwängen ausgeliefert, und meinte, ihre Rolle eher erleiden zu müssen statt sie selber gestalten zu dürfen.
Diese Erkenntnisse taten weh.
Wenn sie in ihrer privaten Umgebung nicht so viel Verständnis für ihre Ideen gefunden hätte, hätte sie wahrscheinlich ihr ideales Rollenselbstbild aufgeben müssen, um sich wieder einigermaßen wohl fühlen zu können. So aber wurde sie von allen Seiten bedauert, getröstet und

angefeuert. Vor allem die Wohngemeinschaft, in der sie lebte, ihr Freund und die Frauengruppe fanden, sie sei recht kompetent und sie handle doch selbständig, und sicher könne sie das auch in der Bank.

Die enge Integration in kleine Gruppen außerhalb der Organisation und deren emotionale Stützung helfen, das ideale Rollenselbstbild und das Selbstbild als aktiver Mitgestalter der Rolle gegen die in der Bürokratie geltenden offiziellen Normen und gegen die in untergeordneten Stellungen dort üblichen Selbstkonzepte aufrechtzuerhalten:

Annemarie fürchtete sich zwar vor den Folgen, aber jetzt war sie eigentlich aufs neue entschlossen, gegen sämtliche Rollennormen zu kämpfen, die sie ablehnte. Im Unterschied zum Einstellungsgespräch sah sie diesmal allerdings eine Menge Schwierigkeiten.

Deshalb begann sie dort, wo es ihr am leichtesten fiel, bei der Kleidung. Sie ließ die anfangs zurückgebundenen Haare immer häufiger offen und fing an, auch im Büro Jeans und Pullover zu tragen.

Nun geschah etwas völlig Unerwartetes – nämlich gar nichts.

Niemand schien sich an dieser neuen, alten Annemarie zu stoßen, und sie fragte sich verblüfft, wie das geschehen konnte.

Annemarie fand heraus, daß sie nicht nur aufgrund der Gewohnheiten ihrer Kolleginnen auf das Bestehen einer Kleidernorm geschlossen hatte, sondern auch aus den Reaktionen der Umwelt auf ihre diesbezüglichen Anpassungsversuche. Alle hatten es scheinbar für das Normalste von der Welt gehalten, daß sie elegant gekleidet war. Sie selber hatte das wie selbstverständlich als Bestätigung ihrer Rollenvorstellung genommen. Nun, da sie sich lässiger kleidete, und immer noch niemand auffällig reagierte, kam diese Interpretation ins Wanken, und sie fragte sich, an welchen Stellen sie sich wohl außerdem noch unnötig angepaßt hatte.

Erst die Reaktion auf die vermeintliche Abweichung zeigt, ob die Rollengewißheit falsch oder richtig ist.

„abweichende" Rollenhandlung	Reaktion nimmt keinen Bezug	Rollenträger interpretiert das als Zeichen, daß seine Rollengewißheit falsch war.

Nun wurde einiges in Annemarie ausgelöst, das für ihr weiteres Schicksal in der Bank wegweisend war:

1) veränderte sich schlagartig ihr Bild von der Organisation selber. Weil an einer Stelle mehr Freiraum gewesen war, als sie gemeint hatte, erwartete sie nun auch an anderen Orten eine größere Flexibilität der Regeln.
2) hatte sie einen ersten Punkt ihres idealen Rollenselbstbildes verwirklichen können, und diese Tatsache bewirkte, daß es wieder viel mehr in den Vordergrund rückte.
3) wurde das ehemalige Selbstbild »der Annemarie, die viel erreichen könnte, wenn sie nur wollte«, sowie das Selbstkonzept »der Mitgestalterin in bürokratischen Strukturen« für sie noch ein Stückchen wichtiger als vorher.

Parallel dazu bestand in ihrem Bewußtsein weiterhin ein Teil derjenigen sozialen Konzepte, die dazu geführt hatten, daß sie sich so angepaßt hatte: Das Bild von der starren Bürokratie, den vielen Normen und der eigenen Schwäche.
Es brauchte die dritte Station, um diese Barrieren noch mehr in den Hintergrund zu drängen.

Dritte Station: Das neue Fremdbild, der 2. Schritt vom »Rollenspieler« zum »Rollengestalter«

Die nächste Regel, die Annemarie zu durchbrechen gedachte, war die Kaffeeordnung. Wie sich herausstellte, hätte sie gar keine bessere Wahl treffen können.
Aber schauen wir doch, wie alles passierte, und was es für Folgen hatte:

Annemarie arbeitete mittlerweile schon sechs Wochen in der Bank. An jenem Morgen waren nur zwei statt drei Sekretärinnen im Büro und zudem gab es noch besonders viel Arbeit zu erledigen.
Aus London war der Verwaltungsrat Dr. Multipower mit seiner Sekretärin gekommen, und Prokurist Krach fragte unsere Freundin, ob sie den Gästen einen Kaffee bringen könnte.
Annemarie erzählte uns, daß sie zunächst selbstverständlich bejaht hatte. Außerdem aber hatte sie – weil so viel zu tun war, und der Prokurist untätig herumstand – genauso selbstverständlich gefragt, ob er so gut wäre, gerade das Wasser zu holen und die Maschine einzustecken. Dieses Verhalten brachte ihren Vorgesetzten jedoch zum Explodieren: Was ihr eigentlich einfalle...
Fast zehn Minuten redeten beide heftig aufeinander ein. Annemarie bedeutete dem Prokuristen, daß sie verstünde, wenn er den Kaffee nicht selber servieren wolle, da damit geringes Prestige verbunden sei, daß sie für seine Weigerung, Wasser zu holen jedoch kein Verständnis aufbrächte. Er habe schließlich offensichtlich im Moment Zeit und sie eben nicht.
Er wiederum meinte, daß er zu Hause zum Kaffeekochen bereit sei, aber nicht im Büro. Da er nicht einlenkte, sagte Annemarie abschließend: »Wenn diese Arbeit unter Ihrer Würde ist, dann ist es unter meiner Würde, Sie zu bedienen.«
Am nächsten Morgen begann die Diskussion unter den drei Sekretärinnen, und man entschied, fortan für die Vorgesetzten nicht mehr Kaffee zu kochen. Am Montag darauf wurde Annemarie von ihren Kolleginnen beauftragt, diesen Beschluß den verschiedenen Chefs mitzuteilen.

Annemarie sucht und findet soziale Unterstützung für ihr Verhalten bei ihren zwei Bürokolleginnen.

Daher wagt sie es, aus einer einmaligen ‚Abweichung' eine neue Quasirolle bzw. Verhaltenstypisierung für alle drei Sekretärinnen zu schaffen.

Neue Quasirollen oder Verhaltenstypisierungen kann man leichter durchsetzen, wenn man auch *innerhalb* der betreffenden Organisation sozialer Unterstützung sicher ist.

Diesmal zeigten die Reaktionen, daß es sich wirklich um eine Rollennorm gehandelt hatte. Allerdings waren nur die beiden rangtiefsten Vorgesetzten wirklich verärgert. Der eine demonstrierte seinen Grimm, indem er nun auf seinen geliebten Kaffee verzichtete und nur noch Cola aus dem Automaten trank, und der andere lief tatsächlich bis zum Generaldirektor, um sich zu beschweren. Zum Glück vergeblich.
Dr. Oberlin, der Vizegeneraldirektor, und Dr. Melzer, der Abteilungschef, waren jedoch einverstanden, und so kamen Annemarie und ihre Kolleginnen mit ihrem Anliegen leichter durch, als sie sich vorgestellt hatten. Allerdings gab es eine unerwartete Nebenwirkung:
Die Kaffeeordnung war nur eine bescheidene Soll-Norm, dafür aber wohl eine Art Sekretärinnenmarkenzeichen. Der Bruch mit dieser Regel machte folglich seine Runde durch die ganze Bank. Annemarie wurde bekannt wie eine bunte Kuh, und man begann gespannt zu beobachten, »was die wohl sonst noch alles so fertig bringt.«
Sie erzählte uns, wie jetzt fast so etwas wie eine allgemeine Erwartung entstand, daß nun weitere Taten folgen würden. Diese Stimmung half ihr enorm, die eigene Angst vor der Verwirklichung ihres idealen Rollenbildes zu überwinden.

In den nächsten Wochen geschah folgendes:

1) entstand ein neues Fremdbild von Annemarie, d.h. die Organisationsmitglieder lernten Annemarie immer mehr als eine Persönlichkeit sehen, die Bedingungen verändert.
2) diskutierten Kollegen und Vorgesetzte immer häufiger mit ihr und hörten so einiges über ihre idealen Rollenvorstellungen. Mindestens in der

Abteilung, in der sie arbeitete, setzten sich alle sehr intensiv mit ihren Ideen auseinander.

3) lernten die anderen durch diese Diskussionen die Möglichkeit der eigenen Rollenveränderung bewußter kennen und nahmen sie zum Teil ebenfalls in ihr Selbstbild auf.

Wenn das letztere auch nicht in allen Fällen zu einer tatsächlichen *Neudefinition* von Rollen oder Quasirollen führte, so machte es doch immerhin die vierte Station möglich:

Vierte Station: Das Ringen um Veränderungen wird zum Normalzustand

Wie gesagt, man nahm nicht alles, was Annemarie machte, mit Freude auf, und sie hatte auch keineswegs immer Erfolg, aber es war in den Augen der vier männlichen Chefs zum Normalzustand geworden, daß Annemarie immer wieder Veränderungsversuche startete. So wagte sie sich in dieser Phase schließlich an die schwierigste Aufgabe und begann, an der Diktatordnung zu rütteln.

Anfangs sagte sie während der Diktate bei Routinebriefen »Ja, ja das kann ich allein machen.«
Als das von ihrem Hauptchef ignoriert wurde, und er unverdrossen die bekannten Floskeln weiterdiktierte, startete sie nach einer Weile einen deutlicheren Vorstoß.
Ihr »Ich kann es wirklich selber« stieß aber ebenfalls auf taube Ohren. Dr. Oberlin diktierte weiter, als hätte er sie nicht gehört.
Nach einigen Wochen legte sie den Bleistift bei Routinebriefen demonstrativ zur Seite und stenografierte einfach nicht mehr mit. Das konnte der Chef nicht mehr gut übergehen und mußte sich entscheiden: Er zögerte, machte dann eine wegwerfende Handbewegung und sagte schließlich: »Ach, machen Sie es selber.«
Wieder hatte Annemarie einen kleinen Sieg errungen.
Als sie schließlich nach einem Jahr die Stelle verließ, um mit ihrem Freund eine Südamerikareise anzutreten, war die Situation nach ihrer eigenen Einschätzung etwa so:
15% der Briefe war Routinepost und wurde weiterhin kampflos ihr überlassen. 2–3% sonstige einfache Post durfte sie nach zähem Ringen auch selber übernehmen. Sie wurde aber nachträglich kontrolliert. 50 weitere Prozent hätte sie ebenfalls alleine bewältigt, wenn sie einige

Stichworte dazu bekommen hätte. Das wurde ihr jedoch nicht gewährt. Der Rest war auch nach ihrer Meinung zu schwierig für sie, um ohne Diktat bearbeitet zu werden.

In dieser Phase lag die einzige Sanktion, die sie zu spüren bekam, darin, daß sie nicht mit all ihren Forderungen durchkam. Der Schmerz darüber war schlimm genug. Nie aber wurde sie zusätzlich gedemütigt. Es war als ob die Beteiligten, vor allem Annemarie und der Vizegeneraldirektor Dr. Oberlin, ein stummes Abkommen darüber geschlossen hätten,

- daß Annemarie zwar das Recht hatte, Veränderungen anzuregen, nicht aber, sie auch unbedingt durchzusetzen;
- daß ihre Änderungswünsche nicht bedeuteten, daß sie die Würde des Vorgesetzten in Frage stellte, und daß seine Absagen nicht bedeuteten, daß er Annemarie nicht ernst nahm.

Auf dieser Basis wurden in einem Jahr etliche Neudefinitionen im Verhalten möglich. Trotzdem oder vielleicht gerade deswegen waren die »Kontrahenten« auch persönlich miteinander verbunden. Jedenfalls hörten wir Annemarie nie anders als achtungsvoll über ihre Chefs und ihre Kolleginnen sprechen.
Der Prozeß von Annemaries Auseinandersetzung mit ihrer Sekretärinnenrolle in einer Großbank hat uns und ihre anderen Freunde sehr beeindruckt. Darüber hinaus ist er auch illustrativ für Rollen- und Veränderungsprozesse überhaupt, und deswegen möchten wir die wichtigsten Punkte nochmals zusammenfassen (siehe Seiten 152/153).
Annemarie hatte großen Mut und großes Geschick bewiesen. Sie war ein soziologisches Naturtalent, das sich in erstaunlichem Maß gegen sehr wirksame strukturelle Bedingungen durchsetzte. Hätte sie statt in einer mechanistischen in einer organischen Organisation gearbeitet, wäre die Situation wahrscheinlich anders gewesen.

4.9.2 Starrheit und Veränderung in organischen Organisationen

Auch in organischen Organisationen können die Mitglieder mit ihrem Handeln vorhandene Strukturen bestätigen oder verändern.
Nur liegt die Problematik oft an einem ganz anderen Ort als in Bürokratien. Schon bei der Zielsetzung fangen die Unterschiede an:

> In organischen Organisationen werden meistens zwei Ziele betont – die Effizienz *und* die persönliche Entfaltung der Mitglieder.

Das bedeutet also, daß derartige Strukturen in dieser Beziehung eher dem anfangs entworfenen Idealbild einer Organisation entsprechen als das bürokratische Gebilde, mit dem sich Annemarie herumschlug.
Wie steht es aber mit dem Einsatz der verschiedenen Mittel, die notwendig sind, um die beiden wichtigen Ziele »Effizienz« und »persönliche Entfaltung des Individuums« überhaupt erreichen zu können? In unserem utopischen Entwurf einer idealen Organisation haben wir sie genannt. Es ging beispielsweise um eine möglichst geringe Arbeitsteilung, um die Mitbeteiligung an Entscheidungen und um die produktive und offene Bearbeitung von Konflikten.
All dies wird selbstverständlich nicht automatisch verwirklicht, sondern muß von den Mitgliedern selber erarbeitet, eingesetzt, geprüft, vielleicht verworfen oder neu gestaltet werden. Organisch aufgebaute Großgruppen lassen dafür grundsätzlich viel Platz. Aber dieser individuelle Raum kann auch zum Problem werden, wenn die Strukturgestaltung nur noch dem Zufall oder der Initiative des einzelnen überlassen wird.
Wir meinen also, daß es in der organischen Organisation nicht in erster Linie um einen Kampf gegen formelle Schranken geht und um den Abbau des einengenden Rahmens, sondern daß die Schwierigkeiten im Gegenteil beim Aufbau und bei der Erhaltung gut funktionierender Strukturen liegen, die es ermöglichen, die beiden oben genannten zentralen Ziele zu erreichen. Gelingt das nicht, so ist damit zu rechnen, daß die Handlungsstruktur auch hier unbeweglich und entwicklungsfeindlich wird.
Nur liegt der Ursprung dieser Starrheit wegen des großen individuellen Spielraums im Gegensatz zum bürokratischen Modell wahrscheinlich weniger im formellen als im informellen System und dort häufig an individualisierenden Denkmustern.
Was das heißt, wollen wir an zwei Beispielen illustrieren, nämlich an einer schlecht und an einer gut funktionierenden organischen Organisation. Es handelt sich dabei – genauer gesagt – um zwei private Kindergärten.
In beiden Fällen hatten sich Eltern zusammengeschlossen, um gemeinsam ihrer Isolation und der ihrer kleinen Kinder zu begegnen. Man mietete eine alte Wohnung mit Garten und suchte nach einer Kindergärtnerin, die Freude daran haben würde, etwa zehn Drei- bis Sechsjährige zu betreuen. Jeweils ein Vater oder eine Mutter aus der Elterngruppe sollte sie dabei unterstützen.
Auf den ersten Blick mag man den Eindruck haben, daß es sich hier wohl um zwei Kleingruppen handelte. Tatsächlich waren es aber schwach strukturierte Organisationen mit kleingruppenähnlichem Charakter, die keinerlei bürokratische, dafür aber etliche organische Merkmale aufwiesen.

Prozeß einer Neudefinition der eigenen Rolle bzw. Quasirolle

Station	Zentrale Situation	Lernschritte	Fragen an die Situation
1. Kennenlernen der Situation	ICH ← DER ANDERE ... nehme wahr, wie ... ... mir gegenüber handelt und ... ... interpretiere dieses Handeln auf die gemeinte Bedeutung hin – z. B. als formale Rollenerwartung oder als private Variante des Rollenträgers ... Die Rolle ist also ... 1. ... 2. ... 3. ... 4. ... 5. ... ICH → DER ANDERE ... handle meist so, wie ich entsprechend meiner Interpretation meine, daß es der andere von mir erwartet. Manchmal bin ich unsicher, ob mein Verhalten den Anforderungen genügt.	Ich mache mir ein erstes Bild von meiner Rolle	– Habe ich richtig beobachtet? habe ich z. B. auch die averbalen Zeichen beachtet? – Habe ich die Erwartung des anderen so interpretiert, wie er es gemeint hat? Oder muß ich nachfragen, bzw. mit weiteren Beobachtungen meine Interpretationen prüfen? – Habe ich soziale Konzepte über meine Interaktionspartner oder die Organisation im Kopf, die meine Wahrnehmung stark verzerren? – Handle ich in meiner Rolle auf die bestmögliche Art für mich – für die anderen?
2. Der Kampf mit dem idealen Rollenselbstbild	ICH → DER ANDERE ... habe eine erste Routine erworben ... ... und vergleiche nun mein Handeln mit meinem idealen Rollenselbstbild ... TAT = IDEAL ? ... bei Diskrepanz entscheide ich mich für eine Veränderung des idealen Rollenselbstbildes oder für eine Veränderung des Verhaltens ... Faktoren, die den Entscheid beeinflussen: – Integration in externe Kleingruppen – deren Werte – meine Gefühle u. Gedanken ICH → DER ANDERE ... handle entsprechend neu oder gemäß meiner alten Rolleninterpretation ... interpretiere die Reaktion der anderen auf mein Verhalten als Bestätigung oder Infragestellen meines ursprünglichen Bildes von der Rolle Die Rolle ist ... 1. 2. 3.	Ich stelle mich oder meine Rolle in Frage Ich bestätige oder verändere: – meine Quasirolle – mein Rollenideal – mein Selbstbild Ich bestätige oder verändere mein Fremdbild von der Organisation	– Welche Werte sind mir wirklich wichtig? – Habe ich mich in meiner Rolle aufgegeben? – Kann ich die Werte in der Organisation annehmen oder nicht? Habe ich sie richtig wahrgenommen? – Welche Werte sollen mein Handeln bestimmen? Versteht mich der andere richtig? – Brauche und habe ich Stütze innerhalb und außerhalb der Organisation, die mir hilft, schmerzhafte oder unsichere Situationen zu ertragen?

Station	Zentrale Situation	Lernschritte	Fragen an die Situation
3. u. 4. Veränderung wird zur Routine	… habe mich für weitere Veränderungen entschieden und versuche, mein Rollenideal in Handlungen umzusetzen … ICH → DER ANDERE … die anderen interpretieren mein Handeln richtig oder falsch und bestätigen oder verändern ihrerseits ihre Bilder von mir und meinem Rollenhandeln. Sie überprüfen ihre Werte. Er, sie ist 1. 2. 3. ICH ← DER ANDERE und handeln entsprechend Im günstigsten Fall kommt nun ein starker, dauernder Lernprozeß in Gang, in dessen Verlauf Teile verschiedener Quasirollen oder sogar Rollen für mich positiver gestaltet werden.	Ich lerne, mein Rollenideal in Verhalten umzusetzen die anderen lernen mein Rollenideal und mein Selbstbild kennen die anderen lernen, Veränderungen als möglich zu betrachten und mit mir laufend auszuhandeln.	– Verstehen mich die anderen richtig? Akzeptieren sie mich darin? – Ist mein Verhalten wirksam genug? Muß ich es verändern, um zurechtzukommen? Kann ich irgendwo etwas lernen, um besser durchzukommen? – Habe ich eventuell soziale Konzepte von den anderen, die mich defensiv oder unwirksam handeln lassen? Wie kann ich das ändern? – Wer unterstützt mich langfristig außen u. innen? Wessen Unterstützung wäre noch wichtig und wirksam? Wie kann ich sie mir holen?

So sollten wichtige Entscheidungen in regelmäßig stattfindenden Sitzungen durch alle getroffen werden. Von der Kindergärtnerin wurde als Spezialistin erwartet, daß sie bei ihrer Tätigkeit niemals die Gesamtaufgabe, eine möglichst repressionsfreie Erziehung der Kinder, aus den Augen verlöre. Es bestand nur eine geringe offizielle Hierarchie, und das Arbeitsverhalten, nämlich der Umgang mit den Kindern, sollte durch gegenseitige Informationen und Ratschläge, nicht aber durch irgendwelche Anordnungen gesteuert werden. Die geplante formelle Grobstruktur war also bei beiden Kindergärten die gleiche und ließ Eltern, Kindergärtnerin und Kindern einen relativ breiten Raum zur persönlichen Entfaltung.
Trotz der ähnlichen strukturellen Ausgangslage verlief der Prozeß der konkreten Ausgestaltung sehr unterschiedlich. Die eine Großgruppe wurde schließlich völlig funktionsunfähig, während die andere sehr gut überlebte. Und das, obwohl zu beiden Organisationen sympathische, aufgeschlossene und wache Menschen gehörten. Der größte Unterschied zwischen ihnen bestand wahrscheinlich darin, daß die einen mehr und die anderen weniger strukturbewußt dachten und handelten

Wie starre Verhaltensmuster entstehen können

Im Kindergarten 1 war man sehr spontan.
Man glaubte an die repressionsfreie Erziehung und die Möglichkeit der ungesteuerten Entfaltung von Kindern und Erwachsenen. Deshalb hatte man nur wenige formelle Regeln geschaffen. Es gab einen Hüteplan und einen Putzplan. Beide wurden jeweils an den Elternabenden zusammengestellt. Man hatte ein Budget fürs Essen und setzte gemeinsam fest, wer warum wieviel bezahlen mußte. Darüber hinaus war man der Meinung, es laufe am besten, wenn man einfach nach Gefühl handelte. Alles was nach Zwang hätte aussehen können, war aus ideologischen Gründen schwer verpönt.
Ein Jahr später war jedoch ein großes finanzielles Defizit entstanden. Die Gruppe kämpfte mit laufenden Nachwuchssorgen und stand schließlich buchstäblich vor dem Ruin. Die Elternversammlung befaßte sich als offizielles Entscheidungsorgan nächtelang mit diesen existentiellen Sorgen und brachte einfach keine Lösungen zustande. Man brauchte für jeden Entschluß sehr lange und war manchmal um Mitternacht noch nicht mit den Grundsatzdiskussionen fertig. Es schien eben schwierig zu sein, unter so vielen Leuten zu einer Einigung zu kommen.
Tatsächlich aber lag das Kernproblem an einem anderen Ort. Der interne Erziehungsbetrieb war nämlich wegen der »Spontaneitätsideologie« nie-

mals reglementiert worden, so daß es keine verbindlichen Abmachungen über Grenzen und Möglichkeiten von Kindern und Erwachsenen gab. Die vielen verschiedenen Hütepersonen brachten alle ihren persönlichen Stil ein, der z. B. von totalem Ordnungsfanatismus bis hin zur Liebe zum Chaos reichte. Wirklich einig war man sich nämlich nur in Bezug auf die Ideologie. Die Praxis hingegen variierte beträchtlich.

Da nun die Mittagsablösung meist auf die Spuren einer ihr wesensfremden Hüteperson traf, mußte sie z. B. eine am Morgen entstandene »schöpferische Unordnung« der Kinder selber aufräumen. Solche Kleinigkeiten vergifteten mit der Zeit die anfangs gelöste Stimmung erheblich.

Der Effekt war, daß im informellen System fieberhafte Aktivitäten anliefen, um das Problem anzugehen. Man schloß sich in Untergruppen von Gleichgesinnten zusammen und besprach das Unbehagen auf individualisierende Weise.

Die gemeinsame Strukturproblematik, der Mangel an Erziehungsregeln, die für alle Gültigkeit hatten, wurde als persönlicher Fehler einzelner gedeutet: »Der spinnt einfach«, hörte man da, oder »wie die ihre Kinder unterdrückt« ... Dabei wurde nur die eigene, nicht aber die Perspektive des anderen berücksichtigt. Ein Erkennen und Verändern der laufenden Prozesse war ohne eine Darstellung der gegenseitigen Sichtweisen aber nicht möglich.

So kam es, daß die »Chaoten« wie die »Unterdrücker« – so nannten sie sich gegenseitig – untereinander immer näher zusammenrückten und sich von den Angehörigen des jeweils anderen Lagers zurückzogen.

Diese Untergruppen wurden nicht aufgelöst, um an einem gemeinsamen Regelkatalog zu arbeiten, weil man faktisch das Ziel der Effizienz zugunsten der spontanen, persönlichen Entfaltung fallengelassen hatte. So wurde der Betrieb immer mehr durch zufällige, informelle Regeln bestimmt.

Die Aktivitäten der Untergruppen bestanden in einer massiven Stereotypenbildung, für deren Bestätigung genau jene Beispiele aus hunderten von beobachtbaren täglichen Episoden herausgegriffen wurden, die das Stereotyp ihrerseits bewiesen und damit untermauerten.

Die betroffene Gruppe bekam davon nichts zu hören, da jede private Kommunikation zwischen den Parteien aufgehört hatte. Sie konnte es daher auch nicht relativieren.

So wußte jede Untergruppe weiterhin und immer mehr, was man von »solchen Leuten« zu halten hatte.

Zugleich entstand die entsprechende Alltagstheorie, die das negative Etikettieren stützte, indem sie weitere Kontakte endgültig ausschloß. Man suchte und fand eine Erklärung, warum man nicht mehr miteinander über

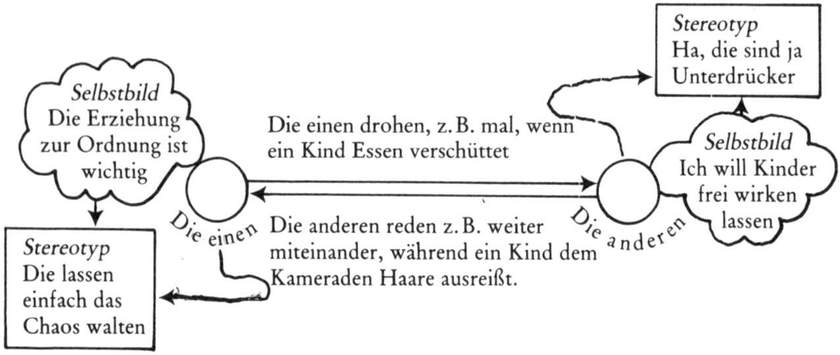

Die eingeschränkte Beobachtung der Realität wird am Rollenselbstbild gemessen und bestärkt in jedem Fall das Stereotyp vom anderen

Erziehungsprobleme sprach. Die Eltern vergewisserten sich gegenseitig in den Untergruppen, daß Reden mit den anderen wenig Zweck hätte, weil »die mit ihren verbohrten Ansichten ja sowieso nichts dazu zu sagen hätten«. So ging es bei den verbleibenden Diskussionsinhalten nur noch um das gravierende Geldproblem, unter dem alle sehr zu leiden hatten. Schließlich verloren immer mehr Eltern die Lust an diesem Experiment. Sie verließen nacheinander den Kindergarten, und die Defizite nahmen astronomische Ausmaße an.
Als auch noch die Kindergärtnerin kündigte und sich niemand mehr fand, der die Mühe der Suche nach einem Ersatz auf sich nehmen wollte, wurde der Kindergarten aufgelöst. Das Experiment war gescheitert.

Mehr Freiheit durch Regeln

Werfen wir nun einen Blick auf Kindergarten zwei.
Die strukturelle Ausgangslage war die gleiche wie in Kindergarten eins. Wie wurde hier der Freiraum der organischen Organisation genutzt, um mit den einzelnen Problemen fertig zu werden?
Man verwendete am Anfang bewußt sehr viel Zeit darauf, die Erwartungen an das gemeinsame Projekt zusamenzutragen und zu diskutieren. Schließlich wurden organisatorische wie inhaltliche Vorstellungen schriftlich formuliert. Damit war nicht nur die Basis für eine gemeinsame Ausgangslage gelegt, sondern das Papier erwies sich auch später als sehr nützlich, wenn es um eine erste Information neuer Mitglieder ging.

Auch diese Elternorganisation führte alle zwei Wochen eine gemeinsame Versammlung durch, ging jedoch von Anfang an völlig anders vor, als wir es oben schilderten. Hier wurde nämlich offiziell die erste Stunde dafür eingesetzt, daß alle Eltern sowie die Kindergärtnerin Gelegenheit bekamen, Ängste oder Aggressionen gegenüber bestimmten Kindern oder Erwachsenen auszusprechen und mit den anderen zu diskutieren. Dabei handelte es sich um eine feste Abmachung zwischen den Beteiligten, und so war es eher befremdlich als unauffällig, wenn keinerlei emotionale Probleme zutage traten. Der Konflikt wurde also indirekt zum Normalen, Üblichen erklärt und nicht zum Angsterregenden, Außergewöhnlichen. Nach etwa ein bis eineinhalb Stunden wendete man sich den administrativen Fragen zu und konnte sie auf dem Hintergrund der vorhergegangenen emotionalen Entlastung meist relativ schnell klären.
Zwei Teilnehmerinnen waren jeweils abwechselnd für den Ablauf des Abends verantwortlich. Die eine führte Protokoll beim administrativen Teil, und die andere war Sitzungsleiterin und half die ganze Zeit bei der Strukturierung des Gesprächs. Zum Beispiel sorgte sie dafür, daß jeder nach seinen Gefühlen befragt wurde, damit alle zum Reden kamen, und niemand den Abend an sich riß und dominierte. Traten in der »Konfliktstunde« so massive emotionale Probleme zutage, daß sie in der festgesetzten Zeit nicht durchdiskutiert werden konnten, so wurde ein außerordentliches Treffen zu einem späteren Zeitpunkt angesetzt. So etwas kam jedoch nur ausnahmsweise vor, da zwischenmenschliche Schwierigkeiten meist im Anfangsstadium angegangen werden konnten. Der Kampf zwischen strengen und legeren Eltern fand also offen statt im Rahmen der formellen Interaktionen an der Versammlung und nicht hintenherum im informellen System.
Man suchte und fand schließlich eine Anzahl gemeinsamer Regeln, mit denen sich alle einigermaßen einverstanden erklären konnten. Dabei gingen alle Beteiligten möglichst von konkreten Beispielen aus und verloren sich selten in fruchtlosen Grundsatzdiskussionen. So legte man z. B. fest, ob die Kinder alles aufessen mußten oder nicht, ob sie sich die Hände waschen und die Zähne putzen sollten, wer für wieviel Ordnung zu sorgen hätte etc.
Wenn etwas nicht zu regeln war, weil zu große Differenzen bestanden, blieben diese Entscheidungen in der Hütesituation den einzelnen Eltern überlassen. Entstanden dadurch Probleme, indem zum Beispiel eine strenge Mutter einmal das Kind einer legeren ohrfeigte, wurden darüber in den Konfliktstunden heftige Auseinandersetzungen geführt. Sie beschränkten sich jedoch immer auf das betreffende Beispiel, und man achtete sorgfältig darauf, sich nicht gegenseitig zu etikettieren. Alle kann-

ten ja die Grenzen der anderen mittlerweile recht gut und bemühten sich, sie zu verstehen.
Die Stimmung war meist freundschafltich und konnte manchmal sehr warm werden. Mindestens hielt man sich gegenseitig für zuverlässig und offen, was ja die Grundlage jeden sozialen Vertrauens ist. So gab es innerhalb von zwei Jahren praktisch kaum irgendwelche Mitgliederwechsel.
Mit der Zeit lernten die verschiedenen Eltern recht viel voneinander. Die einen sahen mehr Sinn darin, auf ein gewisses Maß an Ordnung zu achten, und die anderen ließen den Kindern mehr Spielraum für ihre Eigenart als vorher.
Der in dieser organischen Organisation zur Verfügung stehende Freiraum wurde weitaus mehr strukturiert als in der ersten Elternorganisation und zwar in einer Form, daß es gemeinsam gesetzte Regeln und Grenzen ermöglichten, negative Gefühle zu formulieren, Konflikte auszuhandeln statt zu verdecken, sowie das gegenseitige Vertrauen zu stärken.

Zwei organische Strukturen – ein Vergleich

Die Zusammenfassung der Prozesse in beiden Organisationen zeigt:

im Kindergarten 1	im Kindergarten 2
– eine minimale Rollen- und Regelstruktur	– rege Rollen- und Regeldiskussion
– kein Austragen sondern ein Umleiten von Konflikten	– die Einrichtung einer formellen Gelegenheit zur Konfliktbewältigung
– Gruppenspaltung aufgrund individualisierender Diskussionen über Erziehungsnormen	– in erster Linie existiert die Gruppe als Ganzes. Einzelne Freundschaften gefährden das nicht
– hohe positive Beziehungen in Untergruppen und negative emotionale Beziehungen zwischen den Gruppen	– gedämpft positive emotionale Beziehungen in der Gesamtgruppe am Anfang, die allmählich intensiver werden
– Stereotype über den jeweils anderen innerhalb der Untergruppen	– die Darstellung der gegenseitigen Perspektiven verhindert eine Stereotypenbildung
– blockierte Effizienz	– gute Effizienz
– häufiger Mitgliederwechsel und damit Gefährdung der ohnehin gering verankerten Strukturen	– fast kein Mitgliederwechsel und daher Kontinuität der Strukturen

In der zweiten Organisation hatte man bessere Mittel zur Erreichung der Ziele »Effizienz« und »persönliche Entfaltung« eingesetzt als in der ersten. Zudem wurden hier so etwas wie Strukturen für das Aushandeln von Strukturen bereitgestellt und damit eine wichtige Voraussetzung für das Anpassen an neue Situationen geschaffen.
Solche Einrichtungen, die eine Flexibilität der internen Struktur ermöglichen, sind bei verletzlichen sozialen Gebilden wie diesen beiden Kindergärten ganz besonders wichtig.
Es fällt auf, daß in Annemaries Beispiel Strukturveränderungen viel strikter auf der Ebene des Verhaltens begannen und blieben als die Veränderungen im Kindergarten zwei. Niemand erhob sie offiziell zur neuen Norm. Bürokratien können durch das einfache Mitglied nur kurzfristig auf der Ebene der Handlungsstrukturen beeinflußt werden. Annemaries Vorgehen war deshalb angemessen. In organischen Organisationen läßt die Struktur hingegen mehr Möglichkeiten zu. Rollenwünsche können bereits auf der Ebene der formalen Forderungen angegangen werden.
Für beide Typen wollen wir nun eine kleine Veränderungshilfe bereitstellen.

4.9.3 Persönliche Wunschliste für mögliche Veränderungen am Arbeitsplatz

Die nun folgende »Wunsch-Listen-Technik« läßt sich vielseitig verwenden. Man kann sie für sich selber benutzen oder für die Arbeit in Beratungssituationen mit Klienten.
Sie hilft bei der Aufgabe, strukturelle Grenzen und Möglichkeiten von Veränderungen in Organisationen herauszufinden.
Wenn wir selber unsere Situation in den Organisationen, in denen wir arbeiten, gelegentlich miteinander überprüfen, beginnen wir damit, uns zur Problematik vorzutasten, indem wir zunächst die wunden Punkte und ihr soziales Umfeld zu lokalisieren versuchen. Dazu fragen wir:

Wie fühle ich mich in der betreffenden Organisation?

- Was fühle ich besonders oft, wenn ich an den nächsten Arbeitstag denke?
  Zufriedenheit, Stolz, Freude, positive Erwartung?
  oder
  Angst, Nervosität, Beklemmung, Gleichgültigkeit und Ärger?
- Komme ich abends besonders häufig abgestumpft, gereizt oder erschöpft heim?
  Fühle ich mich manchmal wie ein Ballon kurz vor dem Platzen?
  Oder merke ich überhaupt nicht, wie es mir im täglichen Einerlei geht?

Anschließend versuchen wir, das soziale Umfeld der wunden Punkte genauer aufzuspüren, indem wir nach konkreten Auslösern der negativen Gefühle fragen:

> *Mit welchen Personen und mit welchen Situationen hängt mein negatives Gefühl zusammen?*
>
> – Hat es mit Vorgesetzten
> Klienten oder Klientinnen
> Kursteilnehmern oder -teilnehmerinnen
> Untergebenen
> Kollegen, etc. zu tun?
> – Wenn ich nach Ereignissen suche, durch die das negative Gefühl ausgelöst wird, welche Situationen fallen mir dann ein?
> In welcher Lage sind ich und die anderen in dieser Situation?
> Was fällt mir besonders auf?

Nachdem wir ein anfänglich vielleicht noch diffuses Unbehagen genauer lokalisieren konnten, ist es nun notwendig, sich genau darüber klar zu werden, auf was man eigentlich gerne hinarbeiten würde:

> *Was will ich erreichen?*
>
> – Will ich z. B. mehr soziale Anerkennung?
> – Will ich meine Ideen besser verwirklichen können?
> – Will ich meine Fähigkeiten mehr einsetzen?
> – Will ich in dieser Arbeit mehr zu mir selber stehen können?
> – Will ich für andere bedeutsamer werden?
> – Brauche ich mehr Gehalt oder eine bessere berufliche Position?
> – Möchte ich unangenehme Seiten einer Arbeit mehr einschränken?

Zwischen diesen Wünschen und einer wirklich verbesserten Situation klafft meist ein unbekanntes Land, das es nun zu entdecken gilt. Normalerweise wird dieser Expedition in fremde Gebiete sehr schnell ein Ende gesetzt. Individualisierende Sätze wie z. B. »Wenn der blöde Chef nicht so engherzig wäre und nicht solche Angst um sein bißchen Autorität hätte, dann könnte ich meine Ideen besser anbringen«, verhindern nämlich meist schon den Aufbruch.
Besser ist es, sich drei grundsätzliche Fragen nach wirksamen Mitteln in dieser Situation zu stellen:

Wie gehe ich am besten vor?

1) Komme ich zu meinen Zielen, wenn ich allein mein Verhalten verändere?
2) Komme ich zu meinen Zielen, wenn ich das Verhalten der anderen zu verändern versuche? und
3) Komme ich zu meinen Zielen, wenn ich die soziale Situation an sich verändere, indem ich versuche, neue Strukturen zu schaffen?

Am einfachsten ist es, wenn man mit der Prüfung von *Frage 1 und 2* beginnt. Nehmen wir an, wir haben uns am Abend wie ein Ballon kurz vor dem Platzen gefühlt, die Situation, die uns dazu in den Sinn kommt, ist ein Kurs, in dem die Teilnehmenden leicht gelangweilt auf den Stühlen herumrutschen, während wir alle didaktischen Register ziehen und immer wieder versuchen, die imaginäre Glaswand zwischen uns und den Schülerinnen zu durchbrechen.
Unser Ziel ist nun z. B., unsere Ideen in Bezug auf einen guten Ablauf des Unterrichts besser verwirklichen zu können. An diesem Punkt unserer Überlegungen brauchen wir Papier und Bleistift, notieren unsere Zielsetzung und schreiben entsprechend Frage 1 und 2 auf die linke Seite, wie wir das eigene Verhalten verändern wollen und welches Verhalten wir uns von den anderen wünschen. Rechts konkretisieren wir, was das für uns heißt:

Zielsetzung: (Bsp.: Ich möchte in Kurs X eine partnerschaftliche Arbeitsatmosphäre erreichen)

allgemeines Mittel: eigene und fremde Verhaltensänderungen
- z. B. offenes Verhalten auf beiden Seiten
- ....
  ....
  ....
- ....
  ....
  ....
- ....
  ....

konkrete Mittel: Genaue Verhaltensbeschreibungen
- in der nächsten Stunde deutlich sagen, wie mich ihre passive Haltung ärgert, und daß ich mir von ihnen mehr Themenvorschläge wünsche
- in der Pause einmal mit der Schülerin reden, die dauernd mit der Nachbarin tuschelt und sie fragen, wie sie den Unterricht erlebt

Schreiben Sie so viel Änderungswünsche auf, wie Sie für sinnvoll halten und wie Ihnen einfallen. Auch solche, von denen Sie meinen, daß es unmöglich sei, sie zu verwirklichen. Es geht hier vorerst nur darum, verschiedene Maßnahmen zu sammeln, die aus Ihrer Perspektive zur Lösung Ihrer Probleme am Arbeitsplatz beitragen könnten.
Schon beim Aufstellen der Liste, mindestens aber bei deren Verwirklichung kann passieren, daß es mit der Veränderung eigener und fremder Quasirollen noch nicht getan ist und daß es eine weitere Situationsveränderung braucht. Wir gehen deshalb mit der *Frage 3* weiter und benutzen dabei das gleiche Schema wie eben bei Frage 1 und 2. Zur Erleichterung des soziologischen Denkens haben wir eine Reihe von allgemeinen Mitteln zur strukturellen Situationsveränderung notiert, die uns nützlich erscheinen, aber keinewegs den Anspruch auf Vollständigkeit erheben.

Liste allgemeiner Mittel zur Situationsveränderung aus der soziologischen Perspektive

Ich möchte:
- weniger soziale Distanz
- weniger, bzw. feste Rollenerwartungen von...
- mehr Rollenklarheit (d.h. genauere Rollenerwartungen) von...
- andere Inhalte der Rollenerwartungen von...
- das Aushandeln von Normen institutionalisieren
- weniger Hierarchie oder eine aufgabengebundenere Hierarchie
- klare Abmachungen in Bezug auf die gegenseitigen positiven und negativen Sanktionen und deren Gebrauch
- mehr Platz für informelle Beziehungen
- eine angemessenere Entscheidungsstruktur, z.B. mehr Teilnahme der Mitglieder an Entscheidungen oder gerade mehr Entscheidungen durch den Vorgesetzten
- kleinere oder größere oder anders besetzte Arbeitsgruppen
- andere Arbeitszeiteinheiten
- andere Strukturen für die Bewältigung von Konflikten
- mehr oder andere Informationen von...

Aus dieser Liste oder mithilfe ähnlicher struktureller Überlegungen lassen sich nun die Mittel auswählen, die geeignet scheinen, der eigenen Zielsetzung näher zu kommen. Nehmen wir wieder das Kursbeispiel vor und schauen wir, wie es weitergeht:

Zielsetzung: (Bsp.: Ich möchte in Kurs X eine partnerschaftliche Arbeitsatmosphäre erreichen)

allgemeines Mittel: strukturelle Situationsveränderungen	*konkrete Mittel:* Genaue Beschreibung von Maßnahmen
– weniger soziale Distanz	– damit die Schülerinnen nicht nur meine Perspektive zum Unterricht erfahren sondern auch ihre eigene darstellen können, werde ich morgen eine Gruppenarbeit zum Thema »Wie stehe ich zu diesem Unterricht« durchführen und die Auswertung ohne mich machen lassen. Ob und wie sie mir die Ergebnisse übermitteln, überlasse ich ihnen.
– kleinere Arbeitsgruppen	– ich gehe zur Schulleitung und frage, ob es möglich ist, statt mit 30 mit 6–8 Schülerinnen zu arbeiten. Dazu arbeite ich einen organisatorischen Vorschlag aus, den ich vorher mit der Kollegin bespreche, die für den Stundenplan zuständig ist.

Wenn sie den Eindruck haben, sämtliche sinnvollen Möglichkeiten notiert zu haben, die zu einer Verbesserung Ihrer Situation am Arbeitsplatz führen könnten, werden Sie vielleicht erschrecken und zum Schluß kommen, daß Sie hundert Jahre brauchten, um das alles anzugehen.
Deshalb ist es angebracht, Prioritäten zu setzen und sich vorerst nur *eine* Zielsetzung vorzunehmen. Prüfen Sie nun jedes einzelne konkrete Mittel, das Sie notiert haben, auf seine Realisierbarkeit. Bei einigen werden Sie sofort erkennen, daß sie ohne Schwierigkeiten durchgeführt werden können, bei anderen werden Sie eher Bedenken haben. Sie müssen also in einem nächsten Schritt näher überdacht werden:
Versuchen Sie, für jedes einzelne konkrete Mittel, das Sie für die Erreichung ihres Ziels gewählt haben, folgende Fragen zu beantworten:

Was hindert mich an der Verwirklichung meiner Wünsche?

- Gegen welche Regel(n) verstieße mein Vorhaben?
  Sind es schriftlich formulierte Vorschriften?
  Wenn nicht, woraus schließe ich, daß sie bestehen?
  Habe ich diese Annahme schon genau überprüft?
- Vor wem habe ich konkret Angst?
  Fürchte ich seine Autorität? Seine größere Macht? Scheue ich mich vor seiner sozialen Ächtung?

- Mit welchen Sanktionen müßte ich im schlimmsten Fall rechnen? Wie würde es für mich im günstigsten Fall aussehen?
  Woraus schließe ich das?
- Mit welchen Kollegen könnte ich mein Vorhaben diskutieren?
  Von wem könnte ich emotionale Unterstützung erwarten?
  Wer würde mir vielleicht konkrete Hilfestellungen leisten können?

Sie verfügen jetzt über eine sauber erarbeitete Entscheidungsgrundlage. Sollten Sie das Risiko als zu hoch einschätzen, so hindert Sie nichts daran, die übrigen Vorhaben, die Sie realisieren wollen, zu verwirklichen. In vielen Fällen wird damit bereits so viel in Bewegung geraten, daß Sie Ihre Zielsetzung erreichen, ohne extreme Risiken eingehen zu müssen.
Diese Wunsch-Listen-Technik mag Ihnen aufwendig erscheinen. Und trotzdem braucht sie langfristig gesehen weniger Energien als die freudlose Anpassung an eventuell lebens- und menschenfeindliche Organisationsbedingungen.

5 Angewandtes soziologisches Denken auf der Gesellschaftsebene

5.1 Was bedeutet Gesellschaft?

Fragen Sie zehn verschiedene Leute, was sie unter Gesellschaft verstünden, und Sie werden zehn verschiedene Antworten bekommen.
»Gesellschaft? Na, das ist natürlich der Staat.«
»Das sind wir alle. Wir alle zusammen machen die Gesellschaft aus.«
»Zur Gesellschaft gehören die Ämter und Büros, überhaupt die ganze Verwaltung.«
»Gesellschaft? Da gibt's verschiedene. Die kapitalistische und die sozialistische zum Beispiel.«
Wir wollen Ihnen die übrigen fünf oder fünzig Mutmaßungen über das Wesen der Gesellschaft ersparen, können Ihnen aber versichern, daß auch sie recht unterschiedlich lauten würden. Fatalerweise besteht nicht einmal unter den Soziologen und Soziologinnen, die sich ja hauptamtlich Gedanken über dieses Gebilde machen, Einigkeit darüber, was unter Gesellschaft zu verstehen sei.
Das hängt allerdings weniger mit deren Unfähigkeit als vielmehr mit der hochgradigen Komplexität des Gegenstandsbereiches zusammen.
Man bedenke nur, was alles zu einer Gesellschaft gehört:

> Es geht nicht nur um alle Individuen, sondern auch um sämtliche Kleingruppen und Organisationen in einem geographisch bestimmbaren Gebiet. Sie alle, und ihre vergangenen und gegenwärtigen Beziehungen über die Zeit betrachtet, machen Gesellschaft aus.

Es wird sofort deutlich, daß sämtliche bisher von uns behandelten Bereiche beispielhaft für die vielen Einzelteile in einer Gesellschaft standen. Allerdings müssen wir etwas präzisieren: Es waren nicht Ausschnitte aus irgendeiner Gesellschaft, sondern solche aus modernen Industriegesellschaften wie Deutschland oder der Schweiz.

Die verschiedenen Bereiche sind miteinander verbunden und lassen sich folgendermaßen darstellen:

Soziales System Gesellschaft

Jedes System, das in unserer Zeichnung durch einen Kreis symbolisiert wird, ist selber wieder Bestandteil des nächstgrößeren Systems.

Unsere Zeichnung zeigt die Bezüge statisch auf und wird daher der komplexen Realität nicht voll gerecht. Deswegen haben wir uns überlegt, ob sich nicht ein anschaulicheres und prozeßbezogeneres Bild als dieses Schema finden ließe: Möglicherweise kann man sich alles einmal wie einen großen Ball vorstellen. Seine Hülle ist die Grenze der Einheit Gesellschaft. In diesem Ball befinden sich nun in ständiger Bewegung begriffene große, mittlere und kleine Bälle, nämlich die Organisationen, die kleinen Gruppen und die Individuen. Ihre Bewegung symbolisiert die vielfältigen Beziehungen zwischen den Untereinheiten des Systems. Jede der Untereinheiten hat nun aber ihrerseits ähnliche Inhalte wie das Ganze. Das heißt, jeder »Organisations-Ball« enthält seinerseits sich bewegende »Individuum-Bälle«, manchmal sogar »Kleingruppen-Bälle«, die ihrerseits wieder sich bewegende »Individuen-Bälle« beherbergen, usw.
Die Ballsymbolik zeigt auch deutlicher als das Schema, was bei der Betrachtung des Systems Gesellschaft und seiner Untereinheiten besonders wichtig ist: So wie die kleine Gruppe mehr ist als nur die Summe aller beteiligten Individuen, und so wie auch die Organisation mehr ist als nur die Gesamtheit der in ihr arbeitenden Individuen und Gruppen, so beinhaltet auch die Gesellschaft mehr als nur die Summe ihrer Bestandteile.
Durch das Zusammenspiel der verschiedenen Größen über die Zeit gewinnt dieses System seine ganz besondere Beschaffenheit und Eigendynamik, die wiederum prägend auf die Einzelteile zurückwirkt.
Mit dieser Besonderheit, mit dem, was über die Charakteristiken der Einzelteile des Systems hinausgeht, beschäftigt man sich in der Soziologie, wenn man versucht, Gesellschaft zu erfassen und zu beschreiben.
Was das heißt, wollen wir am Beispiel der modernen Industriegesellschaft illustrieren:

Merkmale moderner Industriegesellschaften

Industriegesellschaften haben eine Reihe von Merkmalen, die sie mit allen anderen Gesellschaften teilen:
Dazu gehören zum einen Gemeinsamkeiten unter den Mitgliedern...

- wie der Gebrauch gemeinsamer *Symbole* (z.B. Sprache)
- die gemeinsame *Geschichte*
- die gemeinsame *Tradition*, die sich in spezifischen Sitten und Gebräuchen spiegelt....
- und gemeinsame *soziale Konzepte, Verhaltenstypisierungen* und *Quasirollen.*

Zum anderen gehören dazu aber auch allgemeine Fakten, die die Mitglieder voneinander trennen, nämlich zum Beispiel...

- *geschlechtsspezifische Rollenerwartungen und Verhaltensmuster*
- eine *ungleiche Verteilung wichtiger Güter*
- und daraus resultierende *Ungleichverteilungen von Macht und Ansehen*

Zusätzlich haben Industriegesellschaften eine Reihe von Merkmalen, die für sie allein charakteristisch sind:

- Durch die hohe Anzahl ihrer Mitglieder, Gruppen und Organisationen und deren Beziehungen zueinander sind diese Gesellschaften sehr *komplex.*
- Sie haben einen ausgeprägten Grad an *Arbeitsteilung*, d.h. eine Aufgabe wird zu ihrer Bewältigung in lauter kleine Einzelteile zerlegt. Oft befassen sich mit der Lösung der gleichen Aufgabe nicht nur verschiedene einzelne Menschen sondern auch unterschiedliche Kleingruppen und Organisationen (so wird die Aufgabe der Kindererziehung z.B. von Familie, Schule, Kindergarten, Schulpsychologischem Dienst, etc. übernommen).

- Wir bemerken ein relatives *Anwachsen* der Beschäftigten im *Dienstleistungssektor* (3) auf Kosten des Landwirtschafts- (1) und des Produktionsbereichs (2).
- Die sehr zahlreichen Wechselbeziehungen zwischen den vielen Untereinheiten beinhalten eine *hohe Dynamik*, d.h. die Veränderung in einem Teilsystem verursacht auch meist Veränderungen in anderen Teilsystemen. Die Folge ist *schneller sozialer Wandel*.
- Eine Vielzahl von *Institutionen* – d.h. soziale Einrichtungen – wie beispielsweise Wirtschaft, Politik, Ehe und Religion *fördern* jedoch das *Überdauern* der Gesellschaft als Ganzem.

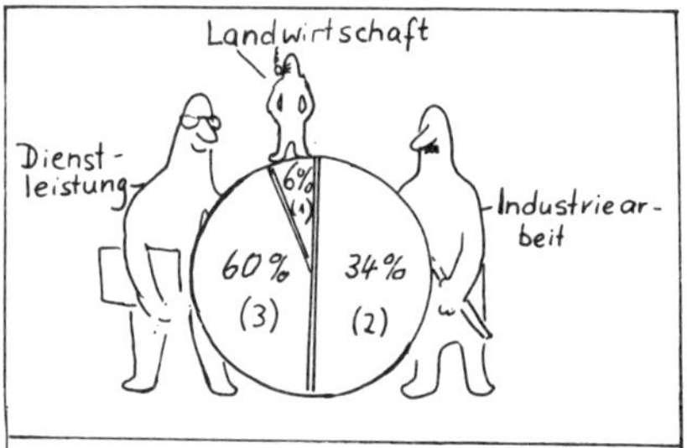

SCHWEIZ

Unsere Liste ist umfangreich geworden und wahrscheinlich nicht einmal vollständig.

Immerhin illustriert sie aber, mit welchen Punkten sich Soziologinnen und Soziologen hauptsächlich befassen, wenn sie eine Gesellschaft als Ganzes anschauen. Wir selber werden in diesem Kapitel natürlich nicht all diese verschiedenen Aspekte behandeln können und müssen deshalb auswählen.

Zuerst wollen wir eher kurz und beispielhaft einiges davon behandeln, was Menschen in einer Gesellschaft miteinander verbindet und sie damit gegenüber Mitgliedern anderer Gesellschaften abgrenzt. Später gehen wir ausführlich auf einen bestimmten Faktor ein, der die Mitglieder voneinander trennt, nämlich die bestehende soziale Ungleichheit. Dieser letzte Punkt wird sehr viel Raum einnehmen, da wir ihn gleichzeitig mit der Frage verknüpfen wollen, inwieweit die einzelnen von der unterschiedlichen Verteilung wichtiger Güter geprägt werden, und wie sie selber an einer Verfestigung oder Veränderung sozialer Ungleichheit mitwirken.

Als erstes also ein Blick auf Gemeinsamkeiten:

5.2 Was die Menschen in einer Gesellschaft miteinander verbindet

Bevor wir uns theoretischen Erörterungen zuwenden, lassen Sie uns eine kleine Hausgemeinschaft vorstellen, an der wir zeigen wollen, wie völlig verschiedene Personen in einer Gesellschaft doch Gemeinsamkeiten haben können, die sie von den Mitgliedern anderer Gesellschaften unterscheiden:
In einer kleinen, aber wichtigen Gesellschaft – der Schweiz – wohnt in einem zweistöckigen, unscheinbaren Haus Frau Mandrini mit ihrer Familie: Herrn Marcello Mandrini, Lola, Giovanni und Sergio. Herr Mandrini ist Hilfsarbeiter, Fremdarbeiter auf dem Bau. Er stammt von der schönen

Insel Sardinien. Seine Frau putzt regelmäßig beim Hauswirt und einem Kinderarzt. Im gleichen Haus lebt außerdem – ganz untypischerweise – ein buntes Gemisch von Menschen dieses kleinen Musterlandes. Wir haben sie keineswegs erfunden, sondern kennen sie alle recht gut. Nur ihre Namen haben wir möglichst schmückend verändert.

Da ist zum Beispiel Herr Flaschenmann. Er ist ein stets freundlich betrunkener Gelegenheitsarbeiter. Gerade ist er wieder arbeitslos und schaut den Passanten und der endlosen Kette vorbeifahrender Autos zu. Er wohnt wie Mandrinis im Tiefparterre. Dunkel und feucht.

Ganz oben gibt es noch die beiden verschrobenen Junggesellen namens Käsegrimm. Wahrscheinlich sind sie Buchhalter. So ganz genau weiß man das aber nicht, denn bisher hat noch kaum jemand ein vernünftiges Wort mit ihnen wechseln können. Die Gebrüder verkehren nämlich mit den anderen nur durch kurze, gemurmelte Kommentare oder per Beschwerdezettel.

Neben Mandrinis lebt ein Schweizer Ehepaar mit zwei Kindern von zwei und sieben Jahren. Er ist Assistent an einem Universitätsinstitut, und sie sorgt seit ihrem Studienabschluß für die Kinder, die zwischen beiden Wohnungen ungehindert hin- und herlaufen.

Unter dem Dach wohnen die ältesten Hausbewohner: Herr und Frau König sind bei allen beliebt. Er wurde sogar in der gleichen Wohnung geboren, in der sie nun leben. Jetzt ist er schon seit mehr als dreißig Jahren Rentenempfänger und eigentlich nur noch alt, sehr alt.
Das hindert ihn aber nicht daran, zahnlose, stets unverständlich bleibende Witze zu reißen und mit den Kindern im Treppenhaus Scherze zu treiben.

Sie alle leben im gleichen Haus, in der gleichen Stadt, im gleichen Land, in der gleichen Gesellschaft also. Genauso wie wir, wie Familie Schmied, Annemarie, Sozialarbeiter, Bankiers und andere Leute. Sind sich diese verschiedenen Personen deshalb ähnlich? Sind sie miteinander verbunden? Merkt man ihnen das Gemeinsame überhaupt an?
Wir wollen diesen Fragen nachgehen, indem wir zwei Aspekte herausgreifen und näher diskutieren, von denen die Soziologen meinen, daß sie typisch für das Wesen einer Gesellschaft seien: Nämlich die Verbundenheit der Mitglieder durch die Sprache als wichtigstem Teil der gemeinsamen

Symbolik, und die Gültigkeit besonders wirksamer Normen als Teil gemeinsamer sozialer Konzepte. Beide – Sprache und Normen – erleben Menschen fast immer als Selbstverständlichkeit. Sie werden ihnen meist erst dann als gesellschaftstypische Eigenart bewußt, wenn sie mit Vertretern einer anderen Kultur in Kontakt kommen und erleben, wie diese anders sprechen und sich anders verhalten.
Deswegen meinen wir, daß sich das Verbindende innerhalb einer Gesellschaft am besten durch den Vergleich von Mitgliedern zweier unterschiedlicher Kulturen deutlich machen läßt.
Beginnen wir mit dem Einsichtigeren, der Sprache:

Sprache

Wie geht es wohl morgens bei Mandrinis, den Italienern, zu? Na ja klar, vor allem laut. Das meiste versteht man durch die Tür bis ins oberste Stockwerk.
»Vieni, Marcello! Vieni. Avanti, la colazione!« Zwischendurch schrille Laute des Unwillens der ganz und gar italienisch temperamentvollen Frau. Man vermeint auch förmlich, die Kinder am Tisch zu sehen. Vermutlich kümmern sie sich kaum um die verbalen Anstrengungen ihrer Mutter, denn schließlich sind sie an die Lautstärke gewöhnt.
Aus der Nachbarwohnung von Familie Schweizer dringt kein Ton nach außen. Hier werden die Gespräche bei Tisch in Zimmerlautstärke abgehalten. So rümpft man auch entsprechend die Nase, wenn es drüben wallt und kreischt und bedauert den armen, unterdrückten Mann.

Schon unsere Wortwahl in der Beschreibung der Szene zeigt, wie fremd uns die italienische Sprechweise mit ihren Worten, Gesten und ihrer Mimik ist.
Was wir damit meinen, möchten wir mithilfe eines kurzen Schemas illustrieren, in dem das innerhalb von Kulturen Gemeinsame und zwischen Kulturen Trennende der verbalen und averbalen Sprache aufgezeigt wird. Als Material benutzen wir die gewöhnlichen Treppenhaus- und Stubenkommentare zu dem, was von Mandrinis durch die Tür nach draußen dringt.

Sprache und ihre gesellschaftliche Bedeutung – illustriert an einer spontanen Alltagsepisode

Aspekte der italienischen Sprache …	… ihre Interpretation durch Schweizer am Beispiel der Hausgemeinschaft …	… und unsere Schlußfolgerungen daraus über die gesellschaftliche Bedeutung der Sprache
Frau Mandrini ruft: 		Wir lernen zweierlei: *Sprache vermittelt Inhalte* Gleichzeitig hat sie immer eine zweite Bedeutung, die mitschwingt: *Sprache ist der Zugehörigkeitsausweis zu einer bestimmten Gesellschaft*
Frau Mandrini fegt mit den Armen in der Luft und schreit: 		Wir sehen jetzt: *Sprachinhalte sind nicht objektiv sondern tragen in sich eine soziale Bedeutung, die verstanden werden muß, wie sie gemeint ist.* Sie wird durch Worte, Gestik, Tonfall und Mimik vermittelt. *Der gemeinte Empfänger kennt normalerweise diese Bedeutung besser als andere und entschlüsselt sie entsprechend. Die Bedeutung variiert (z. B. je nach Gesellschaft).* Während Frau König an Lieblosigkeit denkt, bindet sich Herr Mandrini geruhsam die Schuhe und denkt, daß das Frühstück wohl fertig ist.

Die Phonzahl von Frau Mandrinis Äußerungen und ihre Gesten …

… geben Anlaß zu weiteren Treppenhauskommentaren:

… und wir lernen, daß noch eine weitere Bedeutung mitschwingt:
Inhalt und Form der Sprache vermitteln Normalität.
Frau König ist es zu laut und Herrn Flaschenmann freut das Temperament. Frau Mandrini ist aber nur wie eine italienische Frau – eben normal.

Noch abstrakter kann man unsere Schlußfolgerungen so ausdrücken:

> Sprache ist ein System von Symbolen. Diese Symbole werden Teilen der Realität zugeordnet, die – entsprechend einer in der jeweiligen Gesellschaft üblichen und gelernten Sichtweise – willkürlich aus der materiellen und immateriellen Umwelt (z. B. Natur oder soziale Beziehungen) herausgenommen werden. Dieses System von Symbolen hat aber nicht nur Zuordnungsfunktionen. Es schreibt gleichzeitig auch die entsprechenden Reaktionen auf Tatbestände wie Symbole vor und umfaßt damit also ein tiefgreifendes, eingebautes Wertsystem.

Wir haben an kleinen Alltagsepisoden gezeigt, wie sich für Frau Mandrini und einen Teil ihrer Hausgemeinschaft gesellschaftstypische Gemeinsamkeiten aktualisieren.
Während wir dies schreiben, sind wir überrascht, wie tief in allem die gesellschaftlich festgelegte soziale Bewertung wurzelt. So tief, daß wir selber nicht ohne bewertende Worte Frau Mandrinis Frühstücksszene schildern könnten. Wie wenig hätten wir davon ohne Kulturvergleich bemerkt! Genausowenig wie die Beteiligten selber, denen ja alles, was sie tun, »natürlich« vorkommt. Nur die Handlungen der anderen scheinen ihnen seltsam und oftmals nicht ganz angebracht.
Beides, Sprache und das in ihr aktualisierte Wertsystem, verbindet die Mitglieder einer Gesellschaft sehr effizient untereinander, ohne daß sie sich dessen unbedingt bewußt sein müssen. Ähnlich verhält es sich mit bestimmten sozialen Konzepten und Verhaltensmustern, auf die wir im nächsten Abschnitt etwas genauer eingehen werden.

Soziale Konzepte und Verhaltensmuster

Wie wir schon im ersten Kapitel beschrieben haben, beinhalten soziale Konzepte Alltagstheorien, Werthaltungen, Normen und Stereotype. Für jedes ließe sich aufzeigen, daß es eine ganze Reihe davon gibt, die die Mitglieder einer Gesellschaft gemeinsam haben und die sie miteinander verbinden. Der Einfachheit halber wollen wir das jedoch lediglich an einem Beispiel gesellschaftsspezifischer Verhaltensmuster und den ihnen zugrundeliegenden Normen illustrieren.
Wieder benutzen wir einen Gesellschaftsvergleich. Diesmal jedoch stammt er aus der Literatur:

Kurzinformation aus der Forschung

Margret Mead, eine hervorragende Ethnologin, kam mit ihren Mitarbeitern einem besonders anschaulichen gesellschaftsspezifischen Handlungsmuster auf die Spur.
Als während des Krieges in England amerikanische Soldaten stationiert waren, zeigten sich ganz seltsame Widersprüche in der gegenseitigen Wahrnehmung und Bewertung dieser jungen Männer und der Engländerinnen, wenn sie miteinander Kontakte anknüpften.
Während die Amerikaner einhellig der Meinung waren, daß die englischen Mädchen außergewöhnlich schnell und fast leichtfertig zu engen sexuellen Beziehungen bereit waren, hielten die jungen Engländerinnen die Soldaten für reichlich aufdringlich und draufgängerisch.
Eine Untersuchung zeigte nun, daß Engländerinnen wie Amerikaner das Verhalten des andern auf dem Hintergrund ihrer eigenen spezifischen Sexualnormen interpretierten und bewerteten und damit einander mißverstanden. Sowohl in England als auch in Amerika beinhaltet das sexuelle Verhalten vom Augenblick des Kennenlernens bis zum gemeinsamen Geschlechtsverkehr etwa dreißig verschiedene Stadien. Diese Stadien haben jedoch in den beiden Kulturen eine andere Reihenfolge. Während beispielsweise der Kuß in Amerika schon in der Phase des ersten Kennenlernens als normal galt und noch eher unverbindlichen Charakter hatte, wurde er in England erst relativ spät zugelassen und galt als Zeichen der Bereitschaft für den nur wenige Stadien später zu erwartenden Geschlechtsverkehr. Handelte der Amerikaner nun »normal« und entsprechend seiner eigenen Sexualkultur, so fühlte sich die Engländerin um viele wichtige Stadien betrogen und überrumpelt. Brach sie aber dennoch die Beziehung nicht ab, so war es wiederum für sie völlig »normal«, nun auch sehr bald mit ihrem Partner den Geschlechtsverkehr aufzunehmen. Das aber wiederum konnte vom Amerikaner nur noch als fast schamlose Handlung interpretiert werden.

(Quelle: Watzlawick, P. u.a., 1969, S. 20)

Das scheinbar intime persönliche Verhalten stellte sich als Ausdruck einer gesellschaftlichen Norm heraus, die für die Forscherin erst durch den Vergleich zweier Handlungs- und Interpretationssysteme ersichtlich werden konnte.

> In jeder Gesellschaft gibt es ein historisch gewachsenes System offiziell festgesetzter sowie stillschweigend akzeptierter Regeln der Lebensgestaltung. Sie reichen von allgemeinen Verhaltensregeln im öffentlichen Raum (Konventionen) über situationsspezifische Verhaltensregeln und Rollenvorschriften bis hin zum Tabu, d. h. jener Regel, deren Verletzung kaum jemand wagt, da die negativen Sanktionen extrem hoch wären.

Verhalten und Normerfüllung erwiesen sich im Beispiel über ihren unmittelbaren Inhalt hinaus als eine Art Zugehörigkeitsausweis zu einer bestimmten Gesellschaft. So ist also auch Verhalten eine Art von Sprache, deren gesellschaftlich festgelegte Bedeutung so entschlüsselt werden muß, wie sie der Sender meint, wenn es keine Mißverständnisse geben soll. Das Befolgen gesellschaftlicher Regeln ist häufig so »normal«, daß sie gar nicht mehr als handlungsleitende soziale Konzepte wahrgenommen werden. Trotzdem beeinflussen sie nicht nur das Verhalten, sondern auch die gegenseitige Bewertung, wie die Engländerinnen schmerzhaft erfahren mußten.

5.3 Was die Mitglieder einer Gesellschaft voneinander trennt: Soziale Ungleichheit

Dieses Thema hat bereits ganze Generationen von Soziologen und Soziologinnen beschäftigt, und so gibt es auch entsprechend verschiedene Schicht- bzw. Klassenmodelle. Mit ihrer Hilfe versucht man, den Aufbau einer Gesellschaft beschreibbar zu machen und der unterschiedlichen Teilhabe von Menschen an gesellschaftlich besonders wichtigen Gütern und deren Konsequenzen auf die Spur zu kommen. Wir haben uns zuerst gefragt, wie wir eigentlich selber soziale Ungleichheit schon erlebt haben.

5.3.1 Erscheinungsformen sozialer Ungleichheit

Ihre Bedeutung im Leben des einzelnen

Wir hatten es nicht schwer, Alltagsbeobachtungen zum Thema soziale Ungleichheit zu finden. Von den unzähligen Beispielen, die uns einfielen, haben wir nun einige aufgeschrieben:

- Zufällig sind wir gerade anwesend, während einem Freund von uns, der in leitender Stellung in einem renommierten Bildungsinstitut arbeitet, etwas herunterfällt.
  Der gerade neben ihm stehende Hausmeister der Organisation bückt sich sofort, während unser Freund keinerlei entsprechende Anstalten macht. Passiert das gleiche, wenn wir zu dritt sind, hebt er selbstverständlich seine Papiere selber wieder auf. Erst recht, wenn sein Chef zugegen ist.
- Als wir einmal vor einiger Zeit mit Annemarie zu dem Vortrag eines Studienkollegen gingen, plauderten wir anschließend noch mit ihm, und er ließ achtlos und nebenbei folgende Bemerkung fallen: »Ich mußte natürlich stark simplifizieren, denn die meisten Zuhörer waren ja wirklich bloß ganz einfache Leute.« Annemarie war zu dem Zeitpunkt noch Telefonistin, aber auch wir fühlten uns als damals »hauptamtliche« Hausfrauen mit Kindern trotz Studium angesprochen. Zuerst waren wir sprachlos, dann traurig und schließlich zornig über so viel unüberlegte soziale Verachtung durch einen Soziologen.
- In der Klasse von Caspar, Birgits Sohn, wird dem einzigen Spanierkind »altes Schwein, Negerlein« nachgerufen.
- In einer Selbsterfahrungsgruppe erzählte uns der alte Jude Saul, ein engagierter und lebensvoller amerikanischer Gewerkschaftler, wie er sich trotz besseren Wissens wirklich selber als Menschen zweiter Klasse sieht, seit er lebt – und vielleicht bis er stirbt.

Während wir die Beispiele aufschreiben, bewegen sie uns noch genauso wie damals, als wir sie erlebt haben. Sie machen auch deutlich, was für uns an der Ungleichheit so zentral ist:
Unser Freund im Bildungsinstitut hat in vielen Bereichen *Einfluß*. Er wirkt sich sogar dort aus, wo seine Befehlsgewalt gar nicht mehr hinreicht.
Wir, das Spaniermädchen und Saul erfahren jeder auf seine Weise, was soziale Diskriminierung heißt. Am schlimmsten ist die *soziale Bewertung* für Saul. Denn Saul hat den Schmerz über das geringe Ansehen, das er und andere Juden als religiöse Minderheit in ihrer Umgebung erfahren, ein Leben lang spüren müssen, nicht nur wie wir während einer kurzen Zeit-

spanne. Er hat die Bewertung bereits verinnerlicht. Sein *Selbstwertgefühl* hat sich der Verachtung von außen schon angepaßt. Vielleicht wird es dem Spaniermädchen auch einmal so gehen. Ansehen, Macht und die Spuren, die sie im Selbstbild hinterlassen, sind alles wichtige Aspekte sozialer Ungleichheit, die außerdem eng miteinander zusammenhängen.
Wie zum Beispiel das Ansehen von Menschen das Verhalten anderer ihnen gegenüber beeinflußt, hat Leonhard Bickman in einem kleinen Alltags-Experiment feststellen wollen:

Kurzinformation aus der Forschung

Bickman führte seine Untersuchung in der anonymen Atmosphäre des Hauptbahnhofes und des Kennedy-Flughafens von New York City durch.
Drei Frauen und drei Männer waren die Experimentatoren. Sie spielten 206 mal folgende kleine Szene: In einer Telefonkabine ließen sie gut sichtbar 50 Cent liegen, verließen dann die Kabine und beobachteten, was weiter geschah. Wenn die Person, die nach ihnen die Zelle betrat, das Geld einsteckte, warteten sie so lange, bis ihr »Opfer« sich nicht mehr als Dieb ertappt fühlen mußte, klopften an die Tür und sagten: »Entschuldigen Sie bitte, ich glaube, ich habe 50 Cent hier liegen lassen. Haben Sie die zufällig gefunden?«
Nun hatte die ganze Sache einen sorgfältig vorbereiteten Haken. Die drei Frauen und die drei Männer waren nämlich während ihres »Auftritts« nicht immer gleich angezogen. Einmal sollten sie eher angesehene Leute darstellen und trugen Anzug, Krawatte oder elegante Kleider. Ein andermal kamen sie in Arbeitskleidern mit Objekten unter dem Arm, die man als Zeichen weniger angesehener Arbeit betrachten konnte, wie Taschenlampen, Butterbrotpaketen oder Zollstöcke. Bevor sie das Experiment begannen, hatte eine Reihe außenstehender Personen bestätigt, daß die einen auch in ihren Augen viel und die anderen wenig galten.
Die unfreiwilligen »Versuchskaninchen« in den Telefonzellen reagierten nun recht überraschend. 77 von Hundert gaben den elegant gekleideten – als wichtig eingestuften – Personen das Geld zurück, aber nur 38 von Hundert den einfach angezogenen.
Ehrlichkeit galt also nicht für jeden – die, die sowieso schon mehr hatten, bekamen auch mehr. Sie mußten sich gar nicht weiter anstrengen. Jedenfalls in unserem Beispiel. Man versuchte, die Ergebnisse noch nach Hautfarbe, Alter und Geschlecht der Finder aufzuschlüsseln. Aber solche Merkmale hatten in diesem Fall tatsächlich keinen Einfluß. Die Leute schienen sich wirklich vor allem an der Kleidung der »Verlierer« orientiert zu haben.

(Quelle: Bickman, 1972, S. 102)

Ungleichheit wirkt in vielen Lebensbereichen der Gesellschaft, manchmal auf feine, manchmal auf dramatische Art. Wir haben gesehen, daß sie vor allem mit Ansehen, Macht und einem mehr oder weniger positiven Selbstbild zusammenhängt. Was sie jedoch genau ist, bleibt noch zu untersuchen.

Einfluß, Ansehen und Selbstwertgefühl ist nicht unbedingt eine Frage dessen, was einer als Mensch wirklich ist. Soviel zeigen unsere Beispiele bisher.
Annemarie und wir haben uns von unserem sicher wohlmeinenden aber unwissenden Kollegen nicht total verachtet gefühlt, sondern wir fühlten uns in unseren Rollen als Hausfrau und Telefonistin nicht ernst genommen. Ansehen und Verachtung werden eben nicht einfach irgendwie verteilt sondern entsprechend gesellschaftlich gültiger Regeln und Stereotype. Genau wie Macht oder Abhängigkeit sind sie an bestimmte Bedingungen geknüpft: Für uns war die Bedingung der Beruf, für Saul seine Religion, für das Spaniermädchen seine Nationalität.
Die einzelnen Kriterien, die zur Einstufung oder Machtausstattung herangezogen werden, nennt man auch *Statusmerkmale*. Sie können uns angenehm oder unangenehm sein, wir können sie anerkennen oder uns davon abwenden, in jedem Fall bekommen wir die Tatsache als solche im Laufe unseres Lebens mehrfach zu spüren und müssen uns damit auseinandersetzen.
Besonders wichtige Statusmerkmale sind vor allem Beruf, Besitz, Einkommen und Bildung auf der einen Seite und Herkunft, Nationalität, Alter, Geschlecht, körperliche Gesundheit und ethnische oder religiöse Zugehörigkeit auf der anderen Seite.
Im ersten Bereich sind gute Positionen eher erwerbbar. Im zweiten hat man sie oder man hat sie nicht. Deswegen nennt man die letzteren Kriterien auch zugeschriebene Merkmale. In welchem Maß Statusmerkmale mit Ansehen verknüpft sind, ist nicht immer ganz eindeutig zu erfassen. Sozialwissenschaftler haben sich aber bemüht, Untersuchungen darüber durchzuführen. So hat man beispielsweise versucht, Berufe entsprechend dem Ansehen zu ordnen, das sie im Durchschnitt bei der Bevölkerung genießen. Eine Kostprobe davon möchten wir Ihnen ausschnittweise bringen. Sie illustriert nämlich sehr gut, daß Bewertungen an die Position selber gebunden sind und nicht an das Individuum, das sie einnimmt.

Kurzinformation aus der Forschung

Robert W. Hodge und andere führten in den USA eine Umfrage zur sozialen Bedeutsamkeit einzelner Berufe durch. Wie Perlen sind dabei verschiedene Positionen auf den Stab der sozialen Hierarchie gefädelt. Ganz oben sitzen die am höchsten bewerteten, es folgen weniger wichtige und noch weniger wichtige. Ganz unten beenden sozial Verachtete die Reihe. Solcherart hierarchisch geordnete Positionen nennt man auch *Statuslinien.*

Statuslinie Beruf	Grad des Ansehens der Berufe in den USA (wahrscheinlich ist auch der Einflußbereich damit angesprochen):
Im oberen Bereich sind vor allem nichtmanuelle Berufe zu finden, bei denen meist eine akademische Ausbildung vorausgesetzt wird, wie	z. B. Arzt Professor Jurist Diplomat Architekt Leiter einer großen Firma
In der oberen Mitte fanden sich neben Künstlern selbständige Berufe und höhere Angestellte. Nur ein Teil hatte noch eine akademische Ausbildung.	z. B. Fabrikarbeiter Musiker in Symphonieorchestern Ökonom Elektriker Farmbesitzer
Die untere Mitte bestand aus dem breiten Band mittlerer Angestellter.	z. B. Reporter Radioansager Versicherungsagent Geschäftsführer eines kleinen Ladens in der Stadt Briefträger
Ganz unten waren einfache Angestellte und eher ungelernte Arbeiter vertreten.	z. B. Koch im Restaurant Dockarbeiter Kellner Straßenfeger und der allerunterste war der Schuhputzer

Neuere Untersuchungen zeigen ganz ähnliche Ergebnisse.

(Quelle: Hodge, R. u. a., 1964, S. 286 f.)

So wie den Beruf können wir auch andere Statuskriterien differenziert nach den angeseheneren und weniger angesehenen Positionen aufschlüsseln und als Statuslinien darstellen:

Beispiele von Statuslinien:

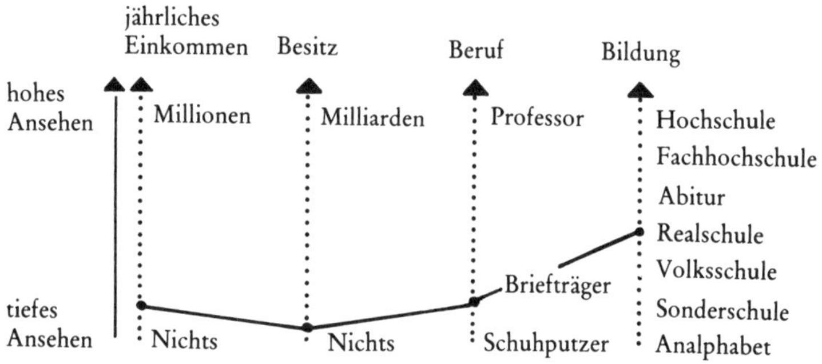

Sämtliche Positionen, die Menschen auf den verschiedenen Statuslinien innehaben, prägen zusammengenommen ihren Gesamtstatus, den man auch *Schichtposition* nennen kann.
Schauen wir nun einmal, wie sich moderne Gesellschaften wie die Bundesrepublik und die Schweiz konkret darstellen, wenn man die Verteilung auf den zentralen Statuslinien Einkommen, Bildung und berufliche Position betrachtet.

Die soziale Statusposition: Beispiele für Ungleichverteilungen

Die Ergebnisse des 1990 durchgeführten Mikrozensus, einer für die gesamte Bundesrepublik repräsentativen Erhebung, zeigen deutlich, daß den Haushalten monatlich recht unterschiedlich viel Geld zur Verfügung steht.
Von den Haushalten, bei denen eine Kategorisierung des Einkommens möglich war, erhält mehr als die Hälfte monatlich weniger als 3000 DM. Dabei gehören insbesondere den Haushalten, deren monatliches Nettoeinkommen nur zwischen 2500 und 3000 DM liegt, mehrheitlich drei und mehr Personen an.
Betrachtet man die Verteilung auf einer weiteren wichtigen Statuslinie, nämlich dem Bildungsabschluß, so zeigen sich auch hier deutliche Ungleichheiten.

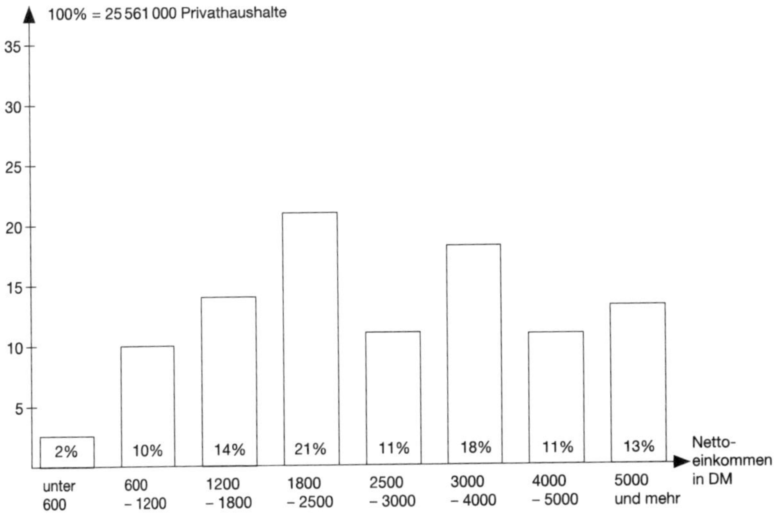

(Quelle: Statistisches Jahrbuch, 1992, S. 70)

Die folgenden Prozentangaben beruhen ebenfalls auf einem Mikrozensus und sind damit repräsentativ für die alten Länder der Bundesrepublik. Sie betreffen den Bildungsabschluß der Personen, die 15 Jahre und älter sind und sich nicht mehr in der Schulausbildung befinden. Wie die Graphik zeigt, sind die Bildungsunterschiede beträchtlich: Etwa zwei Drittel der Bevölkerung verfügt lediglich über einen Volks- oder Hauptschulabschluß, und nur 15 % haben die (Fach-) Hochschulreife (siehe Tabelle S. 182).
Allerdings ist im Bildungsbereich ein deutlicher Abbau sozialer Ungleichheit zu beobachten, wenn wir nicht die Gesamtgesellschaft sondern nur eine jüngere Generation von Schulabgängern betrachten: So verfügen bei Personen, die 35 Jahre oder jünger sind, bereits 24 % von ihnen über die (Fach-)Hochschulreife. 30 % können einen Realschul- oder gleichwertigen Abschluß vorweisen und nur noch 46 % wurden nach Beendigung ihrer Volksschulzeit mit dem Hauptschulabschluß entlassen.
Jegliche Zufriedenheit über diese positive Entwicklung wird jedoch empfindlich gedämpft, wenn wir uns vergegenwärtigen, welche Art von Arbeitsmarkt diese jungen Erwachsenen antreffen. Er bietet den 46 % mit dem tief bewerteten Schulabschluß nur äußerst geringe Chancen, überhaupt eine Lehrstelle zu finden, d. h. ein großer Teil von ihnen muß ohne jegliche Ausbildung und Berufsperspektive leben. Der gleiche Arbeits-

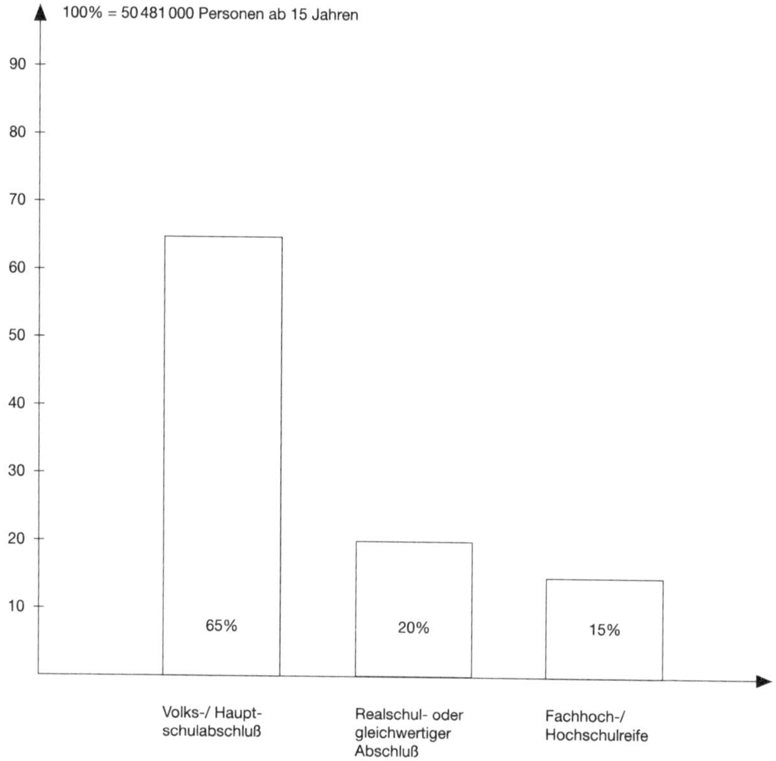

(Quelle: Statistisches Jahrbuch, 1992, S. 410)

markt sichert zusätzlich nicht einmal denen einen Einstieg ins Berufsleben, die neben der Freude am Lernen auch die finanzielle Einbuße einer längeren Schulzeit auf sich genommen haben und über einen (Fach-)Hochschulabschluß verfügen. Trotzdem haben sie immer noch bessere Chancen, schließlich doch einmal in einer höheren Berufsposition Fuß zu fassen als ehemalige Hauptschüler und Hauptschülerinnen.

Wie eng die Zusammenhänge zwischen den Positionen auf den verschiedenen Statuslinien sind, sollen die beiden folgenden Beispiele aus der Schweiz zeigen. Das eine betrifft den Zusammenhang zwischen Einkommen, Berufsposition und Geschlechtszugehörigkeit, das andere illustriert die gleichen Verknüpfungen noch einmal im überschaubaren Bereich einer Arbeitsorganisation und läßt uns die bestehende soziale Ungleichheit gleichsam unter der Lupe erkennen.

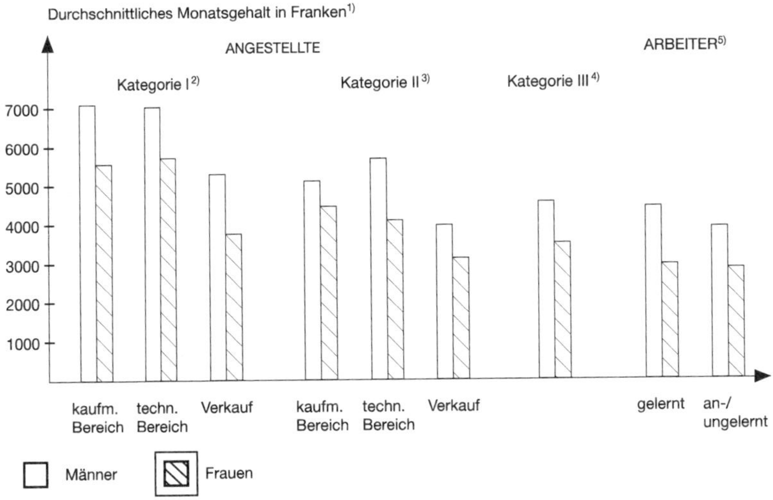

1) Hier wird der Bruttoverdienst erfaßt, zu dem auch Teuerungs- und Sozialzulagen, Gratifikationen, 13. Monatslohn, Zulagen für Überzeit und Schichtarbeit zählen.
2) Kategorie I: Qualifizierte, selbständig arbeitende Angestellte mit Berufslehre oder Studium wie Handlungsbevollmächtigte, Werkmeister, Filialleiter, Buchhalter, erster Verkäufer etc.
3) Kategorie II: Nicht selbständig arbeitende Angestellte mit abgeschlossener Berufslehre oder besonderen Fachkenntnissen wie z.B. Zeichner, Laboranten, Hilfsbuchhalter, übrige Verkäufer
4) Kategorie III: Hilfsangestellte wie z.B. Bürodiener, Magaziner, Ausläufer, Hauswart
5) Die Schätzung der durchschnittlichen Monatsgehälter beruht auf der Basis des Stundenlohns: Gelernte Arbeiter und Arbeiterinnen: 25.42 Fr. für Männer und 16.61 Fr. für Frauen. An- und ungelernte Arbeiterinnen und Arbeiter: 22.20 Fr. für Männer und 15.87 Fr. für Frauen. Rechnungsgrundlage: 44 Stundenwoche bei vier Wochen Arbeit/Monat.

(Quelle: Bundesamt für Industrie, Gewerbe und Arbeit, Lohn- und Gehaltserhebung vom Oktober 1992. Bern 1992, S. 6 und S. 21)

Die Tabelle spiegelt gleich mehrere soziale Tatsachen. So wird auf den ersten Blick deutlich, daß Frauen im Schnitt ein Drittel weniger verdienen als Männer. Das heißt, in welchen Positionen sie auch arbeiten, wie sehr sie sich anstrengen mögen und über berufliche Kompetenzen verfügen, das zugeschriebene Merkmal der Geschlechtszugehörigkeit weist Frauen im Berufsleben klar den zweiten Platz zu.
Außerdem wird deutlich, daß Einkommen und Berufsposition eng miteinander gekoppelt sind: Selbständig arbeitende Angestellte dürften vor

allem im mittleren und oberen Abschnitt der beruflichen Hierarchie zu finden sein, was neben dem entsprechenden höheren Prestige eben auch ein besseres Einkommen bedeutet.

Schließlich zeigt sich, daß der qualifizierte Arbeiter im Schnitt zwar einen höheren Lohn als einfaches Verkaufspersonal erhält, daß er jedoch im übrigen nicht an den Lohn anderer Angestellter herankommt. Deutliche soziale Ungleichheit besteht also auch in einem der reichsten Länder der Welt.
Obwohl die Tabelle aussagekräftig und seriös errechnet ist, fängt sie die soziale Wirklichkeit nur sehr unzureichend ein. Sie gibt nämlich genausowenig Auskunft über die grandiosen Spitzengehälter wie über immer noch existierende Hungerlöhne. Die Extreme, die ja einen Teil gesellschaftlicher Realität ausmachen, gehen hinter diesen Durchschnittszahlen verloren.
In der kleinen Schweiz gibt es beispielsweise 176 Multimillionäre, die je über ein Vermögen von mindestens 100 Millionen Franken verfügen. Dazu kommen immerhin noch 24 Milliardäre (Tagesanzeiger vom 29. 10. 1991). Die Schere zwischen weniger Bemittelten und Superreichen klafft immer stärker auseinander. So wurden 1991 insgesamt 530 Milliarden Franken Vermögen versteuert, wovon jedoch der Löwenanteil von 400 Milliarden lediglich einem Viertel der Steuerzahler und -zahlerinnen gehörten. Dem steht gegenüber, daß 1,2 Millionen Schweizerinnen und Schweizer überhaupt kein steuerbares Vermögen besitzen, und etwa 700000 Personen unter dem Existenzminimum leben (Beobachter, Nr. 26, Dezember 1993).
In wirtschaftlichen Krisenzeiten gelingt es ausgerechnet den Besser- und Bestgestelltesten, ihren Besitzstand nicht nur zu wahren, sondern teilweise sogar noch zu vergrößern. Das läßt sich jedenfalls aus einer Untersuchung der Löhne von Schweizer Managern ableiten: Während zwischen 1992 und 1993 Geschäftsführer ihr monatliches Grundgehalt um 4,6% auf 15583 Franken erhöhen konnten, verbesserten sich die Manager auf unteren Ebenen nur um 3,2%. Gewöhnliche Arbeitnehmerinnen und -nehmer mit einem Jahreseinkommen von 60000 Franken müssen sich mit einer noch geringeren Zuwachsrate, nämlich 2,7% begnügen (Tagesanzeiger vom 18. 8. 1993). Die geschlechtsspezifische Ungleichheit gilt auch in den hohen und höchsten Rängen: Karrierefrauen sind nicht nur selten anzutreffen, sondern sie verdienen im Schnitt auch 26% weniger als ihre Kollegen.
Am Mikrokosmos einer Spitalhierarchie läßt sich besonders gut darstellen, wie sich die Verknüpfung zentraler Statusmerkmale wie Berufsposition,

Einkommen und Geschlecht zu einem klaren Muster sozialer Ungleichheit verdichtet:
Im Dienste des Patienten bekommen einige wenige Gehälter in fast nicht mehr vorstellbarer Höhe, und viele andere gerade so viel, daß sie gut oder auch eher knapp davon leben können. Das Einkommen des Personals, das sich in der Ausbildung befindet, ist am tiefsten. Wobei die Lernschwester geradezu fürstlich verdient im Vergleich zum schmalen Taschengeld des Unterassistenten. Von ihr ist auch nicht zu befürchten, daß sie einmal Anspruch auf die höchsten Gehaltsränge erheben wird. Die (finanziellen und ausbildungsbezogenen) Barrieren vor der Berufswahl müssen also nicht so hoch angesetzt werden wie bei der Ärzteschaft, bei denen die Spitzenposten eher dünn gesät sind.
Daß ansonsten die Positionen der »einigen wenigen« vor allem Männern und die der »vielen anderen« vor allem Frauen vorbehalten sind, über-

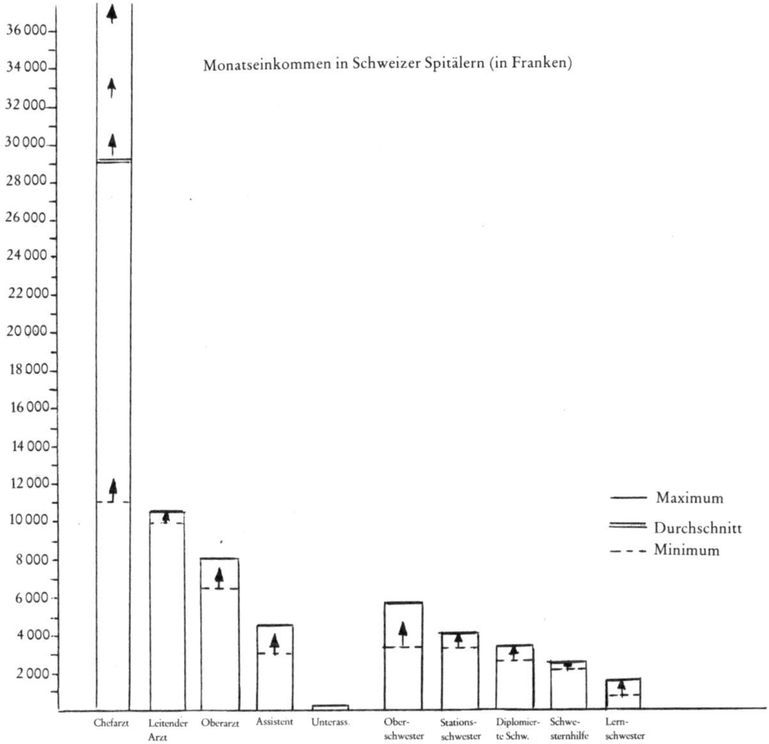

(Quelle: mündliche Auskunft des Schweizerischen Roten Kreuzes, Sektion Zürich, 1984. Chefarztdaten: Gesundheitspolitische Informationen der SGGP, Nr. 5, 1986, S. 25)

rascht inzwischen nicht mehr. Das Prinzip der sozialen Ungleichheit der Geschlechter wird in unserer Gesellschaft besonders konsequent befolgt. Nimmt man die Höhe des Einkommens als Ausdruck der gesellschaftlichen Wertschätzung einer Arbeit, so scheinen Begleitung des Menschen in einer Notsituation, Geduld aufbringen, Trost spenden, täglich lebenswichtige Pflegeleitungen erbringen (was zum Berufsalltag der Schwesternhilfe und der diplomierten Schwester gehört) nur wenig bedeutsam zu sein im Vergleich mit z. B. Organisationstalent (was Oberschwester und Oberarzt aufbringen müssen) und technische Fertigkeiten (über die ein Chefarzt verfügen sollte).

Der monatliche Durchschnittsverdienst von Chefärzten an Universitätsspitälern liegt bei 29000 Franken. Wir haben ihn in der Graphik noch markieren können. Spitzeneinkommen bewegen sich um 56000 Franken und waren schlicht nicht mehr einzuzeichnen. Schließlich ist es auch eine Summe, für die ein sehr gut qualifizierter Arbeiter nicht einen Monat, sondern fast eineinhalb Jahre arbeiten muß. Diese Zahlen setzen sich aus dem Fixum der Spitalärzte und ihren Honoraren von Halbprivat- und Privatpatienten zusammen, wobei die dem Spital zu leistenden Abgaben für die Benutzung der Infrastruktur bereits abgezogen sind. Wie wir 1986 dem Mitteilungsblatt der Schweizer Gesellschaft für Gesundheitspolitik entnehmen, basieren diese Angaben auf repräsentativen Teilerhebungen und dürften kaum zu hoch gegriffen sein.

Gesamthaft zeigen die verschiedenen von uns angeführten Zahlen, daß auch in modernen Gesellschaften die besten Plätze nur wenige bekommen, und daß eine Gesellschaft von Gleichen oder doch wenigstens Ähnlichen bisher nicht mehr als ein utopischer Entwurf geblieben ist.

Zwei Versuche, soziale Ungleichheit in einem Schichtmodell zusammenzufassen

Das Zwiebelmodell

Ungleichverteilungen auf einzelnen Statuslinien lassen sich noch beobachten. Was aber passiert, wenn wir das Ganze zusammen betrachten wollen und den Statusaufbau einer Gesellschaft wie der Bundesrepublik oder der Schweiz modellhaft erfassen möchten?

Lange Jahre wurde in der nichtmarxistischen Soziologie von der Idee ausgegangen, daß man in modernen Gesellschaften klar hierarchisch geordnete Schichten unterscheiden könne. Diese Gedanken spiegeln sich auch in unserer Alltgssprache, in der man noch heute vielfach Begriffe wie zum

Beispiel »Oberschicht«, »Mittelschicht« oder »Unterschicht« verwendet, um die soziale Position von Menschen zu orten.
In wissenschaftlichen Untersuchungen wurden – wie wir bereits erwähnt haben – die aktuelle Berufsposition, das Einkommen und die Bildung als besonders wichtig für die Einschätzung der Schichtzugehörigkeit von Menschen betrachtet. Ein solches Verfahren hatte natürlich seine Gründe. Zum einen sind es Größen, die relativ gut meßbar sind. Zum anderen ist der Wirtschaftssektor in modernen Gesellschaften mehr und mehr zum Zentrum der Macht geworden. Einkommen, Vermögen und Handlungskompetenzen, die zugestandenen Rechte sowie die Reichweite der Einflußmöglichkeiten sind eng verbunden mit der Position, die jemand in diesem Sektor einnimmt. Außerdem nimmt die Kontrolle dieses Sektors durch politische Instanzen immer weiter ab, und so wird er auch mehr und mehr zum hauptsächlichen Werteproduzent. Wir müssen nur durch unsere westlichen Straßen laufen, um die wichtigsten kulturellen Merkmale zu erkennen: Museen und Kirchen, Konzerthallen, Bäche und Kinderzau-

Das Zwiebelmodell: Gesellschaftsaufbau der Bundesrepublik

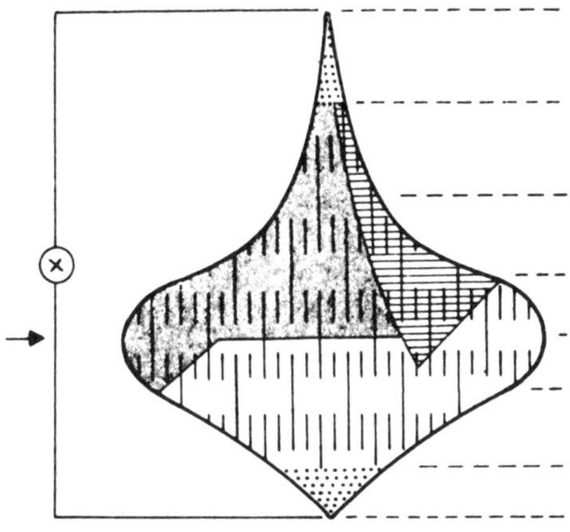

Bezeichnung der Statuszone	Anteil
Oberschicht	ca. 2 v. H.
obere Mitte	ca. 5 v. H.
mittlere Mitte	ca. 14 v. H.
untere Mitte	ca. (29) } 58 v. H.
unterste Mitte/ oberes Unten	ca. (29) } 58 v. H.
Unten	ca. 17 v. H.
Sozial Verachtete	ca. 4 v. H.

Die Markierungen in der breiten Mitte bedeuten:

Angehörige des sogenannten neuen Mittelstands

Angehörige des sogenannten alten Mittelstands

Angehörige der sogenannten Arbeiterschaft

Punkte zeigen an, daß ein bestimmter gesellschaftlicher Status fixiert werden kann. Senkrechte Striche weisen darauf hin, daß nur eine Zone bezeichnet werden kann, innerhalb derer jemand etwa im Statusaufbau liegt.

(x) = Mittlere Mitte nach den Vorstellungen der Bevölkerung → = Mitte nach der Verteilung der Bevölkerung. 50 v. H. liegen oberhalb bzw. unterhalb im **Statusaufbau** (Quelle: Bolte, M. u. a., 1967) bergärten nehmen im Vergleich zu riesigen Ladenketten, Banken, dicht befahrenen Straßen und Restaurants einen nur bescheidenen Raum ein.

So meinte man also lange Zeit, über die Erhebung der Berufsposition, des Einkommens etc. die Verteilung von Macht und Ansehen in einer Gesellschaft mit dem Bild einer Zwiebelform am besten wiedergeben zu können (wenige haben nichts, viele sind recht gut situiert, wenige wiederum haben sehr viel) (vgl. S. 187).

Dementsprechend sind viele Schichtuntersuchungen nach den Berufspositionen oder der Bildung der Befragten ausgerichtet. Diese Tatsache spiegelt sich auch im statistischen Teil dieses Buches, in dem sehr oft die Rede von »Unter-, Mittel oder Oberschicht« sein wird.

Das Zentrum-Peripherie-Modell

Jugendliche, Hausfrauen, aus dem dem Arbeitsprozeß ausgeschiedene alte Menschen oder Arbeitslose, die ja einen großen Teil der Bevölkerung ausmachen, hat man in dieser Art Schichtmodell entweder großzügig übergangen oder man hat sie der Schicht des verdienenden Haushaltsvorstandes zugeordnet. Das hatte zwar eine gewisse Ähnlichkeit mit der Realität, denn die Lebenslagen der Gattin eines Direktors und der Frau eines ausländischen Arbeiters unterscheiden sich tatsächlich beträchtlich. Trotzdem erfaßte dieses Modell nur einen Teil der Wirklichkeit dieser Menschen und ließ sie zu Unrecht als undefinierte und gesichtslose Anhängsel erscheinen.

Hausfrauen und -männer leisten einen lebenswichtigen Beitrag zum Überdauern der Gesellschaft, indem sie das Zuhause gestalten und Kinder aufziehen. Dennoch sind sie – auf dem Hintergrund unserer zentralen gesellschaftlichen Wertsetzungen – einer sozialen Kategorie zuzuordnen, die man als peripher bezeichnen kann. Sofern sie nämlich nicht erwerbstätig sind, nehmen sie auf den zentralen Statuslinien »Berufsposition« und »Einkommen« keine eigene Position ein. So ist also ihr direkter Einfluß auf das gesellschaftliche Geschehen geringer als der von Berufstätigen. Dennoch bewohnen sie eine eigene, sozial differenzierte Welt mit spezifischen Regeln, Rechten, Normsetzungen und einer anderen als der zentralen Bewertungsskala. Man denke nur an die Furcht der Hausfrau vor der gründlicher putzenden Nachbarin und an die Angst, vielleicht als schlechte Mutter angesehen zu werden.

Gemessen am großen Feld der erwachsenen Erwerbstätigen stehen aufgrund ihrer eingeschränkten Rechte und der zum Teil noch nicht realisierten Erwerbstätigkeit auch die Jugendlichen an der Peripherie. Dieser soziale Standort ist ihnen allen gemeinsam. Trotzdem unterscheiden sie sich in diesem gesellschaftlichen »Untergrund« in einer unglaublichen Vielfalt sozialer Abstufungen. Die Sportler, Skateborder, Musikerinnen, abgerissen oder raffiniert Gekleideten kennen alle die kleinen und großen Symbole der Zugehörigkeit und Abgrenzung innerhalb der eigenen sozialen Kategorie.

Und was ist mit den so lange vernachlässigten alten Menschen? Nach ihrer Pensionierung erliegen sie keineswegs alle dem Ruhestandsschock. Sie bilden im Gegenteil eine eigene Subkultur, verreisen, konsumieren oder kämpfen z.B. als graue Panther für ihre Rechte. Auch wenn sich der ehemalige Herr Direktor nun viel weniger als früher von der mittleren Angestellten unterscheidet, weil er aus dem zentralen Feld des »produktiven« Teils der Bevölkerung herauspensioniert worden ist, kann man ihn und seine Schicksalsgenossinnen nicht ohne weiteres ins Feld des Vergessens transferieren oder womöglich nur als Anhängsel ihrer Kinder einstufen. Genau wie die Hausfrauen bzw. die seltenen Hausmänner, so wie die Jugendlichen oder die Arbeitslosen bilden auch alte Menschen eine durchaus bedeutsame soziale Kategorie. Im Gesamtgefüge sind sie zwar alle peripher lokalisiert und damit ohne sozial gestütztes Selbstwertgefühl, gleichzeitig zeigt sich aber innerhalb ihrer Gruppierung eine kulturelle Differenzierung. Wenn es ihnen gelingt, die zentralen Bewertungsdimensionen auszublenden, können sie sich – gemessen an ihren eigenen Wertsetzungen – richtig reich fühlen.

Sogar wenn sich die Jungen, die Alten, die Hausfrauen unauffällig verhalten: es gibt sie. Auch wenn sie eher am Rand, an der Peripherie einzuordnen sind, kann man sie nicht einmal in einem gesellschaftlichen Schichtungsmodell einfach nur ausgrenzen. Im Schnitt haben Jugendliche mehr Bildung als ihre Vorväter, die gerade im Zentrum der Macht sitzen, im Haushalt Arbeitende stellen Erholungsraum bereit und erziehen die Kinder, die künftig die zentralen Positionen einnehmen werden. So kommt es also, daß man sich in der heutigen Soziologie mit allerlei Versuchen herumschlägt, alte Schichtungsmodelle (wie beispielsweise das obige ›Zwiebelmodell‹) den modernen Verhältnissen anzupassen. Ein solches Beispiel zeigt die folgende Abbildung (S. 190).

In diesem Modell wird von einer Statusgruppenschichtung ausgegangen. Da es sich nicht um echte Gruppen handelt, müßten wir korrekterweise von einer »Schichtung sozialer Kategorien« sprechen. Da wir aber jegliche Verwirrung vermeiden möchten, werden wir uns bei der Erklärung des Modells dem Sprachgebrauch der Autoren anpassen:

Auf der linken Seite der Abbildung gibt es keine klar meßbare Größe mehr

Die Schichtung nach Statusgruppen im Zentrum-Peripherie-Modell

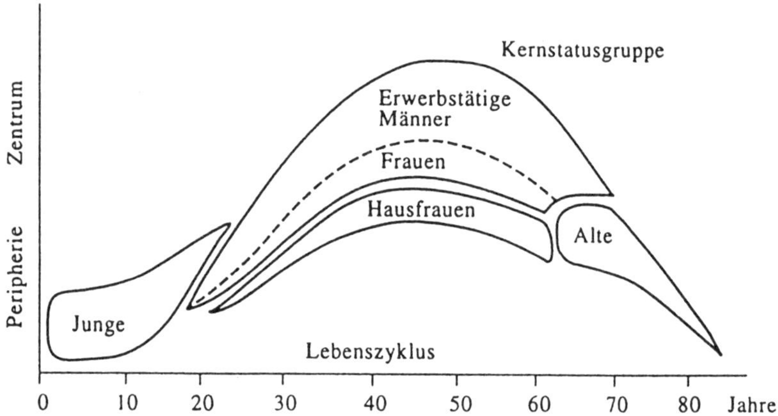

(Quelle: Bornschier, V. und Keller, F., 1994, S. 86)

wie das Einkommen oder den Bildungsabschluß, die man über die gesamte Gesellschaft hinweg erheben könnte, um mit ihrer Hilfe den sozialen Rang von Einzelpersonen oder sozialen Kategorien einschätzen zu können. Statt dessen wählen die Autoren die Unterscheidungskategorien »Zentrum« und »Peripherie«. Sie beziehen sich auf das Ansehen, die Rechte und die Macht der jeweiligen Positionsinhaber und -inhaberinnen. Je weiter oben jemand seinen Platz findet, um so mehr partizipiert er an zentralen Werten und Gütern und um so mehr Macht hat er. Je weiter unten jemand plaziert ist, um so weniger ist beides der Fall.

Auf der rechten Seite der Abbildung werden Unterscheidungen getroffen, die zunächst als rein biologische Einheiten erscheinen, nämlich das Alter und das Geschlecht. Diese biologisch begründeten Kriterien sind jedoch sozial überformt, d.h. es sind die gültigen normativen Regelungen, die z.B. dazu führen, daß die überwiegende Anzahl der Männer bis zum 65. Altersjahr erwerbstätig ist und damit zur Kernstatusgruppe gehört, während der Anteil von Frauen an der Kernstatusgruppe viel geringer ist, da sie häufiger ausschließlich im Haushalt arbeiten.

Auch die eingezeichneten Zäsuren sind sozial und nicht biologisch begründet. Damit sind die Übergänge von einer Statusgruppe zur anderen wie die Volljährigkeit oder das Pensionierungsalter gemeint.

Die Besonderheit, daß in unseren modernen Gesellschaften auch Frauen zur erwerbstätigen Bevölkerung gehören, ist im Modell berücksichtigt. Es fällt jedoch sofort auf, daß erwerbstätige Frauen zwar zur Kernstatus-

gruppe gehören, dennoch eher zur Peripherie hin tendieren als Männer. Das hängt damit zusammen, daß Frauen aus verschiedenen Gründen gesamthaft die eher tief bewerteten und schlecht bezahlten Berufspositionen einehmen. Gleiches gilt für erwerbstätige Ausländer.
Generell haben Frauen auch in diesem Modell den am wenigsten klar bestimmbaren sozialen Ort. Wenn sie nämlich verheiratet sind, dann ist ihr Lebensstil in der Regel so stark von der Statusgruppenzugehörigkeit ihres Mannes beeinflußt, daß sie sozusagen einen von ihm abgeleiteten Status einnehmen. Ihre Position ist also noch immer sehr abhängig vom Ehemann.
Andere soziale Kategorien wie Jugendliche, Hausfrauen, Pensionierte, Arbeitslose haben im Vergleich zur Kernstatusgruppierung einen unvollständigen Status. Dadurch, daß sie nicht erwerbstätig sind und kein eigenes Geld verdienen, sind sie auf das Einkommen anderer bzw. auf staatliche Unterstützung angewiesen, d.h. ihr Unterhalt wird durch eine Umverteilung der Mittel finanziert, die von der Kernstatusgruppe erzielt werden. Selbstverständlich sind damit für die an der Peripherie liegenden sozialen Kategorien auch geringere gesellschaftliche Einflußmöglichkeiten und weniger soziales Prestige verbunden.
Dieses Modell zeigt ein wenig schematisiert und trotzdem zutreffend auf, wie stark unsere moderne Gesellschaft letztlich von erwachsenen Männern zwischen 30 und 60 Jahren bestimmt ist und wie viele kulturell ganz anders geartete Felder daneben vorhanden sind, deren Teilnehmerinnen und Teilnehmer das gesellschaftliche Geschehen nicht im gleichen Maße mitbestimmen. Diese Tatsache kennen wir alle aus unserem Alltag und trotzdem hat sie uns beim Schreiben dieses Abschnittes nachdenklich gestimmt.
Wir haben versucht, uns vorzustellen, wie dieses Zentrum-Peripherie-Modell eigentlich aussähe, wenn man es einmal auf all unsere konkreten Buchpersonen anwenden würde, und wollen Ihnen das Ergebnis nicht vorenthalten (S. 192).
Unsere Zeichnung deutet an, daß die Rangunterschiede auch innerhalb der Kernstatusgruppe beträchtlich sind: Annemaries Chef hat z.B. ungleich viel mehr Bildung, Einkommen, Macht und Ansehen als Herr Mandrini, der als Ausländer und Hilfsarbeiter wirklich nur noch am untersten Rand des Zentrums seinen Platz findet, wie schön auch immer sein geschmeidiger Gang in Zürichs sonntäglichen Straßen wirken mag.
Außerdem haben wir die im Modell vorgenommene Trennung zwischen weiblichen und männlichen Erwerbstätigen weggelassen. Die geschlechtsspezifische Ungleichheit läßt sich nämlich aus der Plazierung unserer Buchfiguren ablesen, und zudem rangieren auch nicht alle Frauen grund-

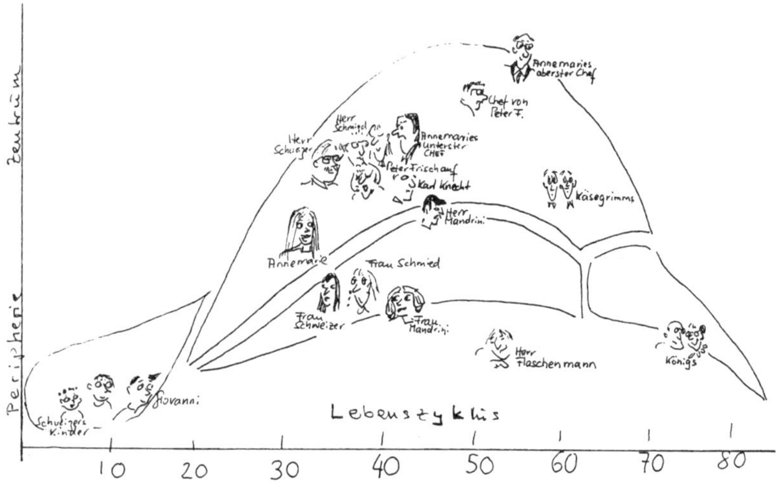

sätzlich unter allen Männern: Karl Knecht verdient mehr als Herr Mandrini und ist Schweizer. Deshalb nimmt er einen höheren Rang als der Italiener ein. Die Sekretärin Frau Stiller aber ist auch noch als Frau wahrscheinlich besser angesehen als ein Arbeiter. Sie verdient zwar nicht unbedingt mehr als er, entspricht aber dank ihrer wesentlich höheren Bildung besser den gesellschaftlichen Wertvorstellungen.

Im Gegensatz zum erwähnten älteren Schichtungsmodell, das ausschließlich auf den hierarchischen Dimensionen Einkommen, Bildung und Berufsposition beruhte, fängt das Zentrum-Peripherie-Modell sehr viel besser die Dynamik des Lebens ein. Man sieht förmlich, warum Käsegrimms so grimmig dreinblicken. Nach gesellschaftlich gültigen Maßstäben haben sie es nicht besonders weit gebracht und werden sehr bald in die Pensionierungsschleuse geraten. Es ist mehr als fraglich, ob sie in dieser Lebensphase so zufrieden wirken werden wie Königs. Frau König nämlich hat durch ihr Altern nicht viel an Status verloren. Sie war schon immer Hausfrau. Und Herr König, ein sogenannter Verdingbub, hatte auch als arbeitender Erwachsener ein äußerst bescheidenes Leben geführt. Weil er schon immer zu weit unten rangierte, um sich mit seinem Status in der Kerngruppe zu identifizieren, hat er das, was ihm wichtig erschien, seit langem in seine Freizeit verlegt. Die Bergwanderung, seine Jodlerfreunde und immer wieder ein paar Gläser zuviel, aber nicht soviel zuviel wie bei Herrn Flaschenmann, haben ihn fröhlich bleiben lassen.

Peter Frischauf als junger, gebildeter und dynamischer Sozialarbeiter hat viel mehr Grund, seine Identität aus der Arbeit zu beziehen. Ihm steht die

Welt der Kernstatusgruppe noch ganz weit offen, und die Altersschleuse ist so viele Jahre entfernt, daß er sie noch gar nicht wahrnimmt.

Annemarie hat sich einen viel zu hohen Platz ergattert, wenn man bedenkt, wie jung sie ist, welche Ausbildung sie mitbringt und wie wenig Berufserfahrungen sie hat. Eine clevere junge Frau also. Es ist jedoch möglich, daß gerade diese Tatsache des »Zu-hoch-eingestiegen-seins« später hinderlich wird. Bei jedem Stellenwechsel wird sie nämlich wieder nach ihrer Bildung gefragt werden und riskiert einen sozialen Abstieg.

Die Lokalisierung der Personen innerhalb der Hausfrauengruppierung stimmen im besten Fall in ihrer Selbsteinschätzung. Nach gesellschaftlichen Maßstäben dürften nämlich Frau Schweizer und Frau Schmied weit über Frau Mandrini stehen, da sie durch einen relativ hohen Status ihrer Ehemänner gewissermaßen Aufwind bekommen. Ihr Absturz im Falle einer Scheidung wäre denn auch um so schmerzhafter. Sind ihre Kinder älter geworden, werden beide vielleicht wieder berufstätig und rücken damit hinauf in die Kernstatusgruppe. Dann hat Frau Schweizer wahrscheinlich eine sehr viel höhere Statusposition als Frau Schmied, die keinen Studienabschluß aufzuweisen hat.

Im Laufe des Lebens wechseln Menschen also ihre Statusgruppierung. Dabei sind sie der Schwierigkeit ausgesetzt, daß die Bedingungen ihrer jeweiligen Statusgruppe weitgehend durch die Dominanz des gesellschaftlichen Zentrums bestimmt wird. So entsteht also aus einer ursprünglichen Ungleichartigkeit (z.B. bezüglich Alter und Geschlecht) eine völlig neue Qualität, nämlich eine Ungleichwertigkeit. Sie bezieht sich auf die Ressourcen, die jemand vorzuweisen hat, wenn er von einer Statusgruppe in eine andere wechselt. So wird Frau Schweizer zwar einen Studienabschluß vorweisen können, die langen Jahre als Erzieherin ihrer Kinder dürften jedoch kaum als besonders gute Eintrittsqualifikation in die Kernstatusgruppierung gelten.

Die in unserer Kultur wesentlichen Ressourcen lassen sich nach der Einschätzung des Soziologen Pierre Bourdieu im wesentlichen in ökonomisches und kulturelles Kapital unterscheiden. Diese Kapitalsorten werden durch die Herkunftsfamilie über die Generationen vermittelt, die Individuen eignen sie sich aber auch im Laufe ihres Lebens an. Dabei sind die einzelnen Statusgruppierungen sowohl durch eine unterschiedliche Kapitalmenge als auch durch eine verschiedenartige Zusammensetzung des Kapitals gekennzeichnet. So verfügen beispielsweise Jugendliche in der Regel über ein äußerst geringes finanzielles Kapitalvolumen, haben jedoch im Vergleich zu den alten Menschen in unserer Gesellschaft ein recht hohes kulturelles Kapital in Form durchschnittlich qualifizierterer Bildungsabschlüsse.

Im Laufe seines Lebens gehört der Mensch unterschiedlichen Statusgruppierungen an. Im Zentrum stehen einheimische erwerbstätige Männer. Sie kontrollieren aufgrund ihrer macht- und prestigehaltigen Positionen die Bedingungen der Statusgruppierungen an der Peripherie und die Zugangsmöglichkeiten zu ihrer Kernstatusgruppierung.

Schichtung als subjektives Phänomen

Das Zentrum-Peripherie-Modell ist nun keineswegs die Wahrheit, es ist lediglich eines von verschiedenen gedanklichen Konstrukten, die sich mit der sozialen Einstufung in »wichtigere« oder »weniger wichtige« Menschen befaßt.

Wahrscheinlich würde ein Lehrer oder eine Sachbearbeiterin in gehobener Stellung den im Modell postulierten starken Einfluß der Statusunterschiede bagatellisieren. Sie würden alle unsere Buchfiguren als ähnlich wertvoll bezeichnen – mit Ausnahme von Herrn Flaschenmann natürlich – aber ihr Verhalten würde sich wohl trotzdem nicht nach ihren Ideen richten.

In ihrem Bekanntenkreis zum Beispiel würden sich vor allem sozial Gleichgestellte finden, sicher keine türkischen oder italienischen Hilfsarbeiter. Und sie würden – wie unser demokratisch gesinnter Freund – den Hausmeister sich bücken lassen und dem Generaldirektor die Tür aufhalten, ohne zu merken, was sie tun.

Solche tief eingebauten Reaktionen passen genausogut in den mittleren Bereich der Kernstatusgruppe, zu dem unsere fiktiven Figuren gehören, wie das Gefühl, die Welt stünde allen Menschen gleichermaßen offen. Während die einen Anpassung und Unterwerfung sicherstellen, ebnet das andere die grundsätzliche Bereitschaft zur Mobilität.

Eine ehemalige Verkäuferin, die mit einem gutaussehenden aber schlechtverdienenden Verkäufer verheiratet ist, und als Hausfrau zwei kleine Kinder aufzieht, wüßte dagegen eher, wie dramatisch gesellschaftliche Stellungen auf ein Leben einwirken können. Sie würde den Zwiespalt zwischen persönlich empfundener Sinnhaftigkeit und gesellschaftlich bedingter Abwertung ihrer mit ihrem Status verbundenen Tätigkeit nämlich sehr schmerzlich zu spüren bekommen.

Die Mobilitätshoffnung wäre gering, und so könnte ihr das naive Ignorieren sozialer Unterschiede keinen Nutzen verschaffen.

Subjektive Schichtwahrnehmung ist also recht unterschiedlich, aber sie ist deshalb keineswegs zufällig verteilt.

Popitz fand in einer Untersuchung heraus, daß Arbeiter gesellschaftliche Schichtung als klare Zweiteilung wahrnehmen. Sie sehen keine Möglichkeit für die zahlreichen unteren Positionsinhaber, zu den wenigen hohen hinaufzusteigen. Personen aus der Mittelschicht denken hingegen eher an feinere Abstufungen und sehen die einzelnen Schichten als durchlässig an. Auf- und Abstieg der jeweiligen Mitglieder scheint ihnen eher möglich.

> Die Art, wie soziale Schichtung wahrgenommen wird, ist also abhängig von der eigenen Lage im gesellschaftlichen System. Zusätzlich ist sie aber auch eine Frage des momentanen Lebenshintergrundes, auf dem sie betrachtet wird.

Im allgemeinen überblickt man die Hierarchie noch am leichtesten innerhalb der eigenen unmittelbaren sozialen Umgebung. So sieht der Aushilfslehrer deutlich die Überlegenheit des fest angestellten Lehrers, und der Oberbuchhalter weiß, daß er eine bessere Position hat als der Buchhalter oder der Sachbearbeiter vom Nachbarbüro.

Diese Feinhierarchie ist für das Individuum deshalb gewöhnlich wichtiger als die Gesamtperspektive.

Herr Schmied ärgert sich zum Beispiel permanent darüber, daß sein unmittelbarer Vorgesetzter keine bessere Ausbildung als er selber besitzt und nach seiner Meinung nicht einmal mehr Erfahrung hat. Die Tatsache, daß es in der nahegelegenen Fabrik mehrere hundert Arbeiter und Arbeiterinnen gibt, die statusmäßig noch weit unterlegener sind, berührt ihn hingegen kaum. Dabei würde es ihm vielleicht schmeicheln, wenn er durch Popitz' Untersuchung wüßte, wie sehr er von dieser Seite bereits zum Establishment gerechnet wird.

Wie verschieden auch immer die Sicht der einzelnen sein mag, sie alle wirken an der gesellschaftlichen Situation mit.

Im letzten Abschnitt dieses Kapitels werden wir deshalb nun detailliert auf alltägliche Verhaltensprozesse eingehen. In ihnen wird das unterschiedliche Maß an Wertschätzung und an Möglichkeiten zur Einflußnahme noch deutlicher. Sie zeigen außerdem, wie Menschen in ihrem Handeln eher dazu neigen, gesellschaftliche Ungleichheit zu stabilisieren als sie abzubauen.

Vorher wollen wir jedoch eine Pause einlegen und den Versuch machen, die bisherigen Gedanken mit der eigenen Lebenssituation zu verknüpfen:

5.3.2 Ich frage mich...

- Kann ich mich an Situationen erinnern, in denen mir der höhere oder tiefere Status des anderen besonders deutlich bewußt wurde?
  Was spüre ich, wenn ich jetzt daran denke?
- Ich nehme mir die Tabellen vor, die sich auf die ungleiche Verteilung von Einkommen, Bildung und Berufsprestige beziehen. Wo müßte ich mich darauf jeweils selber einordnen?
  Zu welcher gesellschaftlichen Schicht kann ich mich wohl anhand dieser Einstufung zählen? Bin ich Mitglied der Kernstatusgruppe oder gehöre ich eher zu einer peripheren Gruppierung?
- Muß ich mich aufgrund einer oder mehrerer Statuslinien in einer anderen Schicht ansiedeln als mir lieb ist?
  Wenn ja – wie gehe ich damit um?
  Oder meine ich, daß ich ganz aus der Hierarchie herausfalle?
  Wo würden mich wohl andere einordnen?
- Welcher Schicht gehören ungefähr die Menschen an, bei denen ich mich gelöst und wohl fühle? Wären sie im Zentrum oder eher an der Peripherie zu lokalisieren?
  Welchen Status haben Leute, die ich mit Respekt bzw. Angst behandle und welche haben jene, mit denen ich achtloser umgehe?
- Hatte ich als Kind Spielkameraden, deren Eltern einen anderen sozialen Status hatten als meine Familie?
  Was sagten damals meine Eltern zu solchen Freundschaften?
- Welche Freunde, Bekannte und Nachbarn kenne ich heute, die zu einer anderen Statusgruppierung als ich selber gehören?
  Aus welchen Merkmalen schließe ich das, und was bedeutet es mir?
  Wie äußern sich für mich eventuelle soziale Unterschiede zwischen mir und meinen Klientinnen?Was fällt mir auf in Kontakten mit statustiefen Klienten?
- Möchte ich eine hohe soziale Distanz zwischen mir und meinen Klienten gerne abbauen? Kann ich das überhaupt? Wie wäre das möglich?
  In welchen Situationen hat mich der Abstand zu meinen Klientinnen und Klienten in meiner Arbeit behindert, wann war ich froh um ihn?

5.3.3 Wie soziale Ungleichheit im Alltag stabilisiert wird

Das Ausmaß der Ungleichheit zwischen Menschen – soweit es sich in den Statistiken spiegelt – hat uns betroffen gemacht. Vor allem deshalb, weil wir plötzlich eine Menge sozialer Tatsachen auf einmal vor Augen hatten und dabei ständig überrascht waren, in was für einer privilegierten Situation wir uns offenbar selber befinden. Noch betroffener aber hat es uns gemacht, daß vielleicht auch wir mehr zur bestehenden Ungerechtigkeit beitragen, als uns lieb ist. Über diesen Punkt haben wir viel nachgedacht, als wir die jetzt folgenden Abschnitte schrieben. Sie haben nämlich zum Thema, wie sich soziale Ungleichheit im konkreten Verhalten äußert, und wie sie von den Beteiligten meistens eher verfestigt und nicht abgebaut wird.

Auch im abstraktesten Gesellschaftsbereich möchten wir also dem Stil unseres Buches treu bleiben und vor allem schauen, wie Ungleichheit durch den einzelnen mitgeschaffen wird. So können wir uns auch von diesen Prozessen selber nicht ausnehmen und hoffen, daß wir damit nicht allein bleiben.

Unser erstes Beispiel handelt von Zusammenhängen zwischen Verhalten und sozialem Ansehen. Im zweiten analysieren wir, wie ungleiche Machtverteilungen im Alltag immer wieder neu bestätigt werden.

Prozesse der Entstehung und Erhaltung sozialer Geringschätzung

Herr Mandrini ist Hilfsarbeiter, verdient weniger als 3000 Franken netto im Monat (was in der reichen Schweiz sehr wenig ist), hat keine abgeschlossene Grundschulausbildung und kommt aus Italien. All diese Merkmale machen ihn in seinem Gastland zu einem Mitglied der Unterschicht bzw. des unteren Teils der Kernstatusgruppe. Teilt seine Frau diesen Status? Als Putzfrau und als Hausfrau gehört sie gar nicht zum zentralen gesellschaftlichen Bereich. Beide Positionen sind also in ihrem Fall ähnlich peripher.

Wie wirkt sich dies alles nun auf das Ansehen aus, das die beiden in ihrer sozialen Umgebung genießen?

Erhalten sie überhaupt Signale der Geringschätzung, und wie drücken sie sich gegebenenfalls in den täglichen Interaktionsprozessen aus?

Königs finden Familie Mandrini einfach nett. Auch Herr Flaschenmann lacht ihnen immer freundlich zu. Diese drei haben jedoch einen ähnlich tiefen oder sogar einen tieferen Status als die Italiener.

Bei den anderen, sozial besser gestellten Hausbewohnern, sieht es weniger positiv mit der Anerkennung aus:
Innerhalb der Hausgemeinschaft kommt die deutlichste gedankenlose Abwertung von den Gebrüdern Käsegrimm. Für sämtliche Nachbarn erübrigen sie schon selten mehr als ein knappes »Grüezi«, aber Mandrinis werden nicht einmal mit dieser Minimalfreundlichkeit bedacht.
Außerhalb der Hausgemeinschaft hat es vermutlich Herr Mandrini am schwersten. Seine Arbeitskollegen sind gelernte Bauleute und betonen offensichtlich den Abstand zum Hilfsarbeiter. Die Neun-Uhr-Pause verbringt er meistens allein. Bauherren grüßen ihn selten. Obwohl Herr Mandrini aufgrund seiner langjährigen Erfahrungen ausgesprochen sachkundig und tüchtig ist, wird er praktisch niemals um Rat gefragt. Diese Ungerechtigkeit verletzt den Italiener, und so kommt er nach solchen Arbeitstagen am Abend meist erst einmal recht mürrisch nach Hause.

Im konkreten Verhalten kann sich also eine mögliche soziale Geringschätzung im *Vermeiden von Kommunikation* ausdrücken. Es handelt sich hier aber in keinem Fall um ein fest vorgegebenes Muster, sondern um einen Prozeß, in dessen Verlauf die Abwertung durch das Verhalten der einen und dessen Interpretation durch die anderen zu einer sozialen Tatsache wird, die schließlich sehr konkret das Selbstbild der Beteiligten prägt.

Das folgende Schema illustriert den möglichen Ablauf eines solchen Prozesses:

1. KOMMUNIKATIVE FORM SOZIALER GERINGSCHÄTZUNG

Vermeiden von Kommunikation

Käsegrimms grüßen nicht

Frau Schweizer zieht sich so schnell wie möglich zurück, etc.

WAHRNEHMUNG UND INTERPRETATION DURCH DIE BETROFFENEN

Mandrinis nehmen Schweigen, schnellen Rückzug und Kontaktvermeidung recht häufig wahr.

Manchmal interpretieren sie es als Unhöflichkeit, Schüchternheit oder Zurückhaltung, d. h. als Eigenart der betreffenden Person, die nichts mit ihnen selber zu tun hat.

Manchmal meinen sie aber auch, Verachtung, Desinteresse und Ablehnung zu spüren

MÖGLICHE SCHLUSSFOLGERUNGEN

Anfangs werden solche Situationen als Einzelfälle betrachtet.

Später verdichtet sich jedoch das Gefühl, abgelehnt zu werden, und im Extremfall wird jedes, auch das zufällige Schweigen als Verachtung gedeutet.

Im schlimmsten, aber leider häufigsten Fall wird schließlich die nur hineininterpretierte genauso wie die gemeinte Mißachtung ins eigene Selbstbild übernommen.

Aus einem „vielleicht halten die anderen nicht viel von mir“ wird ein „ich bin nichts wert“

Für das Prozeßergebnis – das negative Selbstbild gegenüber Menschen in zentraleren Positionen – ist also schließlich weniger die persönliche Motivation der Kontaktvermeidenden ausschlaggebend als vielmehr die Häufigkeit mit der solche Prozesse aufgenommen bzw. wahrgenommen werden, sowie die Art der Interpretation des Vermeidungsverhaltens durch die Betroffenen.

Gerade die Interpretationen sind nun aber nicht unwesentlich von den anderen Formen möglicher sozialer Geringschätzung bestimmt, die der einzelne im Alltag erfahren kann:
Eine davon ist der Drang, einseitig und vielleicht übertriebene Hilfsbereitschaft zu zeigen. Er ist eine besonders subtile Form der Mißachtung:

> Frau Schweizer käme als progressive Studentin-Mutter niemals auf die Idee, Frau Mandrini nicht täglich zu grüßen und der Nachbarin eine zwar dosierte, immerhin aber vorhandene Freundlichkeit zu signalisieren.
> Trotzdem regt sie sich manchmal stundenlang bei Ehemann und Freundin über Frau Mandrinis Verhalten auf: »Wie die die Kinder behandelt und...« Gleichzeitig sucht sie in Gedanken nach Mitteln und Wegen, um Frau Mandrini zu helfen, damit sie aus ihrer »elenden« Lage herauskommt, die sich für Frau Schweizer folgendermaßen darstellt:
> »Mit Kindern und Putzarbeit doppelt belastet muß die arme Frau am Wochenende vom Morgen bis zum Abend auch noch ihren Mann und dessen Schützlinge aus dem Heimatdorf verpflegen und bedienen. Beständig schimpft er über das Essen, findet seine Frau zu dick und stellt sie vor allen Besuchern und Besucherinnen bloß. Er beklagt sich wortreich über sie und behauptet, er wünsche sich nichts sehnlicher, als daß sie mit den Kindern nach Italien ginge, damit er sich hier endlich in aller Ruhe eine Freundin suchen könne. Kein Wunder, daß sie ihre Überforderung an den Kindern ausläßt.«
> Frau Schweizers Hilfe besteht nun in Erwägungen, ob sie einen Sozialarbeiter einschalten solle, der die »mißhandelten« Kinder unterstützen könnte, und im übrigen macht sie kleine, erzieherische Bemerkungen wie »aber lassen Sie doch den Kindern ein bißchen mehr Freiheit... Schimpfen nützt doch gar nichts... kleine Kinder sollte man möglichst nicht schlagen...« etc.

Diese Form sozialer Geringschätzung ist vermutlich sehr weit verbreitet, wird aber nur selten mit ihren teilweise fatalen Folgen bewußt:

2. KOMMUNIKATIVE FORM SOZIALER GERINGSCHÄTZUNG

einseitige und übertriebene Hilfsbereitschaft und Ratschläge

Frau Schweizer denkt an Hilfe von außen

Zudem erteilt sie beständig kleine Ratschläge in belehrendem Tonfall

WAHRNEHMUNG UND INTERPRETATION DURCH DIE BETROFFENEN

Der Vorschlag, einen Sozialarbeiter einzuschalten, dringt in seiner direkten Form vor allem zur nächsten sozialen Umgebung von Frau Schweizer.
Frau Mandrini merkt nur die vielen mitleidigen und mißbilligenden Blicke.
Sie entnimmt ihnen, daß sie nicht ganz für voll genommen wird, kann es aber an nichts Konkretem aufhängen.
Es verwirrt sie, und sie denkt:

Die *offene* Hilfsbereitschaft interpretiert sie anfangs vielleicht noch als freundliche Zuwendung. Da ihr andererseits Frau Schweizer kaum Gelegenheit gibt, auch selber Hilfeleistungen anzubieten, meint sie mit der Zeit, daß die Nachbarin wohl in allem genau wisse, was richtig und was falsch ist.

Dem Tonfall von Frau Schweizer entnimmt sie, daß die Nachbarin sie für unfähig und pädagogisch weniger geschickt als sich selber hält.

MÖGLICHE SCHLUSSFOLGERUNGEN

Es entsteht ein negatives Selbstbild, indem sich Frau Mandrini mit der Zeit als unfähig einschätzt, mit Mann und Kindern richtig umzugehen.

Vielleicht folgt sogar die Übergabe der Verantwortung für sich und die Familie an die kluge Nachbarin. Sie kann sich z.B. darin äußern, daß sie sich bei allem zu fragen beginnt, ob die andere das wohl gut finden würde.

Falls sie beides verhindern möchte, bleibt ihr nur noch der Kontaktabbruch, um sich vor der Etikettierung durch Frau Schweizer zu schützen.

Wieder zählt für den Effekt – ein negatives Selbstbild der als peripher Eingestuften – weniger die gute Absicht der Helfer als die Tatsache der Einseitigkeit der Hilfeleistung sowie Tonfall und Gestik, die die Hilfsaktionen begleiten. Zusätzlich wirksam wird das diffuse Gefühl, nicht mehr als Mensch, sondern als »Sozialfall« betrachtet zu werden.

Die nächste Form der Übermittlung sozialer Geringschätzung ist die deutlichste, und trotzdem kann auch sie sehr versteckt und für die Übermittelnden kaum bewußt in Erscheinung treten:

> In der weiteren Nachbarschaft – Handwerker und Kleinbürger – genießt Frau Mandrini recht viel persönliche Anerkennung. Sie hält nämlich gerne ausgedehnte Schwätzchen und ist fast immer fröhlich. Allerdings wird die freundliche Einschätzung öfter mit Zusatzbemerkungen garniert wie: »... Frau Mandrini, eine einfache Frau, aber wirklich nett. Doch, doch...« Einmal hat Frau Mandrini so etwas im Vorbeigehen gehört und sehr unter diesem Satz gelitten. Die freundliche Nachbarin wäre sicher erschrocken, wenn sie gewußt hätte, was sie mit ihrer Bemerkung ausgelöst hat.

3. KOMMUNIKATIVE FORM SOZIALER GERINGSCHÄTZUNG	WAHRNEHMUNG UND INTERPRETATION DURCH DIE BETROFFENEN	MÖGLICHE SCHLUSSFOLGERUNGEN

Direkte Diskriminierung

… durch Abwertung

Die Nachbarin spricht positiv von der Person, erwähnt aber den tiefen sozialen Status.

… und durch Selbsterhöhung …

Das gleiche passiert, wenn sie Frau Mandrini den eigenen höheren Status vorhält.

Frau Mandrini hört die Bemerkung und interpretiert:

Bleibt eine solche Bemerkung ein Einzelfall, so wird sich Frau Mandrini an all die vielen Situationen erinnern, die sie erfolgreich gemeistert hat und den Schluß ziehen:

Wiederholt sie sich aber oft, so liegt eines Tages der Gedanke nahe …

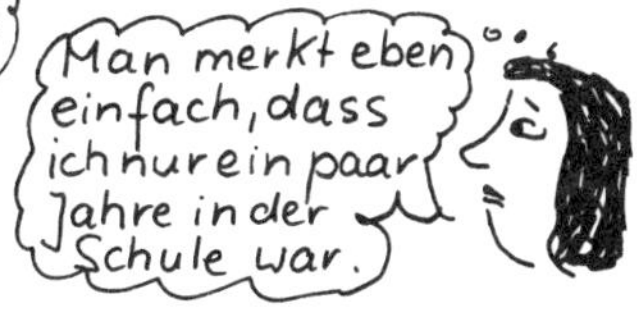

Diese Darstellung konkreter Alltagsprozesse sollte deutlich machen, wie das Gefühl, weniger wert zu sein als andere, zwar durchaus damit zusammenhängt, daß man in geringerem Ausmaß wichtige soziale Güter besitzt, daß es immer aber auch durch die Kommunikation mit Angehörigen höherer Schichten vermittelt wird. Signale der Geringschätzung werden von den Betroffenen wahrgenommen und interpretiert und führen schließlich zu einer Definition ihrer eigenen Situation, die im ungünstigsten Fall durch ein niedriges Selbstwertgefühl charakterisiert ist.
Der Prozeß verläuft aber auch umgekehrt. Frau Mandrini, die im Laufe des Lebens durch die gehäuften kleinen und oftmals auch sehr feinen Bemerkungen und Handlungen auf ihre soziale Bedeutungslosigkeit verwiesen

worden ist, empfindet sich nun wirklich als weniger wertvoll als viele andere und handelt ihrerseits so, daß sie dem Statushöheren einen natürlichen Kontakt erschwert.

4. KOMMUNIKATIVE FORM SOZIALER GERINGSCHÄTZUNG	WAHRNEHMUNG UND INTERPRETATION DURCH DIE BETROFFENEN	MÖGLICHE SCHLUSSFOLGERUNGEN

Die Selbsterniedrigung bzw. Fremderhöhung

Frau Mandrini redet bei einer Nachbarin über Frau Schweizer:

und fragt Frau Schweizer:

Frau Schweizer hört davon, und interpretiert, daß sie als etwas Besonderes angesehen wird. Einmal durch ihren Status als Akademikerin und außerdem wegen ihrer unter „gleichen" als normal geltenden Höflichkeit.

Sie hört, wie sich Frau Mandrini fast überschlägt, als sie eine Einladung zum Abendessen annimmt, und interpretiert, daß sich die Nachbarin geehrt fühlt, eine Akademikerin zu Besuch zu haben. Gegen ihren Willen schleicht sich leiser Stolz in ihr Herz. Sie denkt:

So kann der Statustiefere durch seine eigene Reaktion wieder eine neue soziale Tatsache schaffen: Der Graben wird noch einmal höher und schwerer zu überspringen. Statt daß der Kontakt zwischen den Schichten die Barriere abbaut, erhält der Statushöhere zusätzliches Prestige.
Beim nächsten Kontakt betont er möglicherweise noch deutlicher, daß er doch auf einer Stufe mit dem anderen stehe. Damit zerstört er weiterhin die Natürlichkeit der Achtung im Kontakt zwischen den Schichten.

Kontakte zwischen den Angehörigen verschiedener Schichten bzw. Statusgruppierungen haben also nicht in jedem Fall positive Folgen. Sie können nur dann zu gegenseitiger Achtung führen, wenn man es auf die Dauer schafft, sie nicht nur ideologisch sondern auch real zur zwanglosen Selbstverständlichkeit werden zu lassen. Gleichzeitig muß man bereit sein, die Denk- und Interpretationsweise des anderen zu verstehen und sich mit ihr auseinanderzusetzen.

Aber bleiben wir zunächst noch bei den Prozessen, die die soziale Distanz zwischen den Menschen in verschiedenen zentralen Positionen erhalten helfen. Im nächsten Abschnitt werden wir uns mit der Frage beschäftigen, inwieweit auch die unterschiedlichen Einflußmöglichkeiten und Kontrollbefugnisse durch alltägliches Handeln verfestigt werden können.

Prozesse der Ausübung und Anerkennung von Macht

An den Anfang unserer Überlegungen stellen wir diesmal ein sozialwissenschaftliches Experiment, dessen Ergebnisse zeigen, wie selbstverständlich Vertreter zentraler Positionen Machtansprüche stellen können, und wie meist mit der gleichen Selbstverständlichkeit diese Machtansprüche durch sozial Tieferstehende akzeptiert werden:

Kurzinformation aus der Forschung

Zwölf Pfleger und Schwestern eines öffentlichen und zehn eines privaten Spitals wurden folgendem Experiment unterzogen: Im Medikamentenschrank wurden Placebo-Medikamente eingeschmuggelt, d.h. mit Glucose gefüllte rosarote Kapseln, deren Etiketten folgende Aufschrift trugen

Astroten
5 mg-Kapseln
Normale Dosis: 5 mg
Maximale tägliche Dosis: 10 mg

Das Pflegepersonal war ahnungslos und mußte glauben, daß es sich um echte Medikamente handelte.
Um die abendliche Besuchszeit herum wurden nun 22 Pfleger und Schwestern in verschiedenen Abteilungen – Medizin, Chirurgie, Pädiatrie und Psychiatrie – von einem ihnen Unbekannten angerufen.
Seine Stimme war höflich, aber von selbstsicherer Autorität. Das typische Telefongespräch verlief bei 21 der 22 ahnungslosen Experimentteilnehmern etwa folgendermaßen:
Schwester: Schwester Ruth, Abteilung X
Anrufer: Ist dort die diensthabende Schwester?

Schwester: Ja
Anrufer: Hier ist Dr. Hanford, Psychiatrie. Ich habe heute Mr. Carson gesehen und werde heute abend nochmals vorbeikommen.
Schwester: Ja
Anrufer: Ich habe wenig Zeit und ich möchte, daß er ein bestimmtes Medikament bekommt. Würden Sie bitte im Medizinschrank nachschauen, ob Sie Astroten haben!
Schwester: Was bitte?
Anrufer: Astroten
Schwester: Ich bin ziemlich sicher, daß wir das nicht haben.
Anrufer: Würden Sie bitte nachschauen!

Pause, die Schwester schaut nach

Schwester: Ja, wir haben das Medikament
Anrufer: Gut, geben Sie 20 mg, das sind 4 Kapseln. Ich werde in 10 Minuten vorbeikommen und das Rezept ausstellen. Aber ich möchte, daß dann das Medikament bereits wirkt.
Schwester: 4 Kapseln, das geht in Ordnung
Anrufer: Danke
Schwester: Bitte sehr

21 Schwestern und Pfleger machten sich ohne zu zögern an die Ausführung der telefonischen Anordnung eines Doktors, dessen Namen und dessen Stimme sie nicht kannten.
Vor der Verabreichung des Medikaments wurden sie vor der Zimmertür des Patienten vom Psychiater der Abteilung gestoppt. Er hatte als unauffälliger Beobachter figuriert und klärte die Schwester bzw. den Pfleger über das Experiment auf.
In nachfolgenden Interviews durch eine neutrale Person gaben elf an, sie hätten die zu hohe Dosierung bemerkt. 18 sagten, sie seien sich bewußt gewesen, daß solche Verordnungen außer bei Notfällen nicht in Ordnung seien.
Die durchschnittliche Reaktion auf das Experiment war: Bekümmerung, Besorgtheit und leichte Schuldgefühle. Ärger hatte nur der bzw. die empfunden, der (die) die Verabreichung verweigert hatte. Die meisten meinten, sie hätten eigentlich mehr Widerstand leisten sollen, wußten aber nicht, ob ihr Verhalten typisch oder untypisch gewesen war.
Fast alle erinnerten sich an ähnliche Situationen und verwiesen auf den Ärger der Ärzte, wenn sie Widerstand gegen ihnen unkorrekt erscheinende Medikamentenabgabe geleistet hatten.

(Quelle: Hofling, K. u.a., 1972)

Bevor wir uns Gedanken darüber machen, was das Experiment in bezug auf konkrete Stabilisierungsprozesse ungleicher Machtverteilung aussagt, wollen wir uns noch die gesellschaftliche Situation der Beteiligten vergegenwärtigen. Aufgrund der formalen Bildung sind die Schwestern wahrscheinlich im diffusen mittleren Bereich der Schichtungshierarchie anzusiedeln, während die Ärzte eindeutig zum oberen Teil der Kernstatusgruppe gehören. Zusätzlich sind beiden Berufsrollen in den Organisationen sehr verschieden hohe Positionen mit unterschiedlich viel Einkommen, Wertschätzung und Einflußmöglichkeiten zugeordnet.

> In den meisten Organisationen wird nämlich durch Art und Aufbau der formellen Struktur gesellschaftlich gültige soziale Ungleichheit verfestigt und gestützt.

Ohne die Bestätigung im täglichen Handeln könnte diese Ordnung aber vielleicht gar nicht aufrechterhalten werden.
Wie war das noch im Experiment?
Klar, am Anfang steht die schon vorgegebene verschieden hohe Bewertung der beiden formalen Rollen und ihre unterschiedlichen Möglichkeiten der Einflußnahme. Beide Rollenträger wissen darum und nehmen sie beim Eintritt in die Organisation als bestehende Tatsache hin. Legitimiert ist sie durch den Glauben an den unterschiedlichen Grad an Kompetenz, den beide im Laufe ihrer Ausbildung erwerben. Das daraus resultierende Vertrauen des Statustieferen in die Fähigkeiten des Statushöheren erweist sich in vielen Fällen als berechtigt. Nur zu oft schlägt das für die Arbeit notwendige Vertrauensverhältnis jedoch in blinde Autoritätsgläubigkeit auf der einen und in unbedachte Machtdemonstration auf der anderen Seite um. Damit fällt aber die zum Wohle des Klienten notwendige Gegenseitigkeit der Kontrolle fort.

> Das Wissen um die Ungleichheit der sozialen Bewertung und der unterschiedlichen Möglichkeiten der Einflußnahme wird in den Organisationsrollen vorausgesetzt. Es wird aber erst durch das Verhalten und Denken der Menschen im unmittelbaren Umfeld zur sozialen Wirklichkeit und damit immer wieder neu bestätigt.

Das Astroten-Experiment liefert dazu genaueres Material. Es zeigt uns, wie Machtunterschiede durch Art und Form der Interaktion stabilisiert werden. Schauen wir es daraufhin noch einmal konkret an und kristallisieren wir einige Verhaltenstypisierungen und Denkmuster heraus.

Der Arzt		die Schwester
– gab Anweisungen	⟷	nahm sie entgegen
– er ordnete mit sicherer, autoritativer Stimme an (und durchbrach dabei einige wichtige Regeln, siehe telefonische Verordnung oder Überdosis)	⟷	die Schwester äußerte ihre Gefühle wie Zweifel, Verwunderung oder Unsicherheit nicht genügend und akzeptierte die durch den Arzt geschaffene Situation.
– er fragte die Schwester nicht nach ihrer Meinung.	⟷	sie stellte keine Fragen
– Der Arzt konnte sich dabei auf frühere Ereignisse abstützen, denn die Schwester erinnerte sich an ähnliche Situationen, in denen sie von anderen Ärzten zurechtgewiesen worden war	⟷	die Schwester bezog die Angst vor Zurechtweisung in ihr Handeln ein und paßte sich an.

Die Ebene der Interpretationen ist uns aus dem Text nicht detailliert zugänglich, so daß wir auf Spekulationen angewiesen sind: Wahrscheinlich bestätigte das sichere Verhalten des Arztes bei den Schwestern ihr bereits innerlich vorhandenes Bild von den Experten, den »Göttern in Weiß«, die einfach alles bestimmen dürfen. Umgekehrt würde in einer realen Situation der Arzt durch das fast unterwürfige Verhalten der Schwester in seiner gelernten Vorstellung bestätigt werden, nach der Schwestern erwarten, daß Situationen allein vom Arzt bestimmt und getragen werden. Die der formellen Hierarchie zugrunde liegende hohe soziale Distanz erschwert es, daß einer der Beteiligten einen solchen Prozeß durchbrechen kann, und so wird wieder einmal mehr für die Schwestern die eigene niedrige Position zur sozialen Tatsache. Wenn sich ähnliches häufig wiederholt – und das ist im Spital sehr wahrscheinlich – hat es auch Konsequenzen außerhalb der Organisation.

Denn wie wir schon bei Frau Mandrini sahen, haben solche Interaktionen Folgen für das Selbstbild der Beteiligten. Mit der Zeit beginnen sie sich ganz automatisch so zu verhalten, wie es ihrem Status entspricht. Für den Statustieferen z. B. heißt das im Extremfall, daß er seine eigenen Fähigkeiten allgemein geringer einschätzt. Statushöheren schreibt er außerdem wahrscheinlich besondere Qualifikationen zu, verhält sich ihnen gegenüber angepaßt und betrachtet deren größere Möglichkeiten zur Einflußnahme unter allen Umständen als völlig berechtigt.

Eine Zusammenfassung beider Stabilisierungsprozesse

Wir möchten nun gerne einige Parallelen zwischen den Nachbarschaftskontakten von Frau Mandrini und Frau Schweizer und dem Astroten-Experiment ziehen.
In beiden Beispielen befinden sich Menschen zu irgendeinem Zeitpunkt ihres Lebens in einer tieferen Statusposition als ihre Interaktionspartner. Aus ihrer persönlichen sozialen Geschichte bringen sie unterschiedlich viel Vorwissen darüber mit, was das in bezug auf ihr Ansehen und ihre Chance, sich in der Situation durchzusetzen, heißt (siehe 1. + 2.).
Spätestens, wenn sie in der Situation aufeinandertreffen, bestätigen sie einander dieses Wissen auch für den neuen Zeitpunkt und für die aktuelle Umgebung. Diesen Prozeß steuern und fördern sozial vorgeformte Gedanken, Verhaltens- und Interpretationsmuster, aber auch bestimmte formelle Organisationsstrukturen (3.).
Wenn der Prozeß sich hier und andernorts häufig genug wiederholt, wird das so gespeicherte Wissen auch auf andere Situationen und auf andere Umgebungen übertragen und damit verallgemeinert. Auf diese Weise kommt überhaupt so etwas wie ein über die Situation hinausweisendes Bewußtsein der eigenen Lage zustande. Meist ist es konzeptuell diffus und akzeptiert eher die Rechtmäßigkeit der Hierarchie, als daß es sie in Frage stellt. Ein von allen Menschen mit gleichem Status gemeinsam empfundenes soziales Problembewußtsein entsteht meist nicht, da es sich bei den einzelnen Statusgruppen ja wie erwähnt nicht um eigentliche Gruppen handelt, die eine gemeinsame Zielsetzung entwickeln können, sondern allenfalls um soziale Kategorien (4. + 5.).

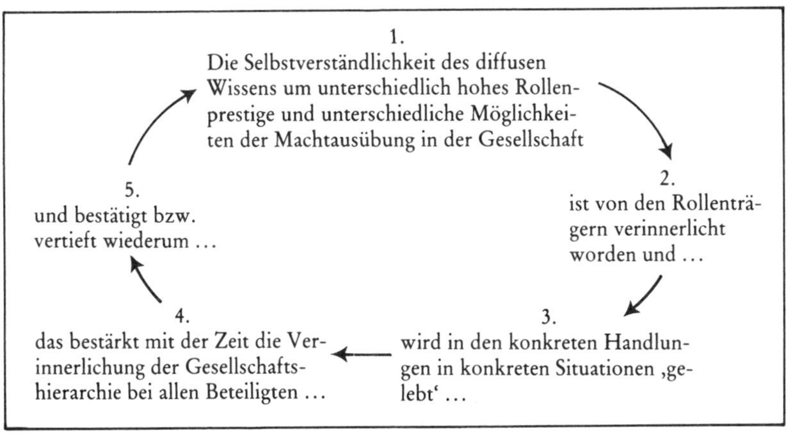

In einem letzten Schritt wird das Wissen um die sozialen Unterschiede erneut zum Ausgangspunkt für weitere Prozesse, die Ungleichheit bestätigen.
Die gesellschaftliche Hierarchie ist also auch ein Produkt aller beteiligten Menschen und nicht nur Schicksal oder von oben geschaffene Ungerechtigkeit. Paradoxerweise kann eine hilfsbereite Person, die Veränderung bewirken möchte, aufgrund solcher Prozesse gegen ihren Willen an der Zementierung der Verhältnisse mitarbeiten (wie wir am Beispiel von Frau Schweizer aufgezeigt haben).
Eine große soziale Distanz, die ein Einfühlen in die Situation des anderen verhindert, die meist einseitige Form der Hilfeleistungen, soziale Konzepte, formelle Strukturen, sowie die Art von Sprache und Sprechweise sind wesentliche Bedingungen dafür, daß – häufig gut gemeint – Prozesse in Gang gesetzt werden, die die ungleiche soziale Situation nur noch verfestigen. Zu diesem Themenkreis möchten wir wieder stellvertretend für alle Leser der Sozialarbeiterin und dem Sozialarbeiter Fragen zusammenstellen, die es erleichtern, die eigene Rolle in diesem Prozeß zu überdenken:

5.3.4 Ich frage mich...

Ich möchte mir darüber klarer werden, wie ich und die Leute in meiner Umgebung, dazu beitragen, daß Menschen in alltäglichen sozialen Situationen nicht gleich viel Wertschätzung bekommen und unterschiedliche Möglichkeiten der Einflußnahme besitzen:

- Mit welchen Gesten, Worten und mit welchem Tonfall haben mir andere Menschen schon ein gutes Selbstwertgefühl vermittelt?
- Habe ich schon einmal Verachtung von sozial Höherstehenden zu spüren bekommen?
  Von wem?
  Ist mir das häufig passiert?
  In welcher Form habe ich sie wahrgenommen und wie habe ich sie interpretiert?
- Ich habe nicht die Absicht, meine Klienten und Klientinnen zu diskriminieren, sonst wäre ich nicht in diesem Beruf. Woran könnte ich es merken, wenn ich es dennoch tue? Welche Beispiele fallen mir ein?
- Wie kann ich verhindern, daß es mir wieder passiert?

- Vor welchen Klientinnen habe ich Achtung? Wie kam es zu diesem Gefühl ihnen gegenüber?
- Fühle ich mich selber vor allem in der Helferrolle?
  Was sind meine Absichten? Will ich eher dem Individuum helfen oder liegt mir manchmal auch daran, Statusunterschiede aufzuheben, so weit es in meinen Möglichkeiten liegt?
  Wie erlebe ich die konkreten Ergebnisse meiner Bemühungen?
- Wie gut kann ich mich in die Situation meiner Klienten aus peripheren sozialen Positionen versetzen und abschätzen, welche Art von Hilfe sie aus ihrer Perspektive heraus benötigen? Kam es schon vor, daß ich von meiner »Mittelschichtperspektive« ausging und damit zu Fehlinterpretationen der Situation kam?
  Welche Folgen hatte das?
- Wie kann ich mir meinerseits von meinen statustiefen Klientinnen helfen lassen, um die Einseitigkeit der Unterstützung zu mildern?
  Kann ich eine gegenseitige Hilfe in unsere Kommunikation regelmäßig einbauen?

Werkstattgespräch
zwischen
Birgit und Christiane

Zur Konstruktion von Wirklichkeit:

B: Was der einzelne dazu beiträgt, daß soziale Ungleichheit durch normales Alltagshandeln gestützt wird, haben wir gebracht.
Leider habe ich mich irgendwo in Frau Schweizer und zum Teil auch in den Krankenschwestern wiedererkannt. Und deswegen hätte ich jetzt eigentlich gern mehr Strategien und Wissen, wie man Statusunterschiede auch abbauen kann.

C: Ja, was kann ich als einzelne tun? Das möchte ich auch wissen. Aber mir graut davor, womöglich so Ratschläge in Westentaschenformat zu geben. Es ist so schwierig, die Mitte zu finden. Ich meine den Weg zwischen großangelegten, abstrakten Programmen, die eigentlich weit weg von den Möglichkeiten der einzelnen sind und vielleicht völlig trivialen Anweisungen für den Hausgebrauch.

B: Wie wär's denn, wenn wir unsere Ideen nicht in Ratschläge investieren würden, sondern in so was wie methodische Schritte? Mit denen könnte man dann vielleicht zu einer besseren Erfassung und damit auch Mitgestaltung der sozialen Wirklichkeit kommen.

C: Ah, das klingt gut. Und das kommt mir auch machbar vor. Wir könnten dann sogar den ganzen weiteren Text über soziale Ungleichheit so ordnen, daß er gleichzeitig die Methode illustriert. Aber vorher, glaube ich, sollten wir noch eine Pause machen und endlich mal unsere Lieblingsidee aussprechen.

B: Ja? Ich finde zwar, daß das den Gedankenfluß ziemlich unterbricht. Und trotzdem … Hinter dieser Idee vom Verändern-Können steht tatsächlich ein ganzes theoretisches Gedankengebäude. Das sollten wir wahrscheinlich wirklich endlich ausführlich bringen.

C: Genau das meine ich. Aber blöderweise war alles, was wir in unseren Entwürfen zum Kapitel darüber geschrieben haben, derartig kompliziert, daß wir es unmöglich ins Buch nehmen können. Und ganz weglassen können wir's einfach auch nicht. Mich macht dieses Dilemma ganz kribbelig.

B: Hör mal. Und wie wär's, wenn wir es uns einfach gegenseitig erzählen? Gesprochene Sprache ist meistens viel einfacher als geschriebene Sprache.

C: Du bist absolut phantastisch. Vielleicht geht's so. Wir probieren's einfach. Fang gleich mal an!

B: Also, ich meine, der Anfangsgedanke ist der, daß sich jeder durch seine selektive Wahrnehmung der Umwelt und durch die Interpretationen dieser Wahrnehmung so etwas wie seine »subjektive Wirklichkeit« schafft. Wir haben das zwar bisher noch nicht so genannt, aber im Grunde haben wir immer wieder Bruchstücke dieses Prozesses geschildert.

Was würde ich zu dieser subjektiven Wirklichkeit alles dazurechnen? Da wären mal alle Ereignisse, die ich jemals selber wahrgenommen habe oder die ich von andern übermittelt bekommen habe. Genauer gesagt: Deren Interpretationen. Dann gehören die Gedanken und Gefühle dazu, die ebenfalls erlebt und gelernt werden können. Zum Beispiel die eigenen Rollenvorstellungen und Alltagstheorien, die Normen und so weiter. Und schließlich noch das bewußte und das intuitive Wissen um Verhalten in bestimmten Situationen, die Quasirollen und so.

Uff. Das wäre unsere Version von der »subjektiven Wirklichkeit« des Menschen. Oder fehlt noch was?

C: Ich glaube nicht. Vielleicht sollten wir sicherheitshalber noch sagen, daß sich jeder Mensch so eine »subjektive Wirklichkeit« zurechtlegt. Also natürlich auch Soziologen und Soziologinnen. Das, was wir zum Beispiel am Anfang über Gesellschaft geschrieben haben, das ist *unsere* subjektive Sichtweise von Gesellschaft, keineswegs aber die Wirklichkeit an sich.

B: Sehr richtig, aber was heißt überhaupt »Wirklichkeit an sich«? Auf diesen Punkt müssen wir sicher genauer eingehen. Schließlich haben wir uns die Köpfe darüber heiß diskutiert, ob es sie gibt oder nicht.

C: Mh. Ich stelle mir das so vor, daß »Wirklichkeit an sich« so ungeheuer komplex ist, daß niemand sie als Ganzes erkennen kann. Und deswegen schaffen sich auch alle ihre eigene Realität, weil sie ja immer nur Ausschnitte aus dem Ganzen wahrnehmen und interpretieren können.

Die Gesamtheit, also die »Wirklichkeit an sich« besteht für mich aus allen Individuen, außerdem aus allen gegenwärtigen und vergangenen Einrichtungen und Prozessen in der Gesamtgesellschaft, soweit sie durch Interaktionen entstanden sind. Solche sozialen Tatsachen beinhalten aber nicht nur das, was Menschen geschaffen haben, wie zum Beispiel Sitten und Gebräuche oder Institutionen wie Ehe und Religion oder Organisationen wie Schulen und Spitäler...

B: Nein, das ist nicht alles. Dazu kommt auch noch der Teil der Gedanken, Gefühle und Handlungen von Menschen, der durch den Umgang mit anderen Menschen oder durch Erfahrungen in Gruppen oder Organisationen beeinflußt ist. Bei den anderen muß ich das ja von außen betrachten, und damit gehört dieser Teil auch zur sozialen »Wirklichkeit an sich«.

C: Genau. Ganz schön kompliziert, nicht? Aber wahrscheinlich besser, als wenn wir uns und anderen die Illusion einer klaren, eindeutigen Realität schaffen würden. Und das noch gedruckt. Dann glaubt man's doch noch leichter und hält's womöglich für *die* Wahrheit.

B: Ja. Einfach ist das wirklich nicht, denn es geht ja noch weiter. Der Clou ist nämlich, daß sich beide Arten von Wirklichkeiten beeinflussen.

Unsere »subjektive Wirklichkeit«, also zum Beispiel die Art, wie Du und ich soziale Unterschiede sehen, hängt davon ab, daß wir Soziologinnen sind und damit eine ganz bestimmte Ausbildung gekriegt haben. Das aber wiederum ist nicht allein eine Sache unserer Interpretation, sondern das ist ein Teil von »Wirklichkeit an sich«. Er beeinflußt unsere subjektive Realität.

C: Ja. Ausbildungsgänge sind institutionalisiert, gehören damit zur »Wirklichkeit an sich« und beeinflussen die subjektive Realität von jedem Menschen. Aber die Beeinflussung läuft eben auch umgekehrt, und das finde ich so unheimlich faszinierend.

Stell Dir vor, subjektive Wahrnehmungen und Interpretationen münden ja meist wieder in soziales Handeln ein. Das heißt, im Umgang mit anderen Menschen oder mit Gruppen oder Organisationsmitgliedern *konkretisiert* sich die »subjektive Wirklichkeit« des einzelnen.

B: Genau. An Frau Schweizer und Frau Mandrini haben wir ja gesehen, wie sehr die eigenen Gedanken, Interpretationsmuster und so weiter mitbestimmen, wie man schließlich handelt. Das alles sind aber *Bilder*, die gar nicht unbedingt stimmen müssen. Mit diesen Bildern kann man als durchschnittlicher Mensch ganz schön beeinflussen, wie die Wirklichkeit schließlich aussehen wird.

C: Jawohl. Und nicht zuletzt hängt es auch von der Art der Denkbilder ab, ob Menschen ihre soziale Umwelt eher positiv oder eher negativ gestalten.

B: Mh, aber was heißt das überhaupt: »positiv«? Dahinter stecken doch ganz bestimmte Werthaltungen, wenn Du so was sagst.

C: Ja, natürlich. »Positiv« heißt vermutlich für jeden etwas anderes. Bei mir steckt dahinter ganz einfach die Idee, daß ich unsere Welt für ziemlich veränderungsbedürftig halte. Einer unter vielen Punkten ist für mich, daß Menschen zwar von Natur aus unterschiedlich sind, daß aber nicht von Natur aus die einen so viel bessere und die anderen so viel schlechtere Möglichkeiten zur Selbstentfaltung haben.
Deshalb bedeutet für mich eine positive Gestaltung der Wirklichkeit unter anderem auch, daß Menschen nicht nur die eigenen Ziele kennen, sondern auch die Situation und Bedürfnisse anderer Menschen begreifen lernen.

B: Mh, wahrscheinlich würde allein schon das eine Menge in Bewegung setzen, wenn sich Privilegierte wie Nichtprivilegierte die Mühe machten, die Situation der anderen auch nur mal wirklich erkennen zu wollen. Man müßte dann Vorurteile durch Kenntnisse ersetzen, und die einen könnten von den anderen lernen.

C: Ja. Vermutlich ist es überhaupt nur auf so einem Hintergrund möglich, daß auch so fundamentale Dinge wie die Güterverteilung neu geregelt würden.

B: Chris, Du Liebe, wir gleiten mal wieder in die Utopie ab. Bleiben wir bescheiden und fragen wir lieber nach den sofortigen Möglichkeiten jedes einzelnen. Fest steht, – jedenfalls für uns – daß durch die Art, wie Menschen ihre Umwelt anschauen, Wirklichkeit geschaffen und verändert wird. In den Köpfen und ganz real. Die Kernfrage ist nun: Wie kommt man zu einer Sichtweise, die die Situation der anderen auch möglichst gut erfaßt?

5.4 Erkenntnis- und Handlungshilfen

Um zu wissen, was sich wo verändern kann, ist es wichtig, daß ich so viel wie möglich von dem erkenne, was an Handlungen, Prozessen, sozialen Konzepten und sonstigen sozialen Tatsachen vorhanden ist. Ich sollte also – so weit es geht – das erfassen, was wir als »Wirklichkeit an sich« bezeichnet haben. Dazu gehört natürlich auch die subjektive Wirklichkeit der Beteiligten.

> Grundsätzlich wichtig ist es, dabei unterscheiden zu lernen zwischen Beobachtung (Perspektive von außen) und
> dem Ergründen der Bedeutung des Beobachteten (Perspektive von innen)

Da die meisten Menschen im allgemeinen dazu neigen, spontan beides miteinander zu vermengen, haben wir im folgenden einzelne methodisch sinnvolle Schritte im Umgang mit der sozialen Umwelt unterschieden.

Der erste Schritt ist:

A. Die Perspektive von außen einnehmen

> – das heißt, selber *genau* und möglichst *vollständig* beobachten oder die Beobachtung anderer kennenlernen. Ich muß also Wissen erwerben, indem ich Informationen sammle.

Nehmen wir einmal an, Frau Schmied richtete sich nach unserem Schema. Sie würde dann nicht mehr nur vor allem wahrnehmen, daß ihr Mann sie kritisiert, sondern es kämen noch viele weitere Informationen dazu. Zum Beispiel würde sie auch seine gelegentlichen erfreuten Bemerkungen über ein besonders gutes Essen aufnehmen oder seinen Gesichtsausdruck beobachten, während er belehrende Bemerkungen macht. Frau Schmied würde nicht nur die Tatsache beachten, daß sich ihr Mann abends sofort hinter die Zeitung setzt, sondern sie sähe auch, wie seine Schultern nach vorne hängen, wenn er von der Arbeit heimkommt.

> – Zudem unterscheide ich das, was ich weiß, von dem, was ich nur vermute und stütze mich in meinen Interpretationen mehr auf das Wissen als auf die Vermutungen.

Frau Schmied muß sich also bewußt werden, daß sie *sieht*, wie ihr Mann hinter der Zeitung sitzt, aber nur *meint*, daß er sich nicht für sie und die Kinder interessiere.

Die Unterscheidung zwischen Wissen und Vermuten kostet mich einiges, denn es setzt voraus, daß

– ich nicht permanent werte und interpretiere, bevor ich etwas wahrnehme

Aufs Beispiel übertragen hieße das: Frau Schmied täuscht sich, wenn sie anhand des Zeitungslesens »sieht«, daß Herr Schmied völlig uninteressiert ist. Denn sehen kann sie nur, was er genau macht.
Sie kann beobachten, wie die Schultern nach vorn gebeugt sind, sie kann bemerken, daß er Zeitung liest und wahrnehmen, daß er auf Fragen nur selten Antwort gibt. Was es bedeutet, sollte sie erst ergründen, wenn sie sein und idealerweise auch ihr eigenes Verhalten vollständig beobachtet hat und das Beobachtete möglichst ohne zu viel Wertung beschreiben kann.

Das fällt den meisten Menschen besonders schwer und läßt sich durch den wertenden Gehalt der Sprache, den wir ja anfangs aufgezeigt haben, nie vollständig erreichen. Trotzdem lohnt jeder Versuch, denn erst nach der ausführlichen Beobachtung von Einzelheiten ist der nächste Schritt sinnvoll:

B: Die Perspektive von innen einnehmen

– das heißt, ich unterlege den Beobachtungen Bedeutung, indem ich die Beteiligten selber frage...

oder wenn mich die Antwort nicht befriedigt, weil ich z.B. glaube, daß die unbewußte Bedeutung wirksamer ist als die bewußte, indem ich...

die Bedeutung der Handlung aus den Reaktionen der anderen Beteiligten zu verstehen suche.

Soziale Handlungen enthalten fast immer ein mehr oder weniger starkes Moment der Unschärfe. Oft ist nicht allen Interaktionspartnern die Bedeutung der Handlung völlig klar. In solchen Fällen ist es gut möglich, daß ich

C. Bewußt eine konstruktive Deutung suche

– d.h. die Interpretation der Bedeutung des Verhaltens so wähle, daß sie den Beteiligten neuartige Handlungsmöglichkeiten eröffnet, die zu einer positiveren Gestaltung der Wirklichkeit führen können.

Frau Schmied könnte z.B. einmal folgende positive Deutung von Herrn Schmieds Verhalten ausprobieren:

»Du, ich sehe, daß Du oft gerade nach dem Heimkommen zur Zeitung greifst. Korrigier mich bitte, wenn es nicht stimmt, aber ich stelle mir dabei vor, daß Du so was wie eine Übergangsphase vom Büro zu uns brauchst, damit Du nach dem langen anstrengenden Tag wirklich richtig mit mir und den Kindern in Kontakt kommen kannst. Vielleicht könnten wir für das Zeitunglesen eine feste Zeit abmachen und nachher grad miteinander besprechen, wie wir den weiteren Abend gestalten wollen?«

Es könnte sein, daß Herr Schmied diese Deutung gerne aufnimmt und das Problem damit erledigt werden kann. So wäre eine neue »Wirklichkeit an sich« entstanden, die beiden besser paßt.

Um aber an diesem Punkt gezielt vorgehen zu können, muß ich meine eigenen Bedürfnisse und Ziele und, wenn es geht, auch die der anderen gut kennen. Alle unsere Sätze zur positiven Konstruktion von Wirklichkeit sind an sich eine Art methodischer Leitfaden, wie sich individualisierendes Denken vermeiden läßt. Für ein geschicktes soziales Handeln, das Strukturveränderungen bringen soll, braucht es daneben aber noch weitere Voraussetzungen. Nämlich Mut, Phantasie, Kreativität und eine feste Entschlossenheit nichts mitzumachen, wozu man nicht stehen kann. Über solche persönlichen Eigenschaften hinaus spielt für den Erfolg von Änderungsversuchen natürlich auch die eigene soziale Position eine Rolle. Menschen, die in der Mitte der gesellschaftlichen Hierarchie oder oben anzusiedeln sind, haben mehr Möglichkeiten, ihre Ideen durchzusetzen als die übrigen. Und wir meinen: Das verpflichtet, nach besten Kräften soziale Wirklichkeit so mitzuverändern, daß sie für alle lebenswerter wird. Wir haben im Werkstattgespräch angekündigt, daß wir unser Schema der Erkenntnis- und Handlungshilfen mit dem weiteren Text illustrieren möchten. Als erstes folgt nun ein Abschnitt, in dem Wissen zusammengefaßt wird, das vorwiegend aus der Perspektive von außen gewonnen wurde. Danach möchten wir wieder eine Episode aus dem Alltag bringen. In diesem Beispiel wendet Frau Schweizer eigentlich spontan unser Schema an. Sie wechselt zwischen Beobachtung und dem Ergründen der Bedeutung des Beobachteten ab und schafft so aktiv an einer neuen Wirklichkeit mit. Auch die darauf folgenden Abschnitte sind an den beiden Perspektiven, derjenigen von innen und der von außen ausgerichtet. Wir möchten mit Texten, die vorwiegend die Perspektive von außen enthalten, mit Informationen aus der Forschung also, vor allem die Tragweite bestehender Ungleichheit andeuten. Der Text, der auch die Perspektive von innen mit aufnimmt, soll uns die eigenen blinden Flecken unserer Wahrnehmung und die eigenen Stereotype bewußter machen. So erhält man neue Handlungsansätze, ohne plumpe Rezepte anhören zu müssen.

5.5 Zur Wirklichkeit von Menschen mit peripheren und zentralen Statuspositionen

Wir werden uns bei der Darstellung der sozialen Wirklichkeit von Menschen mit unterschiedlichen gesellschaftlichen Positionen auf die Beschreibung von Einstellungs- und Verhaltensmustern sowie auf Elemente der äußeren und inneren Lebensqualität konzentrieren.
Vielleicht wird es – wie gesagt – auf dem Hintergrund der Aneignung dieses Teils gesellschaftlicher Wirklichkeit sogar möglich, persönliche Ansatzpunkte für Veränderungen ausfindig zu machen.

5.5.1 Einstellungen und Verhaltensweisen

Wir wollen zuerst einen Blick auf die wichtigsten Forschungsergebnisse werfen, um zu erkennen, welche statusspezifischen Unterschiede sich feststellen lassen, wenn man bestimmte Einstellungen und Verhaltensweisen von Menschen...

... Aus der Perspektive von außen betrachtet

Obwohl wir nur solche Daten ausgewählt haben, über die heute eine ungefähre Übereinstimmung unter den Sozialwissenschaftlern besteht, sind einleitend ein paar einschränkende Bemerkungen am Platz:
Durch Forschen erworbenes Wissen wird meistens anhand von Fragebögen mit vorgegebenen Fragen und Antworten zum Ankreuzen oder seltener mit Hilfe von Verhaltensbeobachtungen gewonnen, ohne daß dabei die Perspektive der Erforschten berücksichtigt wird. Das ist sehr problematisch, denn,

1) handelt es sich vor allem um *Meinungen über* das eigene Verhalten und zudem lediglich um jenen Anteil Meinungen, der von den Forscherinnen und Forschern im Fragebogen überhaupt angesprochen wurde;
2) erfaßt ein Fragebogen nicht, wie sich Menschen in realen Situationen verhalten. Tatsächliches Verhalten und Meinungen über Verhalten klaffen nämlich auch bei größter subjektiver Aufrichtigkeit oft völlig auseinander;
3) stellen die Ergebnisse auch dann nicht die Realität dar, wenn menschliches Verhalten konkret beobachtet wurde. Z.B. spielt im Falle einer Beobachtung von Individuen aus unteren Sozialschichten auch die Sta-

tusposition des Forschers eine bedeutende Rolle. Sie kann bei der Konzeptbildung und bei der Wahrnehmung und Interpretation von Ereignissen verzerrend wirken;

4) arbeiten die meisten Forscherinnen und Forscher mit dem Schichtbegriff, messen aber nur Statusunterschiede. Das Zentrum-Peripherie-Modell wird zudem selten konkreten Untersuchungen zugrundegelegt. So haben die Ergebnisse statistischer Erhebungen nur einen begrenzten Erkenntniswert.

Alle diese Vorbehalte zeigen, daß eine wirklich vollständige Beobachtung ohne Vermischung zwischen der Sichtweise des Forschers und der erfaßten Realität keinesweges gewährleistet ist. Nicht einmal die Perspektive von außen kann also mit den Methoden von Fragebogen und Beobachtung ohne Teilnahme ganz konsequent erfüllt werden. Trotzdem scheint es uns wichtig, die zentralen sozialen Einstellungs-und Verhaltensdaten aus der soziologischen Forschung zu kennen, und sei es auch nur, um ihre Bedeutsamkeit aus einer Perspektive von innen erneut überprüfen zu können.

Zuerst einmal sind all jene Arbeiten zusammenzufassen, die mit dem Grad der sogenannten autoritären Einstellungsmuster zu tun haben. *Autoritäre Einstellungen* äußern sich nach Ansicht der Soziologen und Soziologinnen in unterschiedlichen sozialen Verhaltensweisen wie z. B den Erziehungspraktiken, dem eigenen Führungsstil oder den allgemeinen Lebensgewohnheiten. Sie drücken sich in dogmatischem und starrem Verhalten aus, im Eintreten für traditionelle Werte und einer statusorientierten Weltsicht.

Individuen mit autoritären Einstellungen neigen zu unterwürfigem Verhalten gegenüber Ranghöheren und zu Dominanz im Umgang mit rangtieferen Personen.

Im Gegensatz dazu versuchen partizipativ eingestellte Menschen, den anderen als gleichwertig zu akzeptieren, gleichgültig wie groß die Unterschiede in Besitz, Reichtum, Bildung usw. sind. Für sie ist, mindestens ideologisch, der Mensch als Gegenüber wichtig, und sie wollen darauf verzichten, aufgrund ihres Status Macht auszuüben.

In zahlreichen Untersuchungen zeigte sich nun, daß Menschen mit tiefem sozialen Status eher autoritäre Einstellungen und Verhaltensweisen zeigen als Personen mit höherem Status.

Beispielsweise äußern sich autoritäre Einstellungen in der Betonung ganz bestimmter Werte im Bereich der *Kindererziehung*. So stellte man fest, daß für Menschen im unteren Teil der Kernstatusgruppe Gehorsam, Ordnung und Sauberkeit häufiger wichtige Erziehungsziele darstellen als für die im mittleren oder oberen Teil. Eltern mit geringen Statuspositionen legen zudem besonderen Wert darauf, daß sich ihr Kind an extern aufgestellte Regeln anpaßt.

Das hat zur Folge, daß konformes Verhalten eher hoch bewertet und durch oft sehr starre Kontrollmaßnahmen bei den Kindern durchgesetzt wird. Sie sollen vor allem nach außen deutlich sichtbar »brav« sein und werden weniger zu positivem Verhalten eingeladen als vielmehr nachträglich für »gutes« Benehmen belohnt und für abweichendes Verhalten bestraft. Schläge und der Verweis auf strafende Autoritäten sind nicht selten.

Im Gegensatz dazu werden von bessergestellten Menschen vor allem Neugierde und Wissensdrang positiv bewertet. Eltern ermutigen ihre Kinder dazu, Fragen zu stellen und durch selbständige Antworten eigene Leistungen zu vollbringen. Hier soll das Kind lernen, sich selber zu kontrollieren und zu leiten. Allerdings darf es auch nicht zu viele eigene Werte entwikkeln, sondern es soll möglichst die der Erwachsenen übernehmen. Wenn

das gelingt, braucht es zur Kontrolle keine drohende Autoritätsgestalt mehr, das eigene Gewissen meldet sich nämlich bei Abweichung vom gewünschten Verhalten früh genug.
Um dieses Ziel zu erreichen, werden kaum physische Strafen, sondern eher subtile Erziehungsmaßnahmen angewendet. Die Eltern verweisen auf Normen, geben rationale Erklärungen, warum etwas nicht gut ist, oder sie strafen allenfalls mit Liebesentzug und sozialer Isolation.

Unsere Illustrationen suggerieren eine Übermacht der Mütter im Sozialisationsprozeß, die in Wirklichkeit nicht zutrifft. Es verhält sich eher so, daß nicht die Persönlichkeitsmerkmale und Werthaltungen einer einzelnen Person für den Sozialisationsprozeß entscheidend sind, sondern die sich in jeder Familie herausbildenden Interaktions- und Kommunikationsstrukturen. Sie entstehen aus einem gegenseitigen Aufeinandereinwirken der Familienmitglieder in Verbindung mit den je besonderen Ausprägungen der Lebensbedingungen dieser Gemeinschaft. Das bedeutet aber auch, daß das Kind selber nicht einfach formbar ist wie Wachs, sondern daß es sich seinerseits produktiv mit der Realität auseinandersetzt, die durch die Familie gebildet wird.
Solche Vorgänge sind so komplex, daß man in den empirischen Forschungen aufgrund methodischer Begrenzungen fast immer nur sehr vereinfachte Zusammenhänge beschrieben findet.
Unser folgendes Beispiel aus Deutschland schneidet dabei im Vergleich mit anderen Untersuchungen noch relativ gut ab. Es berücksichtigt nämlich als wichtige Einflußgröße die Arbeitssituation des Vaters, die mit Kriterien

erfaßt wird, wie sie im Zentrum-Peripherie-Modell für die Kernstatusgruppe bedeutsam sind;

Kurzinformation aus der Forschung

Man interviewte im Raum Göttingen und Hamburg etwa 153 Eltern, die Kinder zwischen sechs und zehn Jahren hatten, und fragte sie u. a. auf welche Dinge sie bei ihrer Erziehung besonderen Wert legten.
Außerdem füllte jeder Untersuchungsteilnehmer einen Fragebogen aus, der detaillierten Aufschluß über seine Arbeitssituation geben sollte.
Für die Auswertung wurde eine tiefe, mittlere und hohe Restriktivität der Arbeitserfahrung unterschieden. Eine geringe Restriktivität bedeutete, daß der Elternteil einen gesicherten Arbeitsplatz hatte, eher intellektuelle Fähigkeiten bei seiner Arbeit brauchte, über eine große zeitlich Autonomie verfügte, in seiner Arbeit in nur sehr geringem Ausmaß überwacht wurde, ein hohes Maß an Weisungsbefugnis besaß und nur schwer ersetzbar war und schließlich auch einen hohen räumlichen Spielraum bei seiner Arbeit hatte. In dem Maß, in dem eines oder mehrere dieser Merkmale des Arbeitsplatzes für jemanden zutrafen, wurde nun die »Restriktivität der Arbeitserfahrung« als hoch, mittel oder tief bezeichnet.
Unter anderem zeigten sich nun folgende Ergebnisse:

Restriktivität der Arbeitserfahrung				
Erziehungswert	tief (75 = 100 %)	mittel (20 = 100 %)	hoch (24 = 100 %)	alle Väter (119 = 100 %)
ordentlich sein	53 %	65 %	*67 %*	57 %
gehorchen	35 %	55 %	*63 %*	44 %
rücksichtsvoll sein	27 %	*40 %*	*38 %*	31 %
selbstbewußt, selbstsicher sein	*29 %*	10 %	8 %	22 %
still sein	21 %	10 %	*38 %*	23 %
tüchtig, ehrgeizig sein	19 %	30 %	*46 %*	26 %

(Quelle: Grüneisen, V., Hoff, E.-H., 1977, S. 152f.)

Ordnung, Gehorsam, Rücksicht und Ruhe sind Werte, die in unserer Gesellschaft für viele Menschen handlungsbestimmend sind. Ganz besonders gelten sie jedoch für Leute mit einer tiefen Position in der Kernstatusgruppe. Jedenfalls werden Konformitätsanforderungen deutlich häufiger von Vätern gestellt, die selber in einer eingeschränkten beruflichen Position arbeiten und sich dementsprechend eher anpassen müssen. Ein selbständiges Verhalten der Kinder wird hingegen praktisch nur von Eltern in höheren Positionen geschätzt.

Erstaunen mag, daß Tüchtigkeit und Ehrgeiz vor allem von Vätern mit einer restriktiven Arbeitserfahrung betont werden. Ob sich hier die Hoffnung auf eine bessere Zukunft der Kinder ausdrückt? Leider beruhen die Daten nur auf den Aussagen einer sehr geringen Anzahl von Befragten, zudem können sie nicht als repräsentativ betrachtet werden. Andererseits decken sie sich jedoch so weitgehend mit den anderen Untersuchungsergebnissen, daß sie vermutlich trotz aller Einschränkungen doch ein Stück weit soziale Realität einfangen konnten.

Auch die Studien, die das unterschiedliche *Sprachverhalten* in den verschiedenen »Schichten« behandeln, kommen zu ziemlich übereinstimmenden Ergebnissen. Das gerade erwähnte Erziehungsmuster von Menschen mit zentraleren Statuspositionen, nämlich das Erklären von Handlungen, das Erläutern von Zusammenhängen und das Fördern kindlicher Artikulationsversuche schlägt sich wahrscheinlich auch in dem nieder, was im wissenschaftlichen Bereich als *elaborierter Code* bezeichnet wird.
Darunter versteht man eine genaue grammatikalische Ordnung der Sprache, sowie den häufigen Gebrauch von Konjunktionen und Nebensätzen. Weiter ist diese Sprache abstrakt, es werden eher Oberkategorien und seltener konkrete Beispiele benutzt, und man arbeitet vorwiegend mit allgemeinen Zusammenhängen. Der Wortschatz ist größer, die Sätze sind im allgemeinen länger, der Ausdruck ist gewandt und sicher.
Das Erziehungsmuster von Menschen in peripherer Position mit seinem Verweis auf externe Autoritäten und den eher wortarmen Strafen, mag an der Entwicklung einer anderen Sprache dieser Menschen mitbeteiligt sein.
Man nennt sie den *restringierten Code*:
Hier benützt man kürzere, oft unfertige Sätze, macht nur begrenzt Gebrauch von Nebensätzen, Adjektiven und Adverbien und neigt zu kategorischen Behauptungen. Gespräche sind oft durch gegenseitige Wiederholungen gekennzeichnet, die eine vertiefte Reflexion des Themas eher verhindern. Die Sprache wirkt einfach, und Bedeutungen werden vielfach averbal vermittelt.

Eine weitere Beobachtung, die die täglichen Erfahrungen von Menschen in helfenden Berufen bestätigen dürfte, ist die geringe *Stabilität von Familien* im unteren Bereich der Kernstatusgruppe oder in Teilen der Peripherie. Zumindest in den USA sind Scheidungen, Trennungen und Verlassen von Frau und Kindern in solchen Familien am häufigsten anzutreffen, dann folgen die privilegiertesten Menschen, während im mittleren Bereich der Kernstatusgruppe vergleichsweise die stabilsten Familienbeziehungen zu finden sind. Ganz schwierig scheint es jedoch zu werden, wenn der Ehepartner einen ganz anderen sozialen Hintergrund als man selber hat. Die folgende Untersuchung arbeitet klar nach dem Zwiebelmodell von Bolte:

Kurzinformation aus der Forschung

Interessanterweise spielt nämlich für die eheliche Harmonie die Schichtzugehörigkeit der Partner eine entscheidende Rolle. Es zeigte sich, daß sie dann am ehesten gewährleistet ist, wenn beide Partner aus der gleichen Schicht kommen, daß sie aber stark gefährdet ist, wenn die Schicht-Unterschiede zu groß sind.

Soziale Schicht von Mann und Frau zum Zeitpunkt der Eheschließung	eheliche Harmonie: gut	leidlich	schlecht
Gleiche Schicht	53.5	26.0	20.5
Distanz von einer Schicht	35.0	31.2	33.8
Distanz von mehr als einer Schicht	14.3	38.1	47.6

(Quelle: Roth, J., Peck, R. F., 1951, S. 478f.)

Obwohl diese Daten relativ alt sind, haben wir sie trotzdem ausgewählt, da sie besonders anschaulich sind. Zudem zeigten sich in aktuelleren Untersuchungen (wie z.B. der von Pearlin) keine wesentlichen Veränderungen.

Wenn wir nun den privaten Bereich verlassen und uns dem politischen Raum zuwenden, finden wir, daß Inhaber oberer Berufs- und Einkommenspositionen politisch sehr viel aktiver als die übrigen sind.

Individuen, die einen eher tiefen sozialen Status innehaben, interessieren sich weniger oft für Politik, sind somit auch seltener politisch aktiv und führen weniger häufig Diskussionen über aktuelle politische Probleme.
Ein kaum überraschendes, aber trotzdem eindrückliches Phänomen ist in diesem Zusammenhang die starke bildungs- und berufsspezifische Verteilung hoher politischer Ämter.

Kurzinformation
aus der
Forschung

Wie die folgende Tabelle zeigt, sind in den wichtigsten politischen Gremien der Schweiz privilegierte Menschen deutlich übervertreten:

	Ständerat (46 Mitglieder)	Nationalrat (200 Mitglieder)
Berufe mit Universitäts-, (Fach)hochschulabschluß	29 %	29 %
Juristinnen/Juristen	48 %	21 %
Unternehmer, Direktoren, hohe Wirtschaftsfunktionäre	2 %	16 %
Politische Berufe	15 %	11 %
Landwirtinnen/Landwirte	2 %	10 %
Andere	4 %	7 %
Medienschaffende	–	5 %
Hausfrauen	–	1 %
Männer	91 %	83 %
Frauen	9 %	17 %

(Quelle: Bundesamt für Statistik, Staatskalender, Bern 1993, S. 45f. und S. 50f.)

Diese Daten gelten für 1991/92 und haben sich inzwischen nicht drastisch verändert. Die Zahlen sprechen eine so deutliche Sprache, daß sich eine vergleichende Betrachtung mit der Verteilung der Berufe in der Gesellschaft als Ganzem erübrigt.
Arbeiter, einfache und mittlere Angestellte, die den größten Teil der Bevölkerung ausmachen, schlagen offensichtlich eher selten eine Karriere als Politiker ein, bzw. haben weniger die Möglichkeit, jene Fähigkeiten zu erwerben, die es braucht, um sich im politischen Bereich erfolgreich behaupten zu können. Und für Frauen scheint die Politik ohnehin ein noch immer dornenreicher Weg zu sein. Das hat zur Folge, daß die materiellen und immateriellen Interessen finanziell schlechter Gestellten, aber auch generell die In-

teressen von Frauen in den Entscheidungszentren zum großen Teil von Gruppierungen vertreten werden, die sich selber in einer gänzlich anderen ökonomischen Situation befinden.

Die weit verbreitete politische Passivität statustiefer Menschen mag auch mit ihrer meist eingeschränkten beruflichen Situation zu tun haben. Wer am Arbeitsplatz gelernt hat, sich anzupassen, einzuordnen und andere die Entscheidungen treffen zu lassen, wird in anderen Lebensbereichen nur schwer plötzlich Eigeninitiative und soziales Durchsetzungsvermögen entwickeln können.

Als letzter beispielhafter Bereich, in dem sich deutliche Unterschiede aufzeigen lassen, soll noch das kriminelle Verhalten erwähnt werden. In amerikanischen wie deutschsprachigen Untersuchungen zeigt sich, daß Mitglieder unterer »Schichten« besonders häufig mit den Gesetzen in Konflikt geraten. Die Untersuchung wurde wie die meisten Erhebungen am Zwiebelmodell ausgerichtet:

Kurzinformation aus der Forschung

1972 wurde in einigen ausgewählten Strafanstalten der Schweiz die soziale Schichtzugehörigkeit der Insassen untersucht. Leider finden sich in der Quelle keine Hinweise, anhand welcher Statuskriterien die Schichtzugehörigkeit gemessen wurde. Deshalb müssen wir einfach zitieren:

	Schichtzugehörigkeit				
	untere US	obere US	untere MS	obere MS/OS	Total
Bevölkerung insgesamt	10%	20%	45%	25%	100%
Insassen der Strafanstalt Witzwil im Kanton Bern	*47%*	32%	18%	*3%*	100%
Insassen der »Oberschöngrün« Strafanstalt in Solothurn	*47%*	40%	11%	*2%*	100%

(Quelle: Almanach der Schweiz, 1978, S. 233)

Die Zahlen derartiger Statistiken sagen allerdings *nichts* darüber aus, wie *sich die Delikte real* auf die verschiedenen Schichten *verteilen*, sondern sie machen lediglich Angaben über *die Delikterfassung*.

So kommen denn auch neuere Untersuchungen wie die von Pamela Kerschke-Risch zu genau den umgekehrten Ergebnissen als die offiziellen Strafstatistiken. Ihre Dunkelfeldstudie basiert auf der Sekundäranalyse einer repräsentativen Befragung Deutscher Erwachsener in den alten Bundesländern.
Im Schutze der Anonymität machten diese Personen selber Angaben darüber, ob sie Delikte wie Ladendiebstahl, Steuerbetrug, Schwarzfahren oder Alkohol am Steuer schon selber begangen haben. Dabei zeigte sich, daß Menschen aus unteren sozialen Schichten durchgehend seltener diese Delikte begehen als Personen mit höherem Sozialstatus.
Pamela Kerschkes Untersuchung macht folgendes deutlich: Unter den Berufstätigen lassen sich Arbeiterinnen am seltensten etwas zuschulde kommen, während die häufigsten Delikte von männlichen Selbständigen in akademischen Berufen begangen werden. Unterschieden nach dem Bildungsstatus zeigt sich Ähnliches, wie aus dem Beispiel »Ladendiebstahl« ersichtlich ist:

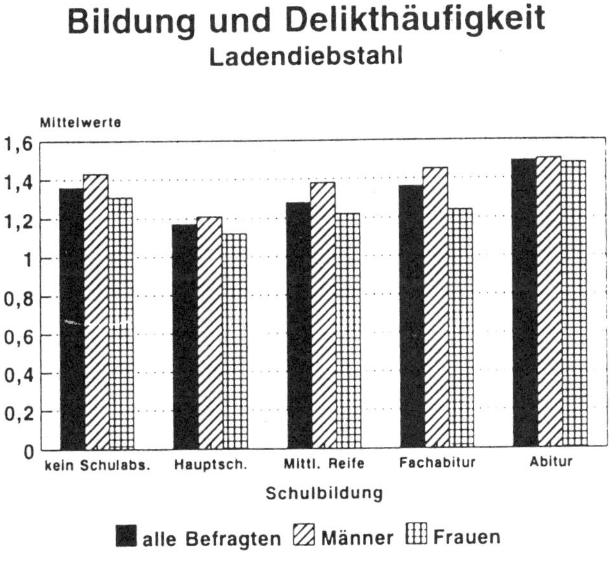

Mit Ausnahme der Personen ohne Schulabschluß steigt mit wachsendem Bildungsgrad die Delikthäufigkeit. Die Verteilung für Schwarzfahren sieht ähnlich aus. Für Steuerhinterziehung und Alkohol am Steuer gilt ein ähnliches Muster, nur daß hier Personen mit Fachabitur an der Spitze stehen, dicht gefolgt von den Abiturienten und Abiturientinnen.
Amerikanische Studien kommen insofern zu ähnlichen Ergebnissen, als sich in ihnen eine unter den Schichten mindestens ausgewogene Verteilung effektiv begangener Straftaten zeigt. So läßt sich folgern, daß die besonders häufigen und offiziell bekannt gewordenen Delikte von Menschen mit niedrigem Status vor allem ein Ergebnis selektiver Wahrnehmungs-, Verfolgungs-und Bestrafungspraktiken seitens der Rechtsvertreterinnen und -vertreter sind.

(Quelle: Kerschke-Ries, P., 1993, S. 109f.)

Soweit einige Informationen über statusspezifische Einstellungen und Verhaltensweisen aus der Perspektive von außen.
Wenn man die Ergebnisse als für alle Menschen in verschiedenen Positionen geltende Eigenheiten verallgemeinern würde, so ergäbe sich ein ziemlich hoffnungsloses Bild:
Leute mit tiefem Status hätten eine Sprache, die für höhere Positionen nicht genügt. Sie würden ihre Kinder so erziehen, daß ihnen die nötige Initiative fehlt, um angesehenere berufliche Positionen zu erreichen. Sie wären zudem öfter als andere in sehr einschneidende private Schwierigkeiten verstrickt und kämen häufiger mit dem Gesetz in Konflikt. Ein wichtiger Faktor, der die Lage verbessern könnte – der politische Einfluß – wäre ihnen entzogen.
Statusspezifische Einstellungen und Verhaltensweisen würden so die Unterschiede zwischen den Menschen über Generationen hinweg erhalten statt sie aufzulösen. Das Bild wird etwas hoffnungsvoller, wenn man auch die Randbedingungen berücksichtigt. Die Ergebnisse gelten nämlich lediglich innerhalb zeitlicher und räumlicher Grenzen, entsprechen keinem Naturgesetz und können sich somit auch ändern.
So bieten also diese Angaben vor allem eine erste Orientierung, die sich in einem weiteren Schritt durch die handlungs-und prozeßorientierte Perspektive von innen erweitern läßt. Diese Sichtweise hilft, auf dem Boden des Bekannten Ergänzungen zu finden, die es für neue Einsichten braucht, und sie läßt häufig genug eine deutliche positive Veränderung zu.
Allerdings sind wie im Kapitel über Organisationen auch hier nicht Veränderungen im großen Stil angesprochen, sondern die kleinen, bescheidenen und gar nicht spektakulären Handlungen von durchschnittlichen Menschen. Uns scheint es nämlich realistischer darauf hinzuarbeiten, im konkreten eigenen Leben ein winziges Mosaikstück positiver sozialer Wirklichkeit erschaffen zu können, als auf die Sternstunde großangelegter Systemveränderungen zu warten. Da im sozialwissenschaftlichen Forschungsbereich prozeßbezogene Untersuchungen äußerst rar sind und damit auch nur wenig in den Alltag übertragbares Wissen über Entstehung, Reproduktion oder Abbau sozialer Ungleichheit vorhanden ist, werden wir den Prozeß einer positiven Wirklichkeitskonstruktion von Menschen mit unterschiedlichem Sozialstatus an einer Alltagsepisode illustrieren.

Wie die konsequente Einnahme der Perspektive von innen es ermöglicht, eine positive Wirklichkeit zu schaffen

Erinnern wir uns: Von außen betrachtet, hat man bei Menschen mit tiefer Statusposition folgendes Erziehungsverhalten vorgefunden:

- wenig Worte und Erklärungen
- Ausrichtung an externen Autoritäten
- mehr physische Strafen als in höheren »Schichten«
- und überhaupt eine stärkere Orientierung am Bestrafen als an der Förderung von Eigenverantwortung.

So ungefähr hatte auch Frau Schweizer das Verhalten von Frau Mandrini eingestuft.

Dabei nahm sie ihr »Wissen« um die drastischen Erziehungsmethoden der Nachbarin wörtlich. Oftmals hatte sie Frau Mandrini beobachtet und fast täglich hatte sie einen wortreichen Bericht über häusliche Zwischenfälle anhören müssen.

Jedesmal, wenn Frau Mandrini über ihre zwei Jungen sprach, war sie voller Vorwürfe. Wie unordentlich sie seien und was für schlechte Noten sie heimbrächten und die ewigen Streitereien, es sei furchtbar, ganz furchtbar. Praktisch nie wurde eines dieser Vergehen ohne eine dazugehörige Strafe erzählt. Für dieses dürften sie heute nicht Fußballspielen gehen, für jenes nicht fernsehen, und wenn der Mann heimkäme, dann setzte es was. Einmal zeigte sie der erschreckten Frau Schweizer sogar einen schwarz-gelb gestreiften Gummischlauch, mit dem Herr Mandrini die Züchtigung vornehmen würde. Nach alledem vermochte Frau Schweizer an der Straffreudigkeit dieser Familie nicht mehr zu zweifeln.

Zudem hatte sie ja auch so einiges direkt beobachten können: Mehrmals pro Tag erfüllten durchdringende Schreitiraden den Hausaufgang, und oft sah Frau Schweizer, wie die mütterliche Hand weit ausholte. Allerdings landete sie fast nie auf den Bubenköpfen, sondern bremste vorher ab, und es blieb bei der Drohgebärde.

Frau Schweizer trennte nun nicht sauber zwischen Beobachtung, Erzählung und der von ihr hineininterpretierten Bedeutung. Sie hatte bereits so viele Vorurteile aufgebaut, daß sie allein die Geste schon für die Strafe nahm. Inzwischen »sah« sie in fast allem ein Zeichen der Unterdrükkung.

Das negative Bild von der Nachbarin hatte sich mit der Zeit bei Frau Schweizer ziemlich festgesetzt, was dazu führte, daß sie auch die künftigen Erziehungshandlungen von Frau Mandrini mit dem Etikett »autoritär«

versehen aufnahm. Durch diese Vermischung von Bewertung und Beobachtung verengte sich ihre Wahrnehmung immer weiter, und sie verstärkte mehr und mehr ihre einseitig helferischen Bemerkungen. Frau Mandrini hatte ihrerseits begonnen, sich verwirrt zurückzuziehen. Damit hatten beide Frauen gegen ihren Willen miteinander genau die leidige Wirklichkeit konstruiert, die zwischen Menschen mit unterschiedlichem Sozialstatus so häufig vorkommt.
Der Prozeß zunehmender Distanzierung wäre nun sicherlich so weitergelaufen, wenn der negative Kreislauf nicht drastisch unterbrochen worden wäre:

Wir wollen die lange Geschichte nur stichwortartig weitergeben:
Eines nachts fand Herr Mandrini den kleinen Sohn der Familie Schweizer mitten auf der Straße, als das Kind in der nachtdunklen Umgebung seine Mami suchte. Niemand sonst hatte sich um das Weinen gekümmert. Als Frau Schweizer nach Hause kam, saß die ganze Familie Mandrini mit Andreas im Wohnzimmer. Alle hatten schon im Bett gelegen, sich inzwischen aber wieder angezogen, um mit dem Kind auf die Mutter zu warten.
Keiner machte Frau Schweizer irgendwelche moralischen Vorwürfe, sondern man lud sie freundlich zu einem Kaffee ein und bat sie, doch das Kind zu ihnen zum Schlafen zu bringen, wenn sie wieder einmal abends fortgehen müsse.
Der Schreck, das Glück über den glimpflichen Ablauf des Abenteuers und die Überraschung, wie großzügig sich die Italiener verhalten hatten, bewegten und verwirrten Frau Schweizer lange. Es paßte nicht in ihr Bild von der repressiven, eher lieblosen Familie, das sie sich bisher gemacht hatte.
Sie hörte auf, das Verhalten der anderen mit ihren eigenen Normen zu vergleichen und es negativ zu bewerten, wenn es von diesen – statustypischen – Vorstellungen abwich. Das aber beeinflußte nun nachhaltig ihre Wahrnehmung. Sie schaute nämlich erst einmal richtig hin und nahm dadurch eine ganze Menge neuer Fakten auf. Und Frau Schweizer fing an zu staunen! Langsam, langsam begann eine neue Wirklichkeit zu wachsen.
Das grundsätzlich positive Bild, das Frau Schweizer nun in sich zu formen anfing führte zu neuem Handeln und zu neuen Interpretationen, die schließlich eine neue positive subjektive Wirklichkeit und auch eine bessere Wirklichkeit an sich zwischen den beiden Frauen schufen.
Unser Schema der Erkenntnis- und Handlungshilfen kann als Ordnungselement für den Prozeß dienen, in dessen Verlauf Frau Schweizer ihre

individualisierende Denkweise allmählich abbaute und damit auch einen Teil ihrer eingefahrenen Verhaltensmuster aufgeben konnte.
Schauen wir nun im einzelnen an, wie sie durch das Abwechseln zwischen genauerem Beobachten und dem Ergründen der Bedeutung des Beobachteten zusammen mit Frau Mandrini einen kleinen Bereich der sozialen Wirklichkeit positiv umgestalten konnte:
Was war damals im einzelnen passiert?
Das anfangs noch unstabile positive Bild von Frau Mandrini regte Frau Schweizer an, aufmerksamer als vorher auch die averbalen Signale zu beobachten. *Durch* diese *ungewohnte Wahrnehmung* fallen ihr faszinierend viele Diskrepanzen zwischen verbalen und bestimmten averbalen Verhaltensweisen auf. Sie erinnert sich nun:
- z.B. an den plätschernden Tonfall bei den Erziehungsschauergeschichten von Frau Mandrini,
- und daß die Nachbarin die Kinder bisher in ihrer Gegenwart nur symbolisch geschlagen hat.
- Zudem sieht sie jetzt auch, wie Frau Mandrini ihre Buben pflegt. Wie sie kocht, wäscht, flickt, mit ihnen zum Arzt geht und sie abends nie allein läßt

Damit *entsteht* eine wieder ein wenig *positivere subjektive Wirklichkeit* bei Frau Schweizer, und sie kann in der Folge ihre statustypische Überbetonung verbaler Kommunikationsinhalte hinterfragen.

Durch einen solchen Prozeß schafft der einzelne an einer besseren sozialen »Wirklichkeit an sich« mit:

Frau Schweizer jedenfalls macht nun weniger nörgelnde Erziehungsbemerkungen und beginnt mit viel Spaß, sich selber auch mehr averbal auszudrücken. Sie vertraut dem Erziehungsstil der Nachbarin stärker und überläßt ihr daher immer häufiger ihre eigenen Kinder zum Hüten.

> Im Kontakt zwischen Menschen mit unterschiedlichen Statuspositionen kann der Prozeß der Diskriminierung abgebaut werden, indem sich auch der Statushöhere helfen läßt und bereit ist, aus dem Verhalten des anderen zu lernen.

Dieser Prozeß, in dem durch ungewohnte Wahrnehmungen und Handlungsweisen bei Frau Schweizer eine günstigere subjektive Wirklichkeit entstanden ist und durch den gleichzeitig eine positivere »Wirklichkeit an sich« zu wachsen begonnen hat, ist nun nicht mehr aufzuhalten. Als sie zufällig einmal die große Unordnung im Bubenzimmer der Mandrinis bemerkt, versucht sie erstmals folgendes:

DIE PERSPEKTIVE DES ANDEREN ÜBERNEHMEN

Mit solchen Überlegungen zur Perspektive der Interaktionspartnerin erweitert sich die subjektive Wirklichkeit von Frau Schweizer, was gleichzeitig auch konkrete Folgen für ihr Verhalten hat. Sie möchte der Nachbarin spontan zeigen, daß sie selber Ordnung gar nicht so wichtig nimmt. Nun aber versucht sie zum ersten Mal, ihre eigene Perspektive nicht mehr verbal darzustellen, sondern so, daß sie Frau Mandrini auch aufnehmen kann, nämlich averbal: Frau Schweizer lädt einfach die Nachbarin zu sich ein, läßt sie die Unordnung im eigenen Kinderzimmer sehen und baut damit mehr soziale Distanz ab, als es Worte je vermocht hätten.
Solche Prozesse wiederholen sich nun immer häufiger:

DURCH UNGEWOHNTE WAHRNEHMUNG UND DURCH UNGEWOHNTES HANDELN…	… ENTSTEHT EINE POSITIVERE SUBJEKTIVE WIRKLICHKEIT…	… UND DAMIT KONSTRUIERT DER EINZELNE AN EINER POSITIVEREN „WIRKLICHKEIT AN SICH“ MIT
Frau Schweizer ergänzt z. B. ihre Beobachtungen, indem sie ihre Aufmerksamkeit durch interessierte Nachfrage auch auf weitere soziale Systeme ausdehnt – und hört, daß der Vater abends wegen schlechter Noten schimpft, und daß – Frau Mandrini wöchentlich mit der Lehrerin spricht, ohne etwas ändern zu können.	Wieder sucht sie eine positive Deutung:  	Die soziale Distanz wird weiterhin abgebaut, – denn Frau Schweizers freundliche Fragen bringen Frau Mandrini dazu, zahlreiche echte Schwierigkeiten zu zeigen (z. B. daß sie nur 2 Jahre Schulbildung hat.)
Weiter sucht sie häufig nach Dingen, die Frau Mandrini gut kann … – und ist z. B. fasziniert von der herzlichen Gestaltung des Familienlebens beim ausgedehnten Nachtessen.	… und stützt damit das neue Bild von sich als einer, die von der anderen lernt!	Auch die ungleiche Güterverteilung wird ein wenig ausgeglichen – denn Frau Schweizer macht nun Aufgabenhilfe und sieht stolz, wie im nächsten Zeugnis viel bessere Noten stehen.
	 	soziale Distanz und Diskriminierung werden noch mehr abgebaut, denn – Frau Schweizer zeigt ihrerseits mehr Schwächen und Fehler, – bittet mehr um Tips und Hilfe und bekommt sie auch sofort

Schließlich versucht Frau Schweizer immer mehr, die Bedeutung von Frau Mandrinis Handlungen zu verstehen, indem sie die *Reaktionen der übrigen* Familienmitglieder genau *beobachtet.*
Zum Beispiel:

– schaut sie, was passiert, wenn die Hand der Nachbarin zu den Bubenköpfen saust. – Die beiden beißen ungestört weiter in ihr Marmeladenbrot.

– sie sieht, daß die Kinder ihrer Mutter offen ihren Ärger zu zeigen wagen
– und realisiert, wie wild, geschickt und glücklich sie sich bewegen.

Diese Erweiterung ihres Situationsbewußtseins ermöglicht es einmal mehr, die Perspektive der anderen zu übernehmen:

Sie erkennt, daß Liebe vielleicht sogar statusspezifisch ausgedrückt wird. Zugleich realisiert Frau Schweizer erstmals, daß ja auch sie selber oft voll Ärger über ihre Kinder ist.

Auch diese Veränderung ihrer subjektiven Wirklichkeit hat nun sehr konkrete Folgen: Ab sofort kommen ihr die belehrenden Erziehungsbemerkungen völlig verfehlt vor, was sie schließlich auch den Freunden erzählt, bei denen sie sich früher so über Frau Mandrini aufgeregt hat. Außerdem schreit sie nun mit Lust auch mal selber ihre Kinder an und merkt dabei, daß sie sie hinterher wieder mehr liebt als vorher. Gleichzeitig werden damit Diskriminierungsprozesse und die soziale Distanz zwischen den Nachbarn weiter abgebaut, last not least steigert sich so gegenseitig das Vergnügen am Zusammensein, und die Kontakthäufigkeit wächst mit der Zeit immer mehr.
Wir fühlen uns ermutigt von dem, was Frau Schweizer und Frau Mandrini miteinander gemacht haben. Trotzdem spüren wir auch die Grenzen. Sie liegen vor allem darin, daß von diesem Prozeß nur wenige Leute berührt wurden, und daß er zudem lediglich im informellen Bereich stattfand. Was aber würde wohl passieren, wenn auch die Freundin von Frau Mandrini und Herr Schweizer... und der Freund von Herrn Mandrini... und dessen Chef...? Sie sehen, wir haben unsere Phantasien nicht aufgegeben und trotzdem wissen wir, daß Verhaltensänderungen – auch wenn sie bei vielen passierten – eine Menge neuer Probleme brächten:
Weil Frau Schweizer begonnen hatte, die Perspektive der anderen miteinzubeziehen, konnte sie von Frau Mandrini vor allem lernen, wie man sein Leben wärmer, lebendiger und gefühlsnaher gestalten kann. Gleichzeitig aber gerieten auch ihre eigenen Werte massiv ins Wanken. War es wirklich sinnvoll, den Kindern zu einer besseren formalen Bildung zu verhelfen? Wieviel der ursprünglichen Kultur dieser Familie, die sie ja gerade erst

kennen und schätzen gelernt hatte, würde damit vielleicht verlorengehen? Was würden Sergio und Giovanni wohl alles aufgeben müssen, um sich erfolgreich in der »Welt der Bessergestellten« behaupten zu können?
Wir haben über diese Fragen oft und intensiv mit Frau Schweizer diskutiert und wir haben ihr recht geben müssen:
Es wäre völlig verfehlt, sich wie die Missionare im alten Afrika zu verhalten und den anderen die Errungenschaften des eigenen Wissens aufzudrängen ohne zu schauen, was damit angerichtet wird. Erst mit der Übernahme der Perspektive des Gegenübers wird ein gemeinsames Weitergehen, ein Voneinanderlernen und sich gegenseitig Akzeptieren möglich. Wenn man das individualisierende Denken aufgibt und das systemisch, soziologische Denken immer mehr beherrscht, dann werden – so hoffen wir – auch neue Lösungen durch *alle Beteiligten* gefunden. Jedenfalls dürfte es unmöglich sein, positive Veränderungen allein aus einer einseitigen Perspektive vorzufabrizieren.
Trotzdem brauchen wir neben diesem prozeßhaften Vorgehen auch die Ergebnisse der Wissenschaft, die meist nur aus der Sicht von außen erhoben worden sind. Sie bieten uns einen Überblick, wie sich soziale Ungerechtigkeiten in der Wirklichkeit niederschlagen, dienen der Information über den Ist-Zustand und zeigen wo Veränderungen nottun. Sie können auch die Grenzen der Konstruktion von Wirklichkeit durch einzelne aufzeigen und damit helfen, nicht umgekehrt betriebsblind zu werden.
Bevor wir nun die Perspektive von außen für die Frage nach der Lebensqualität von Menschen mit unterschiedlichen Statuspositionen wieder einnehmen werden, möchten wir Leserinnen und Lesern erneut Gelegenheit geben, sich über ihre Stellung im Statussystem zu befragen. Auch diesmal geht es um schichtfremde Kontakte:

5.5.1.1 Ich frage mich…

Ich denke an eine wichtige private oder berufliche Beziehung, in der mein

Gegenüber einen tieferen sozialen Status als ich selber hat: ....
....

– Macht mir der Kontakt Spaß oder gibt es einen Zwang in der Interaktion? Worauf bezieht er sich?
  Was fühle ich, wenn ich an diese Beziehung denke?
  Angst (wovor), Ärger (worauf), Ungeduld (womit), Unsicherheit (weswegen)?

- Stört mich etwas an dem anderen? Was?
  Weiß ich, wie das störende Verhalten oder Denken für ihn selber oder für seine Umgebung aussieht?
- Habe ich ihn überhaupt schon mal in seiner natürlichen sozialen Umgebung erlebt?
  Zu welchen Personen könnte ich Kontakt aufnehmen, um mehr Informationen über den anderen zu bekommen?
  Ist es im Rahmen meiner Rolle überhaupt möglich, Kontakte zu Drittpersonen aufzunehmen, ohne den anderen nun auch in diesem Lebensbereich als »abweichenden Sonderfall« negativ zu definieren?
  Was gäbe es für Möglichkeiten, so etwas zu vermeiden?
- Habe ich schon einmal darauf geachtet, wie weit verbale und averbale Äußerungen meines Interaktionspartners auseinanderklaffen?
  Ist mir die Bedeutung klar?
  Habe ich vielleicht selber etwas damit zu tun? Oder eher die Situation, in der der Kontakt stattfindet (z.B. die Beratungssituation in der Sozialarbeit)?
- Frage ich oft nach der Perspektive des anderen?
  Gehe ich Risiken ein? Zeige ich mich offen?
- Kenne ich bei meinem Gegenüber irgendwelche Dinge, die er besonders gut kann? Welche? Was gefällt mir daran?
  Lerne ich etwas aus diesem Kontakt? Was?

5.5.2 Unterschiede in der äußeren und inneren Lebensqualität

Im letzten Kapitel wurde durch das Einnehmen der Perspektive von innen deutlich, daß Einstellungen und Verhalten der Menschen von ihren Interaktionspartnern – je nach deren Interpretationssystem – ganz verschieden wahrgenommen werden.
Deshalb beschreiben auch die Ergebnisse von Untersuchungen über schichtspezifische Einstellungen und Verhaltensweisen nicht die Wirklichkeit, sondern Wirklichkeit, die aus einem bestimmten Blickwinkel heraus gewonnen wurde. In diesem Fall aus der Perspektive relativ statushoher Wissenschaftler und Forscherinnen.
Die Kategorienwahl, wie z.B. »autoritär/partizipativ« bei der Erhebung von Einstellungsmustern, die Art ihrer Messung, und damit schließlich auch die sozialwissenschaftlichen Befunde sind somit selber auch eine Konstruktion ihrer Schöpfer, die viel über die Einstellung von »Mittelschichtangehörigen« aussagt, aber wahrscheinlich nicht immer genügend

über die Einstellungen von Mitgliedern der »Unterschicht«. Wir erinnern noch einmal:

> Soziale Konstruktion bezeichnet den Prozeß, in dem durch Denken und Handeln soziale Wirklichkeit geschaffen wird.
> Die Welt ist nicht, wie sie ist, sondern sie ist für uns so, wie wir sie sehen und wie wir sie aus unserer Sicht heraus gestalten.

Deshalb ist aus der Perspektive von Menschen im unteren Bereich der Kernstatusgruppe, bzw. in anderen peripheren Statusgruppen, die soziale Konstruktion ihrer Welt in den Lehrbüchern der Wissenschaftler mindestens zum Teil eine Fehlkonstruktion. Wahrscheinlich bleibt sie nur deshalb bei den Betroffenen unwidersprochen, weil sie die entsprechenden Bücher einfach nicht lesen.

Anhand des Beispiels von Frau Mandrini und Frau Schweizer zeigten wir, wie Menschen mit unterschiedlicher Herkunft im persönlichen Kontakt z.B. Distanz »sozial konstruieren«, wie sie sie aber auch mildern oder in einzelnen Situationen ganz verschwinden lassen können. Nun wollen wir die Grenzen und weiteren Ansatzpunkte dieser sozialen »Zauberei« aufzeigen. Zuerst die Grenzen:

Nicht die ganze Ungerechtigkeit des Schichtungssystems kann mit Toleranz, mit Eingehen auf die Perspektive des jeweils anderen und mit einem damit verbundenen realitätsgerechterem und offenerem Verhalten schnell aus der Welt geschaffen werden. Es bleibt mindestens im kurzen Verlauf der Geschichte, die einem Menschen zur Verfügung steht, ein harter Kern von Unterschieden zwischen den »Schichtangehörigen« bestehen, der soziale Nähe wahrscheinlich seinerseits recht wirksam erschwert.

Wir meinen die *äußere Lebensqualität*, d.h. alle Dinge, die bestimmen, wie sicher, bequem, wie angenehm und gesund wir durchs Leben gehen können. Sie sind wie das Boot, in dem der einzelne auf seiner Fahrt zur Selbstentfaltung starten kann. Aspekte der äußeren Lebensqualität lassen sich gut aus der Perspektive von außen darstellen, weil sie weniger interpretationsabhängig sind als Verhalten und Einstellungen. Man kann zwar im Extremfall eine feuchte, kalte Wohnung oder die Arbeit am Preßlufthammer als Prüfung auf dem Weg zu einem ewigen Heil interpretieren, aber die Schäden an der Gesundheit lassen sich davon unabhängig immer noch messen.

5.5.2.1 Äußere Lebensqualität

Absolut gesehen haben sich die Lebensbedingungen in den westlichen Industriegesellschaften für alle Gesellschaftsmitglieder verbessert. Relativ betrachtet bleiben jedoch eindrückliche Unterschiede zwischen Menschen in verschiedenen Statuspositionen bestehen.
Deshalb ist es auch wichtig, einen Blick auf die wichtigsten Untersuchungsergebnisse in diesem Bereich zu werfen.

Wohnsituation

Wir wollen als erstes die Wohnsituation betrachten. Mit ihr sind unzählige kleine Dinge verbunden, die den Bewohnern das Leben erleichtern und verschönern oder erschweren können.
Starre Hausordnungen, die den Kindern nur zu bestimmten Zeiten erlauben, im Freien zu spielen oder die es verbieten, Haustiere zu halten, erbitterte Kämpfe um den Waschküchenschlüssel, der allgegenwärtige Hauswirt, unablässig vor dem Wohnzimmer im Parterre vorbeirollender Verkehr, Schimmelflecken im Badezimmer, Risse in der Decke, das alles sind Probleme, die Bewohner komfortabler Wohnungen in luxuriösen Siedlungen nicht kennen. Für Menschen in billigen und engbelegten Mietshäusern gehören sie jedoch oftmals zum täglichen Leben.
Nehmen wir uns einmal eine Tabelle über die Wohnsituation in der Bundesrepublik vor. Die Zahlen gelten für die späten achtziger Jahre und sind somit relativ neu.

Kurzinformation aus der Forschung

Die Benachteiligung von Menschen mit einem niedrigen Einkommen beginnt schon bei der zur Verfügung stehenden Wohnfläche.

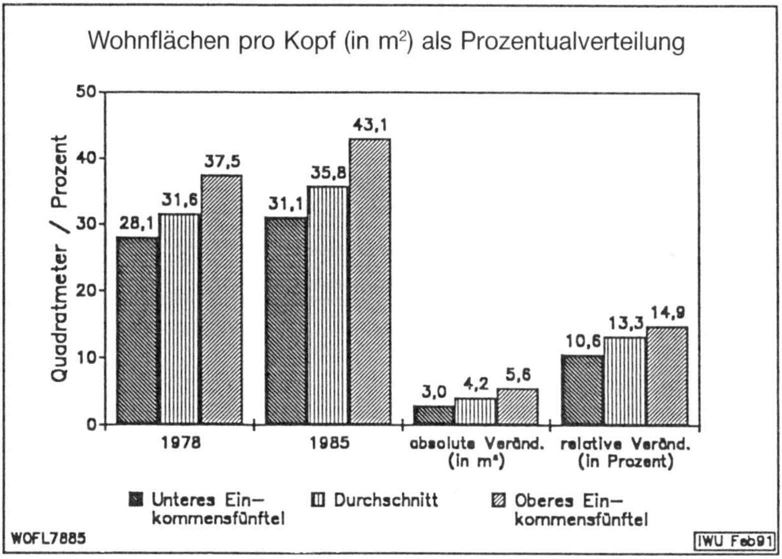

Menschen mit sehr wenig oder auch mit durchschnittlichem Verdienst haben deutlich weniger Raum zur Verfügung als diejenigen mit einem hohem Einkommen. Bei den Verbesserungen, die bis 1985 stattfanden, blieben einkommensschwächere Haushalte oft hinter denen der Haushalte im oberen Einkommensbereich zurück.
Aus anderen Quellen wird zusätzlich ersichtlich, daß seit Ende der siebziger Jahre Haushalte mit sehr geringem Einkommen und fünf oder mehr Personen sogar eine leichte Verringerung der ihnen zur Verfügung stehenden Wohnfläche hinnehmen müssen.
Außerdem sind auch die Mietbelastungen sehr ungleich verteilt. So mußten 1988 Personen aus tieferen Sozialschichten fast 33 % ihres Einkommens für die Miete verwenden, während die Gutverdienenden dafür nur 15 % benötigten. Die Mietbelastung war also ausgerechnet bei den Einkommensschwachen dopplt so hoch wie bei ihren wohlhabenden Mitbürgern und -bürgerinnen. Auch das Wohneigentum – wen wundert das – variiert schichtspezifisch: Bis 1967 verringerte sich bei den Menschen der Wohneigentum, deren Einkommen im unteren Fünftel liegt, um so stärker stieg es bei den Personen, die bezüglich ihres Einkommens im oberen Fünftel anzusiedeln sind. Besonders bei kinderreichen Familien mit tiefem Einkommen hat sich im Vergleich zu 1978 Ende der achtziger Jahre die Wohneigentumsquote um 15 % verringert.

(Quelle: Ulbrich, R., 1993, S. 16 f.)

Billige Wohnungen, auf die Menschen mit einem geringen Einkommen besonders dringend angewiesen sind, gibt es zwar auch, sie sind jedoch meist in verkehrsbelasteten und damit lärmreichen Gegenden zu finden.

Straßen-, Bau- und Fluglärm kann nicht nur die physische Gesundheit der Anwohner beeinträchtigen (was ja schon schlimm genug ist), sondern auch zu Reizbarkeit, Spannungs- und Angstzuständen und Schlaflosigkeit führen.

Um diesen Sätzen ihre Abstraktion zu nehmen, möchten wir das Beispiel eines Menschen zitieren, der aufgrund seines Alters eine tiefere soziale Position hat und an die Peripherie des Schichtungssystems gerutscht ist. Er ist 75 Jahre alt und wohnt am Escher-Wyss-Platz in Zürich – einem Platz, an dem man vor lauter Autostraßen über sich kaum noch die Sonne sieht. Alles ist grau, es stinkt nach Abgasen, ein Strom von Verkehr ergießt sich Tag und Nacht. Der Lärm ist unbeschreiblich. Das Interview stammt aus der Diplomarbeit zweier Erwachsenenbildner. Es ist ein sogenanntes Tiefeninterview, eine Methode, mit der sich die Perspektive von innen erfassen läßt.

»Sie wohnen am Escher-Wyss-Platz. Wie gefällt es Ihnen hier?«

»Soll ich Ihnen etwas sage, es ist ein Wunder, daß ich mich noch nicht erschossen habe. Ich wohne hier, in diesem Haus. Den Ärzten ist es verboten, Sterbehilfe zu leisten, aber der Staat macht das. Das ist der schlimmste Ort der ganzen Schweiz, nicht nur die Rosengartenstraße (eine sehr befahrene Durchgangsstraße; die Red.), der Platz hier auch. Ich bin immer weg und komme nachts spät heim. Ich schlafe im Tag drei Mal hier, ich habe ein dauerndes Schlafmanko, weil ich nie mehr tief schlafen kann. Wenn ich aufstehe, gehe ich immer gleich in die Stadt zum Essen und Zeitunglesen und nachts gehe ich erst spät heim, weil ich ja doch nicht schlafen kann. Ich habe es auf dem Herz, seit ich hier wohne. Ich habe vorher an einem wunderbaren Ort gewohnt im Kreis 2 im Rieterpark. Das Haus wurde verkauft, und ich mußte ausziehen, dann kam ich hierher. Es war richtig gemein, daß man mich versetzt hat. Aber etwas muß ich sagen: *es sind ja alles ältere Leute hier*, die können ja Oropax reinstopfen. Aber ich muß ja auch atmen und habe keinen Sauerstoff hier. Ich habe einmal mit dem Stadtrat gesprochen und habe gesagt, daß man es hier so machen müßte wie in Amerika: Alles sprengen oder abreißen.«

»Und warum wohnen Sie hier?«

»Ich habe alles versucht, etwas zu bekommen und schließlich habe ich von der Liegenschaftsverwaltung das bekommen und war sehr froh, überhaupt etwas zu haben, bis ich merkte, wie es ist hier. Und dann habe ich 3 Monate lang überhaupt nichts ausgepackt. Ich bin dann oft zu den Jungen an die Riviera (Platz an der Limmat in Zürich; die Red.) gehockt und habe die Schwäne gefüttert.«

(An dieser Stelle bat er uns, das Tonband abzustellen. Er erzählte noch, daß er seit sieben Jahren hier wohne, seither Medikamente brauche und seit einiger Zeit auch ein Hörgerät. Zweimal bereits habe er an sich Symptome einer Kohlenmonoxyd-Vergiftung festgestellt, weil er bei offenem Fenster eingeschlafen sei. Öfters wird er von Übelkeit befallen, weil sich die Vibration des Verkehrs auf das Haus und somit auf seinen Organismus überträgt.

Heute hat er keine Kraft mehr, etwas neues zu suchen, er hat Angst und bringt die zusätzliche Energie des Suchens einfach nicht mehr auf.)

(Quelle: J. Flügister, Ch. Bleiker, 1980)

Die Wohnsituation entscheidet aber nicht nur über die Art der physischen und psychischen Belastungen, die täglich verkraftet werden müssen, sondern sie prägt auch die Verhaltensweisen der Bewohner und ihr jeweiliges Normensystem.
Wir sagten anfangs, daß autoritäres Verhalten bei Menschen mit tiefem Sozialstatus möglicherweise seltener vorhanden ist als Wissenschaftlerinnen und Wissenschaftler meinen. Wir mußten jedoch die Antwort auf die Frage offen lassen, ob alle solche Autoritarismen reine soziale (Fehl-) Konstruktionen der betrachtenden Menschen mit höherem Status seien. Falls bei Mitgliedern der »Unterschicht« wirklich vermehrt autoritäre Verhaltensweisen vorhanden sind, müssen sie im Zusammenhang mit den äußeren Lebensbedingungen gesehen werden. Dann kann sich nämlich autoritäres Verhalten in der spezifischen Lebenssituation oftmals als sinnvoll erweisen, während tolerantes und offenes Handeln die eigene Lage möglicherweise nur verschlimmern würde. Z. B. kommen Eltern, die mit ihren Kindern im eigenen Häuschen leben und gewöhnlich noch ein Stückchen Land oder einen kleinen Garten besitzen, weniger in die Situation, starre Wohnbestimmungen vernünftig begründen zu müssen. Andererseits kann ein Mitglied der »Unterschicht« in seiner hellhörigen Blockwohnung die unsinnige Vorschrift, daß auf den vielen schönen Rasenflächen nicht gespielt werden darf, seinen Kindern nicht rational erklären. Eine autoritäre Erziehungsmaßnahme wie der Verweis auf den Hausmeister kann somit durchaus realitätsgerecht sein.

Daher muß »schichtspezifisches« Verhalten nicht nur
- aus der Sicht der jeweiligen »Schicht-Mitglieder« interpretiert werden sondern auch
- im Hinblick auf seinen Sinn in bezug auf die äußeren Lebensbedingungen gesehen werden

Situation am Arbeitsplatz

Auch am Arbeitsplatz werden Menschen in peripheren Positionen viel häufiger durch Lärm gestreßt als Gesellschaftsmitglieder mit hohem Status. Zusätzlich sind sie durch weitere spezifische Belastungen gesundheitlich gefährdet, wie die folgende Tabelle deutlich macht:

Kurzinformation aus der Forschung

Eine Repräsentativerhebung in der Bundesrepublik Deutschland ergab folgendes Bild:

Störende Arbeitsbelastungen nach Arbeitnehmergruppen in v. H. (BRD, 1981)

Störende Arbeitsbelastungen[1]	Arbeitnehmer insges.	*Arbeiter*		*Angestellte*		*Beamte*	
		Fach-	an-, ungelernte	Gehobene	übrige	Gehobene	übrige
Hektik, Zeitdruck	43	41	42	57	42	48	43
Routine, keine Abwechslung	21	18	34	11	22	2	23
Schmutz, Staub, schlechte Luft	19	30	35	7	9	2	8
Hitze, Kälte, Nässe, Feuchtigkeit	14	22	28	2	4	0	11
Lärm	19	28	35	10	8	13	10
Unfallgefahr	14	20	25	5	6	6	13
Körperliche Anstrengung	25	35	44	13	12	6	16
Nervliche Belastung	46	36	35	60	51	68	67
Verantwortung für andere	19	16	9	31	19	35	25
Keine Angabe	10	10	5	8	13	11	9

[1] bis zu drei Nennungen möglich

(Quelle: Presse- und Informationsamt der Bundesregierung (Hrsg.), Gesellschaftliche Daten 1982, Freiburg 1982, in: Oppolzer, A., 1986, S. 83)

Während Hektik am Arbeitsplatz von allen Befragten ähnlich häufig empfunden wird, fühlen sich auf der Ebene der meßbaren Risikofaktoren wir Lärm, Schmutz, Temperaturbelastungen und Unfallgefahren deutlich mehr Arbeiter als Angestellte oder Beamte starken Störungen ausgesetzt.

Diese Differenzen in der äußeren Lebensqualität sind jedoch nur die Spitze des Eisbergs. Ein wenig tiefer, fast schon »unter Wasser«, liegt ein weiteres Problem verborgen: die ungleich verteilte Arbeitslosigkeit.

Neben Frauen, Jugendlichen und älteren Arbeitnehmern verlieren insbesondere Menschen mit weniger qualifizierten Bildungsabschlüssen ihren bisherigen Arbeitsplatz. Konjunkturelle Schwankungen und der durch eine rasante Technisierung stattfindende Abbau von Arbeitsplätzen treffen vor allem Arbeiter und kleinere Angestellte. Mehrere Studien, von denen einige bei Oppolzer (1986) angeführt sind, belegen zudem, daß Menschen

ohne Ausbildungsabschluß und solche die lediglich eine Anlehre oder betriebliche Ausbildung erfahren haben, besonders häufig unter den Arbeitslosen zu finden sind.
Wenn man dabei noch bedenkt, daß Langzeitarbeitslose bei späterem Wiedereintritt in den Beruf eher schlechter eingestufte und geringer bezahlte Stellungen erhalten, so sehen wir hier den Beginn einer Spirale der Ungerechtigkeit, die sich immer schneller drehen kann.
Unsere Daten beschreiben Fakten, aber das dahinter stehende Leiden deuten sie nur an. Mehr davon zeigen die Zahlen im nächsten Abschnitt über die Folgen von Arbeitsplatzunterschieden, drohender Arbeitslosigkeit und was sonst noch an äußeren Belastungen von den weniger angesehenen Mitgliedern unserer Gesellschaft zu tragen ist. Diese Statistiken sprechen eine noch viel härtere und direktere Sprache.

Krankheit und Tod

»Wenn Du arm bist, mußt du früher sterben« heißt ein Buch von Alfred Oppolzer, aus dem einige unserer Tabellen über Schichtunterschiede stammen.
Wenn man diesen Titel liest, fragt man sich vielleicht unwillkürlich, auf welche Zeiten er sich beziehen mag. Sicherlich nicht auf das ausgehende 20. Jahrhundert in den reichen Industrienationen oder doch?
Um diese Frage zu beantworten, möchten wir Ihnen verschiedene Untersuchungen zum Thema Krankheit und Tod präsentieren.

Kurzinformation aus der Forschung

Zuerst: Wie war es früher? Im 19. Jahrhundert starben die Menschen erschreckend jung. Je ärmer sie waren, um so schneller holte sie der Tod. Diesen Tatbestand belegen viele Zahlen, und unser Beispiel soll deshalb nur ein Schlaglicht auf damals typisches Geschehen werfen:
Im Londoner Vorort Bethnal Green starben im Jahr 1839 durchschnittlich:
- mit 45 Jahren: Wohlhabende und Angehörige höherer Berufsstände und ihre Familien,
- mit 26 Jahren: Handwerker und ihre Familien,
- mit 16 Jahren: Mechaniker, Diener, Arbeiter und ihre Familien.

(Quelle: Antonovsky, A., Soziale Schicht, Lebenserwartung und Sterblichkeit, in: Abholz, H.H. (Hrsg.), 1976, S. 19–56)

Können wir nach einem ersten Erschrecken über das Schicksal dieser Menschen beruhigt in unsere Sessel zurücksinken, weil unsere eigene Lebenserwartung um ein vielfaches höher ist als sogar jene der damaligen Oberschichtangehörigen? Nicht ganz, denn die uns vorliegenden Daten aus der Gegenwart enthalten auch einigen Sprengstoff.

Kurzinformation aus der Forschung

Die Liste der Sterbewahrscheinlichkeit 35- bis 60jähriger Männer in Frankreich liest sich wie unsere in Kapitel 5.3.1 abgedruckte Berufsprestigeskala. Je höher der Beruf eingeschätzt wird und je mehr Qualifikationen und Schulbildung ihm zugrundeliegen, um so geringer ist die Sterbewahrscheinlichkeit und um so höher die Lebenserwartung der betreffenden Männer.

Sterbewahrscheinlichkeit[1] der Männer zwischen dem 35. und 60. Lebensjahr nach ausgewählten Berufen sowie nach fernerer Lebenserwartung (Frankreich, 1975–1980)

Beruf, Berufsgruppe	Fernere Lebenserwartung im Alter von 35 J. (in Jahren)
Professor	43,2
Ingenieur	42,3
Selbständiger/Freie Berufe	42,0
Lehrer	41,1
Verwaltungsfachleute d. höh. Ebene	41,4
Techniker	40,3
Landwirte	40,3
Arbeitgeber aus Industrie und Handel	39,5
Kleinere Kaufleute	38,8
Angestellte des Handels	38,4
Büroangestellte	38,5
Facharbeiter	37,5
Dienstpersonal	36,0
Ungelernte Arbeiter	34,3
Erwerbstätige zusammen	38,8
Nichterwerbstätige Männer zusammen	37,2

[1] Basis: Sterbefälle 1975 bis 1980 von in Frankreich geborenen Personen nach dem Beruf zur Zeit der Volkszählung 1975.

(Quelle: Proebsting, H., Entwicklung der Sterblichkeit, in: Wirtschaft und Statistik, H.1, 1984, in: Oppolzer, A., 1986, S. 33)

Nimmt man die bei Oppolzer (1986) dargestellte Information aus einer Langzeitstudie in England und Wales dazu, wird man noch nachdenklicher gestimmt:

Die Unterschiede in der Sterblichkeit zwischen bessergestellten Mitgliedern der Kernstatusgruppe, nämlich den Akademikern, und den periphersten Mitgliedern der Kernstatusgruppe, nämlich den ungelernten Arbeitern, nehmen zwischen 1910 und 1946 zwar erwartungsgemäß kontinuierlich ab, aber nur, um von da an immer größer zu werden, bis sie 1972 die Werte um die Jahrhundertwende noch übersteigen.
Heute greift also der parteiische Tod wieder eindeutiger nach den Ärmeren und weniger Angesehenen als noch vor dem zweiten Weltkrieg.
Für die Schweiz gelten ähnliche Ergebnisse: In einer Untersuchung, die am Berner Institut für Sozial- und Präventivmedizin durchgeführt worden ist (Minder u.a., 1986), unterschied man aufgrund der Berufszugehörigkeit fünf Sozialschichten, nämlich leitende Führungskräfte, mittlere Führungskräfte, gelernte manuelle Fachkräfte, gelernte nicht manuelle Fachkräfte und ungelernte Angestellte und Arbeiter. Aus verschiedenen Gründen konnten nur die Sterbekarten von Männern berücksichtigt werden. Auch hier zeigte sich, daß die Menschen um so früher sterben, je tiefer ihr Sozialstatus ist. Am höchsten ist der Mortalitätsquotient bei den Angehörigen gelernter manueller Berufe, nur halb so groß ist er bei den leitenden Führungskräften.

Was für einen frühen Tod gilt, macht vor schweren, oftmals tödlichen Krankheiten nicht halt, denn als ganz besonders belastend und gesundheitsschädlich erweisen sich Lebenslagen, die für Angehörige der »Unterschicht« typisch sind: Situationen, in denen der einzelne hohen Leistungsanforderungen ausgesetzt ist aber nur geringe Aussichten auf Erfolg hat und die Situation wenig oder gar nicht kontrollieren kann. So fand u.a. Frankhaeuser heraus, daß solche Situationen mit Gefühlen wie Ärger, Machtlosigkeit, Frustration und Enttäuschungen einhergehen. Diese Gefühle sind nun gleichzeitig mit bestimmten organischen Reaktionen verbunden, die als wesentliche Voraussetzung für verschiedene Erkrankungen, insbesondere für Herzstörungen, gelten.
Verlust der Kontrolle über die eigenen Lebensbedingungen, Gefühle der Machtlosigkeit und des Ausgeliefertseins, sind diese negativen Lebenserfahrungen nicht besonders bei Menschen mit peripherem Sozialstatus zu vermuten?
Tatsächlich kommt Johannes Siegrist nach einer eingehenden Beschäftigung mit entsprechenden medizinsoziologischen Forschungen zum Schluß, daß die durch koronare Herzerkrankungen verursachte Sterberate in mehreren Industrieländern bei erwerbstätigen Männern in peripherer sozialer Stellung wesentlich höher liegt als bei solchen in mittlerer Position. So ist beispielsweise das Risiko, an einer Herzerkrankung zu sterben, bei unteren Angestellten und Beamten des öffentlichen Dienstes in Großbritannien 3,6mal höher als bei denjenigen in höchsten Stellungen. Ebenso gilt für Finnland, daß ungelernte Arbeiter sogar dann noch ungewöhnlich häufig an koronaren Herzerkrankungen sterben, wenn sie weder rauchen noch übergewichtig sind.

Weinblatt und seine Mitarbeiter stellten für die USA fest, daß das Risiko, nach überlebtem Herzinfarkt plötzlich doch noch an einem Herztod zu sterben, bei den Männern mit einfachster Schulbildung mehr als dreimal so hoch ist als bei solchen mit höherem Schulabschluß. Außerdem zeigen verschiedene von Siegrist angeführte Studien, daß sich Patienten aus unteren »Sozialschichten« sehr viel langsamer von einer Herzattacke erholen als Angehörige höherer »Schichten«. So können zwölf Monate nach dem Infarkt zwar 86% der »Bessergestellten« wieder in ihrem Beruf arbeiten, von den Arbeitern ist hingegen jeder dritte noch immer arbeitsunfähig.

Auch im Zusammenhang mit Krebserkrankungen spielen bestimmte soziale Bedingungen eine wesentliche Rolle, von denen man vermuten kann, daß sie bei Arbeitern und einfachen Angestellten häufiger anzutreffen sind als bei privilegierten »Sozialschichten«. Eine 1980 von Grossarth-Maticek veröffentlichte Untersuchung ergab jedenfalls für Ex-Jugoslawien, daß 39% der Personen, die während des Untersuchungszeitraums von zehn Jahren an Krebs erkrankten, innerhalb ihrer Familie in einer benachteiligten Wohnsituation lebten, während es bei den Personen, die gesund blieben, nur 9% waren. Ebenso eindrücklich ist, daß von den Menschen, die schließlich an Krebs erkrankten, 78% unter dem ökonomischen Zwang standen, verschiedenen beruflichen Beschäftigungen nachgehen zu müssen, während es bei den übrigen nur 29% waren.

Wir möchten nun die Liste von schweren Krankheiten und ihrer ungleichen Verteilung auf Angehörige verschiedener sozialer »Schichten« mit einer kleinen, aber typischen Studie über vorzeitige Pensionierungen abschließen.

Kurzinformation aus der Forschung

1980 demonstrierten über 1000 Zugführer und Schaffner der Schweizerischen Bundesbahn in Bern gegen Verschlechterungen ihrer Arbeitsbedingungen.

1987 drohen wegen weiterer angekündigter Rationalisierungen gar völlig unschweizerische Bummelstreiks. Wie kommt es zu dieser heftigen Reaktion einer als besonnen und gut integriert angesehenen Berufsgruppe?

Eine 1982 und 1983 publizierte Untersuchung der Eidgenössischen Technischen Hochschule wirft einiges Licht auf ziemlich dunkle Zustände:

Vorzeitige medizinische Pensionierungen bei Verwaltungsbeamten, Zugbegleitern und Stellwerkbeamten der Schweizerischen Bundesbahnen 1977–1981 pro 1000 der Altersklasse 45–64 Jahre

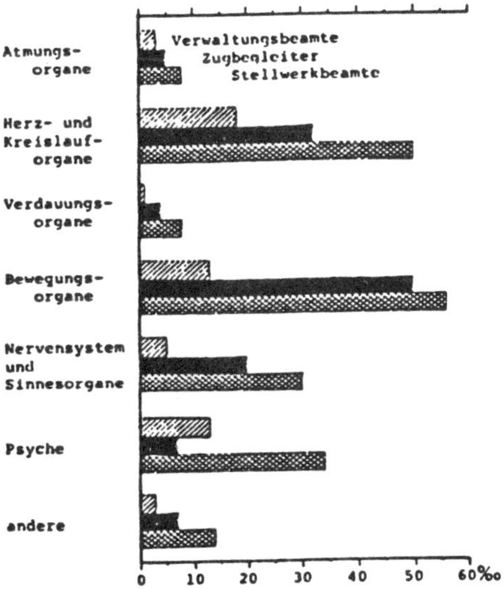

(Quelle: Sozial- und Präventivmedizin, Nr. 27, 1982, S. 246)

Die – von den Verwaltungsbeamten – geplanten Arbeitsbelastungen trafen und treffen vor allem Menschen aus mittleren und unteren Diensträngen. Höhere Beamte sind offenbar wesentlich angenehmeren Bedingungen ausgesetzt und müssen deshalb viel seltener frühzeitig aus dem Arbeitsverhältnis entlassen werden. Für Zugbegleiter wird detailliert beschrieben, worin die Gesundheitsschäden ihre Ursachen haben:
Häufig wechselnde Schichtdienste, enormer Zeitdruck, Lärmbelastungen, die bleibende Hörschäden verursachen können, schlechte Beleuchtung, starke Vibrationen sowie unerwartete »Schläge« auf die Wirbelsäule durch wechselnde Geschwindigkeiten und andere Fahrtunregelmäßigkeiten, schwere Taschen und Aufregungen mit unangenehmen Fahrgästen.
Wie überall ist es selbstverständlich, daß diese zusätzlichen Anforderungen und Anstrengungen mit viel weniger Lohn honoriert werden als die eher lebens-und gesundheitserhaltenden Arbeitsbedingungen der höheren Kader.

Insgesamt belegen die Untersuchungsergebnisse deutlich, daß Menschen aus niedrigeren »Sozialschichten« besonders stark dem Risko ausgesetzt sind, zu erkranken und frühzeitig ihre Arbeitskraft zu verlieren oder zu sterben.
Die meisten Autorinnen und Autoren führen diese wohl tiefgreifendste soziale Ungerechtigkeit darauf zurück, daß Arbeiter an ihrem Arbeitsplatz besonders oft mit Bedingungen konfrontiert sind, die krank machen. So ist

beispielsweise – wie eine Literaturübersicht von Bolm zeigt – ganz eindeutig gesichert, daß mehrjährige Lärmbelastung während der Arbeit schwere Herzerkrankungen besonders wahrscheinlich werden läßt. Ebenso sind Zeitdruck, Überstundenarbeit, Schicht- und Nachtarbeit sowie die Aufnahme schädlicher chemischer Substanzen Faktoren, die Menschen krank machen.

Solche Belastungen, die wir z. T. schon im Abschnitt über die Situation am Arbeitsplatz angesprochen haben, treffen manchmal auch Angehörige »höherer« Berufsgruppen. Bei Arbeitern und einfachen Angestellten gelten sie jedoch fast als normal und entziehen sich vor allem fast immer einer Kontrolle durch die Betroffenen.

Dazu kommt, wie der Soziologe Dieter Karrer ausführt, daß Angehörige tieferer »Sozialschichten« ihren Körper und ihre Gesundheit vor allem als Mittel zur Aufrechterhaltung ihres Arbeitsvermögens sehen, während Mitglieder oberer »Schichten« Gesundheit mehr als umfassendes Wohlbefinden verstehen und den Körper als Teil ihrer Persönlichkeit erleben, der auch ästhetische Bedürfnisse zu befriedigen hat. Da sie es sich aufgrund ihrer sozialen Position erlauben können, ihrem Körper über dessen Instrumentalität hinaus Aufmerksamkeit zu schenken, sind sie auch Beschwerden gegenüber aufmerksamer und ergreifen schneller Maßnahmen, indem sie beispielsweise auf ihre Nahrung achten oder sich schonen, wenn ihr Wohlbefinden vorübergehend gestört ist.

Systemisch gesehen können wir sagen: Der einzelne erleidet die Symptome. Krank ist jedoch das ganze Gefüge, das seinen Mitgliedern wenig Entscheidungsmöglichkeiten läßt, die entwürdigenden und lebensbeschneidenden Prozesse genügend zu verändern.

Wenn man sich in seiner konkreten privaten oder beruflichen Beratungssituation trotzdem nicht damit abfinden will, dann wird man kaum darauf verzichten können, mit dem anderen den Zustand seiner äußeren Lebensqualität abzuklären.

5.5.2.2 Fragen zur äußeren Lebensqualität

Wir haben eine Frageliste zusammengestellt, die vor allem inspirieren soll. Für den konkreten Gebrauch müßte sie den Bedingungen der einzelnen Arbeit angepaßt werden, wobei ein von Wallraff zusammengestellter Fragenkatalog zur Situation von Arbeitern besonders praxisnahe Anregungen geben könnte (nähere Angaben sind in der Literaturliste zu finden).

– Wie zufrieden sind Sie mit Ihrer Wohnung? Ist sie groß genug? Liegt sie

in einer verkehrsreichen Gegend? Gibt es Spielmöglichkeiten für Kinder?
Wieviel Miete müssen Sie zahlen?
Wieviel Urlaub haben Sie im Jahr? Wie oft waren Sie in den letzten zehn Jahren auf Urlaubsreisen?

- Wie ist es mit Ihrer Arbeitszeit? Wann fangen Sie morgens an? Und wann kommen Sie abends heim?
  Machen Sie Überstunden? Wie oft etwa? Und warum?
  Wie lang ist Ihr Arbeitsweg? Und wie kommen Sie zu Ihrem Arbeitsplatz?
- Wieviel verdienen Sie? Arbeitet noch jemand in Ihrer Familie? Was für feste Zahlungsverpflichtungen haben Sie im Monat? Wie kommen Sie damit zurecht?
- Haben Sie Aufstiegsmöglichkeiten?
- Wie oft waren Sie etwa in den letzten zwei Jahren krank? Bleiben Sie dann daheim oder gehen Sie trotzdem weiter arbeiten? Warum?
  Sind Ihr Ehepartner, die Kinder gesund oder öfter krank?
- Wie groß sind die Lärm- und sonstigen Umweltbelastungen am Arbeitsplatz? Kennen Sie die gültigen Sicherheitsbestimmungen? Halten Sie sie ein? Fühlen Sie sich genügend geschützt?
- Gibt es in Ihrer Branche Berufskrankheiten? Finden Vorsorgeuntersuchungen statt?
- Was für Sozialleistungen können Sie vom Betrieb erwarten? Und welche Versicherungen haben Sie sonst abgeschlossen?
- Sind Sie im Krankheits-, Unfall- oder Invaliditätsfall genügend gesichert?

Diese Art Fragen sensibilisiert das Gegenüber wahrscheinlich für so manches bisher nicht bewußt wahrgenommene Problem. Allerdings brauchen sie starkes gegenseitiges Vertrauen im Kontakt und einiges Verantwortungsbewußtsein und Fingerspitzengefühl der Beraterin bzw. des Beraters.
Stellt er nur so viel Fragen, daß er auch noch helfen kann, mögliche Folgen aufzufangen? Kann er als Vermittler auftreten, kennt er Selbsthilfegruppen, Organisationen, die sich im Sinne der Hilfe zur Selbsthilfe im Problembereich auskennen? Gibt es juristische Beratungen, Kurse, die helfen können, neue entstehende Forderungen auch zu formulieren? Dies sind nur einige von vielen Fragen, die sich in der Beratung stellen und die es als erstes zu beantworten gilt. Wir hingegen werden uns nun wie angekündigt damit beschäftigen, wie es um die innere Lebensqualität von Menschen mit unterschiedlichen Statuspositionen bestellt ist:

5.5.2.3 Innere Lebensqualität

Was bedeutet überhaupt innere Lebensqualität? Wir verstehen darunter Gefühle wie Zufriedenheit und Glück, Selbstvertrauen und psychisches Wohlbefinden. Die innere Lebensqualität beinhaltet all jene Faktoren, die zeigen, inwieweit ein Mensch im Einklang mit seiner Lebenssituation steht.

Diese Dinge sind allerdings nur schwer meßbar und unterliegen wieder besonders stark der persönlichen Interpretation.

Ist das wirkliche Lebensgefühl dem Menschen überhaupt bewußt und damit einem Fragebogen zugänglich? Oder werden Konflikte umgeleitet bzw. ins Unbewußte verdrängt?

Weil diese Fragen allein aus einer Perspektive von außen nicht eindeutig zu beantworten sind, haben wir uns bei der Darstellung von Untersuchungsergebnissen über statusspezifische Variationen des Lebensgefühls nur auf einen kleinen Teil der möglichen Skala beschränkt.

Selbstmord sowie psychische Störungen und Sucht halten wir für soziale Phänomene, die noch am ehesten als Anzeichen einer beeinträchtigten inneren Lebensqualität gelten können.

Die Mitgliedschaft in Freizeitorganisationen und Vereinen weist dagegen eher indirekt auf das seelische Befinden eines Menschen hin. Sie kann nämlich als Maß der sozialen Integration in außerhäusliche Gemeinschaften verstanden werden. Das dadurch entstehende Gefühl »dazuzugehören« und etwas Interessantes, Wichtiges und Schönes zu tun, dürfte wiederum viel zu einer ausgewogenen inneren Lebensqualität beitragen.

Ein Ausdruck höchster erlebter Sinnlosigkeit ist wohl der Selbstmord. Inwieweit lassen sich hier nun statusspezifische Unterschiede feststellen?

Selbstmord

Nach einer zusammenfassenden Darstellung von Todesursachen im Statistischen Bulletin der Metropolitan Versicherungsgesellschaft wird in den USA Selbstmord besonders häufig von Menschen mit einem tiefen sozioökonomischen Status verübt.

Wie aber steht es damit im deutschsprachigen Raum?

Die entsprechende Datenlage ist kärglich. Immerhin gelang es uns, Angaben für die Schweiz und eine 1973 publizierte deutsche Untersuchung auszugraben, die ahnen läßt, daß auch die Sinnhaftigkeit des Lebens entsprechend der Zentralität der sozialen Lage zu variieren scheint:

Kurzinformation aus der Forschung

Die Untersuchung wurde in der Universitäts-Nervenklinik Köln durchgeführt, in die fast sämtliche Bewohner aus der Stadt und Umgebung eingeliefert werden, die einen schwereren Selbstmordversuch unternommen haben. Zwischen 1950 und 1967 wurden dort insgesamt 9553 Suizidversuche registriert. Für die Untersuchung berücksichtigte man allerdings bei den Patienten, die wiederholt eingeliefert werden mußten, nur deren Erstaufnahme. Bei der Analyse der beruflichen Tätigkeit von Menschen, die nach einem Selbstmordversuch in die Klinik eingeliefert wurden, zeigte sich folgende Verteilung:

Berufliche Tätigkeit	Selbstmord-Patienten und -patientinnen
Akademiker	2,0 %
Angestellte	18,5 %
Kaufmann	3,5 %
Beamte	1,0 %
Künstler und Journalisten	0,5 %
Handwerker	10,0 %
Pflegeberufe	1,0 %
Soldat	0,5 %
Gastgewerbe	3,0 %
Hausfrau	*23,0 %*
Arbeiter	*23,0 %*
Studenten	1,0 %
Lehrlinge	3,0 %
Schüler	1,5 %
ohne Beruf	1,0 %
Dirnen	0,5 %
andere/unbekannt	7,0 %
Gesamt: 8 934 =	100,0 %

(Quelle: Böcker, F., 1973, S. 11)

Inwieweit die Berufsgruppen der Arbeiter und der Hausfrauen im Vergleich zu ihrem Anteil an der Gesamtbevölkerung tatsächlich überrepräsentiert sind, muß offen bleiben, da es auch diesem Autor nicht möglich war, die nötigen Vergleichsdaten heranzuziehen. Ein Anzeichen mehr dafür, wie mangelhaft unsere Sozialstatistiken sind.
In der Schweiz zeigte sich in einer Untersuchung, daß überdurchschnittlich viel Selbstmorde von Angehörigen gelernter Berufe sowie von Land-und Forstwirtschaftsarbeitern begangen werden. Akademiker und freiberuflich Tätige hingegen wählen den Suizid vergleichsweise am seltensten (Minder u.a., 1986).

Im internationalen Bereich gibt es Daten, die klar belegen, daß speziell Hausfrauen aus der Unterschicht gefährdet sind, Selbstmord zu begehen. Im allgemeinen weist jeder zweite Suizidpatient Anzeichen von Depres-

sionen auf. Brown und seine Kollegen stellten nun 1978 fest, daß Frauen aus der Unterschicht, die ausschließlich daheim im Haushalt tätig sind, mit Kindern unter vierzehn Jahren zusammenleben und keine vertraute Bezugsperson haben, am stärksten von allen untersuchten Personengruppen an Depressionen leiden und damit besonders anfällig sind, Selbtmord zu begehen. Hier kumulieren sich zwei periphere Situationen.
Inwieweit läßt sich nun bei Menschen mit tiefem Sozialstatus auch dann eine gefährdete innere Lebensqualität feststellen, wenn man die Literatur über psychische Störungen und Sucht genauer anschaut?

Psychische Störungen und Sucht

Sie können u. a. als hilflose Antwort auf eine spezifische Lebenssituation verstanden werden, die als unerträglich, undurchschaubar und als nicht mehr aktiv gestaltbar wahrgenommen wird.
In amerikanischen, englischen, skandinavischen und deutschen Untersuchungen zeigt sich ziemlich übereinstimmend, daß Menschen aus peripheren sozialen Stellungen insgesamt häufiger als psychisch gestört eingestuft werden als es ihrem Anteil an der Gesamtbevölkerung entspricht. Wir möchten dazu zwei Beispiele aus Deutschland zeigen:

Kurzinformation aus der Forschung

1966 wurden die Erstaufnahmen männlicher Patienten in drei deutschen Spitälern untersucht. Dabei benutzten die Autoren das Zwiebelmodell und unterschieden je nach Berufszugehörigkeit fünf Sozialschichten, die sie später in den zwei Kategorien »hohe« (I–III) und »niedrige« (IV + V) zusammenfaßten.

Die Untersuchung ergab folgendes Bild:

Diagnose	Absolute Fallzahl	% Anteil der Schichten		Differenzwert zum Erwartungswert für niedrige Schicht = 49,2 %
		hohe	niedrige	
Psychische Störungen des höheren Lebensalters	97	45,4	*54,6*	5,4
Abnorme Reaktionen	77	37,7	*62,3*	13,1
Alkoholismus	68	33,8	*66,2*	17,0
Schizophrenie	37	37,8	*62,2*	13,0
Manisch-depressive Leiden	20	*70,0*	30,0	−19,2
Alle Fälle:	299			

(Quelle: Flegel und Schütt in Gleiss u.a., 1973, S. 49)

Mit Ausnahme manisch-depressiver Leiden traten sämtliche erfaßten psychischen Störungen häufiger bei Angehörigen tiefer »Berufsschichten« auf als bei Mitgliedern oberer »Schichten«. Wie sich aus der Tabelle errechnen läßt, lag mit 58,5 % auch der Anteil eingewiesener Mitglieder der unteren sozialen Zugehörigkeit insgesamt höher als der Erwartungswert von 49,2 %.

Wenn man neuere und zudem noch repräsentative Daten aus der Bundesrepublik Deutschland heranzieht, zeigt sich, daß diese Tendenz gleich bleibt: Arbeiter scheiden rund doppelt so oft aufgrund psychischer Erkrankungen aus dem Berufsleben wie Angestellte.

Die absolute Rate nimmt außerdem stetig zu. Besonders schwerwiegende Unterschiede ergeben sich zwischen Arbeitern und Angestellten in bezug auf diagnostizierte Schizophrenie.

Berufs- und Erwerbsunfähigkeits- (BU/EU-) Renten aufgrund psychischer Krankheiten in der Rentenversicherung der Arbeiter (ArV) und der Angestellten (AnV) auf 1.000 Versicherte (BRD, 1963–1975)

Jahr	Berufs- und Erwerbsunfähigkeitsrenten auf 1.000 Versicherte							
	alle psychischen Krankheiten[1]				darunter Schizophrenie			
	Männer		Frauen		Männer		Frauen	
	ArV	AnV	ArV	AnV	ArV	AnV	ArV	AnV
1963	0,27	0,17	0,45	0,24	0,03	0,03	0,06	0,04
1964	0,30	0,19	0,44	0,27	0,05	0,04	0,07	0,08
1965	0,32	0,18	0,47	0,26	0,06	0,04	0,09	0,09
1966	0,34	0,18	0,47	0,24	0,06	0,04	0,08	0,08
1967	0,43	0,20	0,56	0,26	0,07	0,05	0,08	0,08
1968	0,43	0,20	0,55	0,29	0,12	0,05	0,15	0,09
1969	0,42	0,22	0,56	0,28	0,12	0,05	0,16	0,08
1970	0,40	0,24	0,58	0,31	0,11	0,04	0,17	0,08
1971	0,45	0,22	0,65	0,31	0,11	0,04	0,17	0,08
1972	0,46	0,22	0,69	0,33	0,11	0,04	0,16	0,07
1973	0,48	0,22	0,72	0,32	0,11	0,04	0,16	0,07
1974	0,60	0,23	0,87	0,36	0,14	0,04	0,19	0,07
1975	0,64	0,30	0,87	0,49	0,13	0,05	0,19	0,08

[1] Krankheitsarten von 1963–1967: Schizophrenie: sonstige Psychosen, Psychoneurosen und Persönlichkeitsstörungen. Von 1968–1975: Schizophrenie; sonstige Psychosen; Neurosen, Psychopathien und sonstige nichtpsychotische Störungen; Demenz und Psychosen in Verbindung mit anderen Krankheiten.

(Quelle: Henkel, D., Roer, D., Häufigkeit, Sozialverteilung und Verursachung psychischer Störungen in der BRD, in: Das Argument, 1976, S. 148f.)

Wenden wir uns nun einem weiteren Ausdruck nicht erreichter innerer Lebensqualität zu, den Süchten:
Sie dürften ein wesentliches Charakteristikum unserer westlichen Industriegesellschaft sein. Süchtige können ihre Sehnsüchte nicht mehr direkt erfüllen, ihre Träume gehen ins Leere. Geborgenheit, Anerkennung und Liebe suchen sie hoffnungslos in Ersatzmitteln.
Wenn auch dieses Phänomen je nach der Lage in der Gesellschaft variieren sollte, muß der fast sprichwörtliche Satz »arm, aber glücklich« wohl wirklich und endgültig neu formuliert werden.
Was also sagen die Zahlen über Süchte aus?

Kurzinformation aus der Forschung

In einer Schweizer Studie (Uchtenhagen u.a. 1985) wurde untersucht, inwiefern sich Drogenabhängige von anderen Jugendlichen unterscheiden. Beim Vergleich von Opiatabhängigen, d.h. hier Jugendlichen, die heroinabhängig und zur Zeit Methadonbezüger sind, mit einer Kontrollgruppe von suchtfreien Gleichaltrigen zeigten sich unter anderem deutliche Unterschiede bezüglich ihrer Herkunftsschicht und ihres Bildungsstatus:

Herkunftsschicht (Beruf des Vaters)	Opiatabhängige (n=215)		Kontrollgruppe (n=215)	
ungelernt/angelernt	31	14,4%	52	10,3%
gelernte Arbeiter	38	17,7%	85	16,8%
Angestellte	89	41,4%	170	33,7%
mittlere Angestellte	38	17,7%	137	21,1%
hohe Angestellte	19	8,8%	61	12,1%
Schulabschluß				
Sonder-, Primar-, Realschule	120	55,8%	177	38,6%
Sekundarschule	84	39,1%	241	52,6%
Gymnasium	11	5,1%	40	8,7%

Als Schulabschluß wurde hier die Schule bezeichnet, in der die Person das letzte Schuljahr verbracht hatte, auch wenn einige Opiatabhängige die Schule vor dem obligaten Zeitpunkt abgebrochen hatten und somit keinen eigentlichen Schulabschluß haben.
Ähnliche Tendenzen zeigen Arbeiten über Alkoholismus und über Medikamentenmißbrauch. So ist in den Ausführungen von Oppolzer (1986) eine Studie über behandelte Alkoholkranke in der BRD zitiert. Hier zeigte sich, daß Arbeiter und Arbeitslose viel häufiger zu Alkoholikern werden als Angestellte, Beamte, Selbständige und freiberuflich Arbeitende. Ebenso ist Medikamentenabhängigkeit besonders oft bei Personen mit einem Einkommen unter 2000 Franken zu finden. Das jedenfalls ist in einer 1985 publizierten Schweizer Repräsentativerhebung festgestellt worden (vgl. Schweizerische Gesellschaft für Gesundheitspolitik, 1986).
Schließlich möchten wir noch eine weitere verbreitete Sucht dem »Schicht-Test« aussetzen: das Rauchen.
Auch dieses Laster scheint mehr als doppelt so vielen Unterschichtangehörigen wie Akademikern den Alltag leichter zu machen (jeweils bezogen auf die Gesamtheit der eigenen Berufsgruppe).
Leider sind die gesundheitlichen Folgen verheerend, denn es ist bekannt, daß Raucher eine fast sechsmal höhere Morbidität an Lungen- und Bronchialkrebs aufweisen als Nichtraucher. Wenn man zusätzlich daran denkt, daß Menschen mit niedrigem Status oftmals in verschmutzten Wohngebieten leben, kann man sich die Konsequenzen nur allzu gut vorstellen.

Zigarettenrauchen nach Geschlecht und beruflicher Stellung (Sozialschicht) in Großbritannien (1980) (Männer und Frauen im Alter ab 16 Jahren)

Sozialschicht nach beruflicher Stellung	Gegenwärtige Raucher in %	
	Männer	Frauen
Akademiker	21	21
Unternehmer/Manager	35	33
Mittelschicht: Angestellte	35	34
Mittelschicht: Facharbeiter	48	43
Angelernte Arbeiter	49	39
Ungelernte Arbeiter	57	41
Alle	42	37

(Quelle: Townsend, P., Davidson, N., Inequalities in Health. Harmoudsworth 1982, in: Oppolzer, A., 1986, S. 123)

Betrachten wir nun alle bisher zusammengetragenen Fakten auf einmal, so wird klar, daß die Seele offenbar genauso wie der Körper leidet, wenn der Mensch unter schlechten äußeren Bedingungen, mit geringem Maß an sozialer Anerkennung und wenig Einflußmöglichkeiten leben muß.
Hier hilft letztlich keine noch so spezialisierte und verbesserte Medizin oder Psychiatrie, sondern nur eine radikale Veränderung der beengenden und monotonen Lebensstrukturen. In der derzeitigen Situation bewirkt ein Leiden das andere, und alle Leiden zusammengenommen sind ein Hohn auf die für unsere Kultur so wichtigen Menschenrechte.
Zudem dürften die angeführten Statistiken den Kosten/Nutzen-Denkern zeigen, wie teuer diese Schäden langfristig für die Gesellschaft werden und damit auch ihnen die Notwendigkeit eines Ausgleichs sozialer Ungerechtigkeiten plausibel machen.
Die Wurzeln von Suchtanfälligkeit und psychischen Störungen sind zum großen Teil in den unterschiedlichen Bedingungen der äußeren Lebensqualität zu suchen, die ihre Spuren in der Identität der betreffenden Menschen hinterlassen. Aber nicht nur materielle und körperliche Belastungen oder die Gefährdung des Arbeitsplatzes machen für psychische Störungen oder Süchte anfällig. Das Fehlen von befriedigenden Freizeitgemeinschaften und gut funktionierenden Bezugsgruppen am Arbeitsplatz kann ebenfalls problematisch werden. Umgekehrt kann die Integration in außerhäusliche Gemeinschaften allen äußerlichen Widernissen zum Trotz die innere Lebensqualität des Menschen bereichern. Die Frage ist also, ob wenigstens hier sich die Gewichte einmal zugunsten der Unterprivilegierten verschieben. Schauen wir uns auch dazu einige Daten an:

Zur Integration in außerhäusliche Gemeinschaften

In den letzten Jahrzehnten hat das Ausmaß an Freizeit deutlich zugenommen, und so ist auch die Chance gestiegen, vielseitige und kreative Freizeitbeschäftigungen auszuüben.
Neben der Möglichkeit, sonst verborgene und nicht genutzte Fähigkeiten weiterzuentwickeln, bietet Freizeit auch die Gelegenheit, soziale Kontakte anzuknüpfen und zu pflegen. Ein vertrauter Kreis an Menschen kann oft genau jenen Rückhalt bieten, den es braucht, um sich in Krisensituationen nicht wurzellos und einsam zu fühlen. Wie sind nun die Chancen für eine solche Integration in außerhäusliche Gemeinschaften verteilt?

Kurzinformation aus der Forschung

Das Deutsche Jugendinstitut in München führte 1984 eine nichtrepräsentative Befragung von 2638 Personen durch (Marbach u. a., 1987). Dabei zeigte sich, daß weniger als 1 % der Personen vollkommen isoliert waren. 2,5 % gaben an, entweder ohne Unterstützung oder ohne täglichen Kontakt mit anderen Menschen zu leben. Die übrigen verfügten über ein gutes Netzwerk, das durchschnittlich aus 25 Personen bestand. Dabei kamen auf einen Verwandten etwa sechs Nichtverwandte. Generell zeigte sich, daß das Netzwerk bei Menschen aus unteren »Sozialschichten«, bei kinderreichen Familien und bei Alleinerziehenden kleiner war als bei Personen, die finanziell besser gestellt lebten.
Menschen mit einem niedrigen Einkommen hatten in ihrem Kontaktnetz weniger Bekannte und wurden privat seltener unterstützt als Menschen in mittlerer sozialer Stellung. Dafür standen ihnen eher Verwandte und Angehörige offizieller sozialer Dienst zur Seite. Damit unterlagen sie deutlich einer stärkeren sozialen Kontrolle.

Die Daten zur inneren und äußeren Lebensqualität von Personen mit zentraleren und peripheren sozialen Positionen zeigen uns eindrücklich, daß Menschen mit einem niedrigen Sozialstatus offenbar in ganz verschiedenen Lebensbereichen benachteiligt sind.
Stoßen wir damit an endgültige Grenzen? Oder ließe sich doch einiges verändern? Welche Prozesse behindern bzw. fördern wohl echte Hilfe? Als wir uns solche Fragen stellten, machten wir uns auch einige Gedanken...

5.5.3 Zur Interaktion zwischen Repräsentanten sozialer Organisationen und unterprivilegierten Menschen

Wie wir schon an verschiedenen Stellen gezeigt haben, ist der Kontakt zwischen Menschen mit einem sehr unterschiedlichen sozialen Hintergrund meist recht problematisch. Wann immer ein Handlungsspielraum besteht, weichen sich deshalb die ungleichen Parteien möglichst aus. Auch ohne entsprechende Gesetze oder Kastentabus tendieren die Angehörigen ähnlicher »Schichten« dazu, beim Wohnen, Heiraten im Kontakt mit Freunden und in der Freizeit unter sich zu bleiben.
Dieses selbstverständliche Ausweichmanöver hat jedoch in den meisten beruflichen und sozialen Organisationen seine Grenzen. Ausgerechnet hier, wo die offiziellen Interaktionsregeln und Werte von Menschen mit mittlerem oder hohem Status geschaffen worden sind, ist man zu gegenseitigem Kontakt gezwungen.
Am Beispiel des Astroten-Experimentes (s. S. 205) haben wir geschildert, wie formelle Organisationsstrukturen daran mitbeteiligt sind, die gesellschaftliche Ungleichheit der Mitglieder organisationsintern und -extern zu stabilisieren. Können nun Hilfs- bzw. andere soziale Organisationen, wie die Schule, diesen Tendenzen entgegenwirken oder passiert hier das gleiche?
Wir können und wollen darüber kein abschließendes Urteil fällen. Statt dessen möchten wir lieber einen fiktiven Interaktionsprozeß in einer realen Hilfsorganisation schildern. Er soll einige Faktoren deutlich machen, die unseres Erachtens im Spiel sind, wenn statushohen Klienten leichter und effizienter geholfen wird als den unterprivilegierten.
Als zweites möchten wir zeigen, welche Möglichkeiten ein Vermittler hat, um zur Verbesserung der sozialen Situation statustiefer Organisationsbenutzer beizutragen.
Zuerst aber die Frage, welche Faktoren wohl daran beteiligt sind, wenn in Hilfsorganisationen so manches anders läuft als es den Wünschen und Hoffnungen der Beteiligten entspricht.

5.5.3.1 Zur Stabilisierung sozialer Ungleichheit am Beispiel der Psychiatrie

Warum es so schwer ist zu helfen

Springen wir doch gerade hinein in unsere Fiktion. Eben ist ein Patient in die Klinik eingeliefert worden. Wir machen für einen Moment die Augen zu und versuchen uns vorzustellen, was in den Köpfen der Beteiligten vorgehen mag:

Wenn wir uns in einen durchschnittlichen Abteilungsarzt hineinversetzen, dann klingt das vielleicht so:

»Oh, ein neuer Patient in der geschlossenen Abteilung. Diagnose des einweisenden Arztes: Schizophrenie... Scheint schon lange krank zu sein, mh, wieder so spät. Wie soll ich den jetzt noch hinkriegen? Medikamente... kann man vorläufig lassen, ich muß mir später die Symptomatik durchlesen. Werde ihn dann mal genauer anschauen. Jetzt ist die Visite dran. Scheint übrigens ein einfacher Mann zu sein. Armer Kerl, sieht wirklich schlecht aus.«
Der Patient denkt weniger klar. Verständnislos schaut er auf das Geschehen um sich herum, sieht nicht ein, warum er ausgerechnet *hier* ist und fühlt sich nicht gut. Die vorbeiziehenden weißen Kittel verbindet er vage mit Medizin und Pillen. Den Arzt hält er wahrscheinlich weder für einen armen noch für einen netten Kerl, sondern findet, der ist wohl ganz einfach jemand, bei dem größte Vorsicht oder gar Mißtrauen geboten ist. Wenn er durch die Medikamente nicht schon völlig gleichgültig geworden ist, hat der Patient vermutlich vor allem Angst.

Die kleine Szene ist nicht ganz frei erfunden. Wir haben uns nämlich durch einige Untersuchungsergebnisse inspirieren lassen. Sie betreffen den Bereich der Psychiatrie, entsprechen aber tendenziell der üblichen Situation zwischen Helfenden und statustiefem Klient.

Zu den bekanntesten Stoßseufzern sozial Tätiger gehört wohl, daß die Menschen, die am meisten Unterstützung brauchten, das größte Mißtrauen gegenüber Hilfsorganisationen haben. Das äußert sich z.B. darin, daß sie nur sehr selten von sich aus eine Beratung in Anspruch nehmen.

Für die Psychiatrie fanden wir dazu folgenden Beleg:

Kurzinformation
aus der
Forschung

Die Daten wurden in den USA erhoben und können daher nur mit großer Vorsicht auf den deutschsprachigen Raum übertragen werden. Ähnliche Tendenzen sind aber auch bei uns feststellbar.

Einweisungsinstanz	*Schicht (in %)*			
	Ober-schicht	Obere Mittel-schicht	Untere Mittel-schicht	Unter-schicht
medizinisch				
Privatärzte	21,4	*59,4*	*44,1*	9,0
Krankenhausärzte	–	6,2	16,3	13,0
nichtmedizinisch				
soziale Agenturen	–	–	7,4	19,6
Polizei und Gericht	–	4,8	*18,9*	*52,2*
Familie und Freunde	*42,9*	*17,2*	8,1	2,0
Selbst	*35,7*	6,2	2,6	–
andere Fachleute	–	6,2	2,6	4,2
absolut:	14	64	270	378

(Quelle: Hollingshead und Redlich in Gleiss u.a., 1973, S. 116)

Patienten mit einem hohen sozialen Status werden besonders häufig durch die Familie oder durch Freunde in die Klinik gebracht. Sehr oft wenden sie sich aber auch selber an die entsprechende Organisation.
Mehr als die Hälfte der Patienten mit einer tiefen sozialen Position werden hingegen durch Polizei und Gericht oder durch soziale Ämter eingewiesen.
Dieser Sachverhalt wird durch eine Reihe anderer Untersuchungen bestätigt.

Daß Mißtrauen äußert sich weiterhin darin, daß unterprivilegierte Klientinnen und Klienten erst dann kommen, wenn die fortgeschrittene Situation echte Hilfe bereits sehr schwer macht:

Die Sozialwissenschaftler Myers und Roberts untersuchten Patienten, die als schizophren diagnostiziert waren. Sie stellten fest, daß Angestellte, im Kleingewerbe Tätige, Vor- und Facharbeiter schon einen Monat nach Auftreten der ersten psychotischen Symptome in psychiatrische Behandlung kamen. Die meisten un- und angelernten Arbeiter sowie Slumbewohner waren hingegen schon etwa drei Jahre krank, bevor sie in die Klinik eintraten. Damit sanken beträchtlich ihre Chancen, bald wieder entlassen zu werden.

Sehr wahrscheinlich sind auch die in der Situation zentralen und handlungsleitenden Konzepte des statushöheren Helfers ganz anders als die seines Klienten aus benachteiligten Verhältnissen. Das aber erschwert oder verhindert sogar eine Verständigung zwischen den beiden:

Wieder wollen wir dazu exemplarisch Literatur aus dem Bereich der Psychiatrie anführen.
Hier unterscheidet sich nämlich beispielsweise die Vorstellung von dem, was Krankheit überhaupt ist, deutlich statusspezifisch. Jedenfalls stellte Koos in einer Untersuchung fest, daß für Mitglieder der »Unterschicht« erst derjenige als krank gilt, der nicht mehr in der Lage ist, einen normalen Arbeitstag durchzustehen. Symptome, die vorher auftreten, werden nicht beachtet. Gerade sie stellen aber für Menschen mit höherem Status genauso wie für Ärztinnen und Psychiater die wichtigeren Krankheitsanzeichen dar.
Mit den ungleichen Krankheitsvorstellungen mag es auch zusammenhängen, daß nach den Ergebnissen von Dohrenwend und Chin-Shong »Unterschicht«-Angehörige psychiatrische Falldarstellungen häufiger als »normal« bezeichnen als Leute in besseren Stellungen; daß sie – wie Hollingshead und Redlich feststellten – abnormes Verhalten eher tolerieren und außerdem dazu neigen, es als Ausdruck organischer Krankheiten zu interpretieren.

Oft kennen sich die statushöheren Benutzer von Hilfsorganisationen auch einfach besser im Urwald der verschiedenen Stellen aus, die für ihr spezifisches Problem zuständig sein können:

Das unterschiedlich große Vertrauen in die Situation und die ungleiche Informiertheit über die Bedeutung bestimmter sozialer Enrichtungen schaffen schon beim Eintritt in die Hilfsorganisationen ungünstige Bedingungen für den statustiefen Benutzer. Im direkten Kontakt kommen nun noch weitere Probleme dazu:

Helfende stehen in ihrer üblichen Lebensumgebung, der Klient aber ist aus den gewohnten Zusammenhängen hinausgetreten und und z. T. sogar herausgerissen worden, um zu ihm zu kommen. Wer hilft, weiß, wie seine Organisation aufgebaut ist, er kennt die einzelnen Routinemaßnahmen und den Sinn, der ihnen zugrundegelegt wird. Beides ist hingegen für den statustiefen Klienten absolut fremdes Terrain. Dementsprechend laufen die Beteiligten in der Situation Gefahr, einander gründlich mißzuverstehen:

Wieder wollen wir aus der Psychiatrie ein Stück Fiktion mit wahrem Hintergrund als ein mögliches Beispiel für diese Zusammenhänge einschalten:

Wenn der Assistenzarzt durch die Gänge der Klinik läuft, ist sein Schritt sicher. Wenn er redet, so drückt er sich bestimmt, klar und genau artikuliert aus. In seinem Bewußtsein oder mindestens in seinen Gefühlen ist wahrscheinlich auch ein spezifisches Selbstbild verankert: Er fühlt sich als verantwortungsbewußter und kompetenter Spezialist, der großen Einsatz leistet, um den Patienten mit rationalen Mitteln in ihrer schwiergen Lage zu helfen.
Die hellen Gänge, die vielen Türen und die vorübereilenden oder -schlurfenden Leute verwirren ihn überhaupt nicht. Schließlich sind ihm Alltag und Aufbau der Klinik bekannt und meist findet er beides auch klar und sinnvoll. Alle in der Organisation verwendeten Mittel, nämlich die Therapien, die Räume, das Personal, die Tagespläne etc. dienen dem Ziel der Heilung und der Versorgung psychisch Kranker.
Zur gleichen Zeit, am gleichen Ort, geht es dem gerade frisch eingelieferten Hilfsarbeiter ganz anders. Er schaut auf die Türen und sie scheinen ihm Gefängniszellen zu gleichen. Er wollte ja nicht hier sein, sondern man hatte ihn einfach gegen seinen Willen hierhergebracht.
Die Korridore kommen ihm beängstigend lang vor. Manchmal fragt er sich, was wohl dahinter auf ihn wartet. Dann duckt er sich instinktiv wieder ein wenig in seinen Stuhl hinein. Er hat keine Ahnung, was in den nächsten Stunden, den nächsten Tagen mit ihm geschehen wird. Seine ohnehin schon verwirrte Seele wird dadurch aufs äußerste gespannt. Wie soll er außerdem die Ärzte behandeln, damit er hier zurechtkommt, und sie ihm erlauben werden, bald wieder zu gehen. Werden sie ihn wohl überhaupt jemals herauslassen? Vorerst kann er sie noch nicht von den Pflegern unterscheiden. Ob er am besten alle mit Herrn Doktor anspricht? Auf jeden Fall mal zur Sicherheit lächeln, wenn ihn einer anredet. Die Antwort will wohl überlegt sein, aber manchmal verhaspelt er sich. Die Ärzte laufen ein bißchen ähnlich wie seine Vorgesetzten. Die gehen auch immer so durch die Räume und schauen geradeaus, als ob sie niemanden sähen... Hier sind sie eine richtige Übermacht. Und dazu ziehen sie noch in weißen Rudeln vorbei. Das Bild macht ihn lächeln. Ob sie ihm denn helfen können? Ob ihm überhaupt jemand helfen kann?

Die große Distanz zwischen gutsituiertem Helfer in der Normalsituation und dem sozial schwachen Klient in der Ausnahmesituation macht es für beide schwierig, die gegenseitigen Selbst- und Fremdbilder richtig zu erraten. So werden an die Stelle der Wahrnehmung des jeweils anderen möglicherweise leicht Vorurteile treten:

Wieder möchten wir dazu Daten aus der Psychiatrie zitieren. Sie konzentrieren sich vor allem auf den Arzt. Er ist allerdings in der realen Situation nicht der einzige, der ungewollt Vorurteile einbringt, die den Kontakt erschweren.

Kurzinformation aus der Forschung

Der Sozialwissenschaftler Lee führte eine Experiment durch, in dessen Verlauf er 60 Psychiatern ein von Schauspielern besprochenes Tonband schickte.
Die Schauspieler hatten dabei durchschnittliche Menschen ohne große Probleme darzustellen. Zu jedem Tonband erhielten die Ärzte nähere Angaben zur sozialen Position des »Interviewten« und wurden gebeten, das Tonbandinterview auszuwerten.
Die Ergebnisse zeigten, daß Interviewte mit »tiefem sozialen Status« von den Ärzten eher als psychisch krank diagnostiziert wurden als die übrigen.
Das bedeutet, daß sich die Psychiater ohne es zu wissen, in ihrer Einschätzung der psychischen Gesundheit anderer Menschen vor allem an eigenen Sterotypen orientiert hatten.

(Quelle: Gleiss u.a., 1973, S. 130f.)

Das Auseinanderfallen der Selbst- und Fremdbilder läßt gegenseitige negative Reaktionen zwischen Helfenden und statustiefem Klient wahrscheinlich werden:

Für die Psychiatrie fanden wir: Was dem Arzt als nicht »normal« erscheint, kann im Extremfall das Ergebnis eines Zusammenspiels der spezifischen Ausgestaltung der Patientenrolle seitens des Kranken und seinem »schichtfremden« Verhalten sein.
So waren beispielsweise fast alle von Hollingshead interviewten Psychiater darüber verärgert, daß sich ihre Patienten aus der »Unterschicht« unfähig zeigten, in den Kategorien der Ärzte zu denken. Gleichzeitig lehnten sie die zentralen Handlungsmuster der un- und angelernten Arbeiter und Slumbewohner ab.
Eines der größten Interpretationsprobleme des Arztes in der Interaktion mit dem Patienten liegt nun wahrscheinlich darin, daß er aufgrund seiner formalen Rolle das Verhalten des anderen eher mit dessen spezifischem Leiden in Verbindung bringt als mit den erwähnten allgemeineren sozialen Faktoren.

So kann es kommen, daß Helfende meinen, nach rational einsichtigen Konzepten zu handeln, tatsächlich aber organisations- und »schichtspezifischen« Mechanismen unterliegen, die ihrem Bewußtsein nur sehr schwer zugänglich sind, sich aber in ihrem Handeln spiegeln:

Kurzinformation aus der Forschung

In der Psychiatrie stehen zur Heilung verschiedene Möglichkeiten zur Verfügung, die von der Psychotherapie (d. h. einer vor allem verbalen Auseinandersetzung mit den Problemen des Patienten) über die somatische Behandlung (d. h. Elektro-, Insulinschocks oder die Verabreichung von Psychopharmaka) bis zur reinen Aufbewahrung gehen (d. h. einer rein physischen Betreuung, die Bett und Nahrung sicherstellt).
Psychotherapie dürfte die einzige Chance für eine langfristige Heilung sein. Chemotherapie verkürzt zwar den Aufenthalt, hat aber vermehrte Wiedereinweisungen zur Folge. Eine reine Aufbewahrung schadet dem Patienten wohl mehr als daß sie ihm nützt. Die amerikanischen Forscher Hollingshead und Redlich fanden nun heraus, daß Patienten der »Unterschicht« besonders häufig damit rechnen mußten, nur unzureichend behandelt zu werden. Ganz besonders krasse Unterschiede in den Behandlungsformen zeigten sich bei den als schizophren Diagnostizierten:

Behandlungsform	Schichtlage der als schizophren Diagnostizierten (in %)			
	Oberschicht	Obere Mittelschicht	Untere Mittelschicht	Unterschicht
Psychotherapie	*51,7*	20,5	15,3	9,1
Somatische Behandlung	24,1	*48,2*	*47,7*	33,7
reine Aufbewahrung	24,1	31,3	36,9	*57,2*
in absoluten Zahlen	29	83	352	83

Für Deutschland scheinen ähnliche Tendenzen zu gelten. Jedenfalls berichten die Autoren Dörner und Plog, daß Heiko Waller in der psychiatrischen Nervenklinik des Universitätskrankenhauses in Hamburg eine Untersuchung durchgeführt habe und dort festellen mußte, daß sich der Therapieaufwand vor allem nach dem Ausbildungsstand der Patienten gerichtet hatte.

(Quelle: Hollingshead und Redlich in Gleiss u. a., 1973, S. 142 und Dörner, K., Plog, U., 1972, S. 70f.)

Wollen wir den verschiedenen Forschungsergebnissen Glauben schenken, so werden Diagnose, Behandlungsform und ein guter Teil der gesamten

Interaktionssituation zwischen Arzt und Patient zu einem beträchtlichen Teil von der Schichtlage der psychisch Kranken mitbeeinflußt. Es entsteht eine Spirale von Unkenntnis, Mißverstehen und aneinander Vorbeihandeln, die schließlich – wie Myers und Bean berichten – auch zu einer geringeren Entlassungschance von Patienten mit niedrigem Sozialstatus führen.
Abschließend bleibt noch zu bemerken, daß psychiatrische Spitäler bürokratisch organisiert sind und zudem ihre Klienten rund um die Uhr behalten. Das verstärkt natürlich sehr die genannten Faktoren. Aber auch innerhalb von Bürokratien gibt es Lösungswege.
Die nun folgende Darstellung eines fiktiven Prozeßausschnittes der Interaktion zwischen Helfenden und Klient wird dazu beitragen, die wichtigsten Ansatzpunkte für Veränderungen ausfindig zu machen.

Wie ein Prozeß der negativen Wirklichkeitskonstruktion verlaufen kann und was sich dagegen tun ließe

Die Situation ist von Anfang an durch soziale Ungleichheit geprägt. Nämlich durch große Sicherheit und soziale Vorteile für den Arzt bzw. Berater einerseits und durch große Unsicherheit und soziale Nachteile für den Patienten bzw. Klienten andererseits. Das gilt für alle, ganz besonders aber für statustiefe Hilfesuchende.

Die soziale Ausgangssituation …

Die Ärztin oder der Helfer…	Der Patient bzw. die Klientin…
– hat innerhalb und außerhalb der Organisation einen hohen Status	– hat intern wie extern einen tiefen Status
– hat Vertrauen in die Situation	– ist mißtrauisch oder vorsichtig gegenüber der Situation
– orientiert sich an klaren Regeln	– kennt die Regeln nicht
– bestimmt die Situation	– ist u.a. durch seine Rolle abhängig
– ist in gewohnter Umgebung	– ist in ungewohnter Umgebung
– ist in ein klares formelles Bezugssystem integriert	– steht außerhalb seiner vertrauten Bezugssysteme
– hat legitimierte Sanktionsmöglichkeiten gegenüber dem anderen	– hat keine legitimierten Sanktionsmöglichkeiten
– hat die Rolle als Helfer freiwillig übernommen	– hat die Rolle als »Hilfsbedürftiger« möglicherweise zwangsweise übernommen
– hat ganz andere soziale Konzepte, um die Situation zu deuten als der Patient	– hat ganz andere soziale Konzepte, um die Situation zu deuten als die Ärztin oder der Helfer

… bestimmt das Verhalten

Der oder die Helfende…	Der Klient oder die Klientin …
– drückt sich vor allem verbal aus	– drückt sich oft averbal aus
– tritt sicher auf	– tritt ängstlich, verwirrt oder übertrieben forsch auf
– stellt Fragen, verlangt Informationen	– verliert leichter den Faden, gibt falsche Informationen, weil er die Frage nicht versteht oder sie nicht beantworten will
– argumentiert überlegt geordnet und klar artikuliert	– spricht durcheinander, apathisch oder aggressiv

Wenn sich die Ärztin bzw. der Helfende dieser Zusammenhänge bewußt ist, so werden sie nach Wegen suchen, die soziale Ausgangssituation so weit als möglich zu verändern und partnerschaftlicher zu gestalten. Andernfalls könnte ein Prozeß ablaufen, der genau das verhinderte, was letztlich »Helfende« wie »Hilfesuchende« wollen: Eine Verbesserung der sozialen Situation von Menschen in peripherer Statusposition. Eine Interpretation des Verhaltens des anderen auf dem Hintergrund eigener, nicht angemessener Bilder könnte nämlich folgenden negativen Verlauf nehmen:

z.B. könnte der Arzt interpretieren:

In diesem Fall würde der Arzt seiner Rolle entsprechend das Verhalten des Patienten mehr auf die Krankheit beziehen als auf die sozialen Bedingungen. Ihm fehlten die entsprechenden sozialen Konzepte, um das Verhalten des anderen ganzheitlich zu verstehen.

Während der Patient vielleicht dächte:

Das läge daran, daß der Patient das Auftreten des Arztes aus seinem Bezugssystem heraus deutete, in dem so ein Verhalten Vorgesetzte zeigen, die vor allem anweisen und kontrollieren. Zudem wüßte er nicht, nach welchen sozialen Konzepten sein Leiden eingeschätzt und behandelt wird.

Beiden fehlten die entsprechenden Methoden, um die Perspektive des anderen zu erfahren und in ihre subjektive Wirklichkeit aufnehmen zu können.

Die in der Interaktion geschaffenen Bilder vom Gegenüber verstärkten dann jeweils die schon anfangs vorhandenen Vorstellungen vom anderen ...

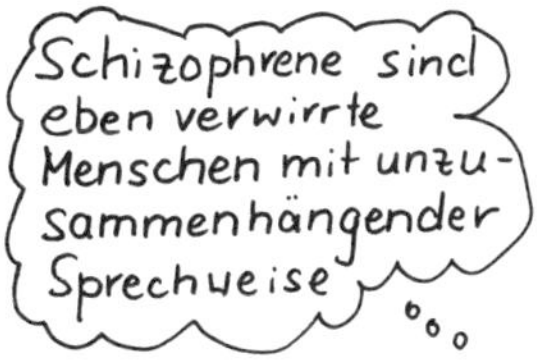

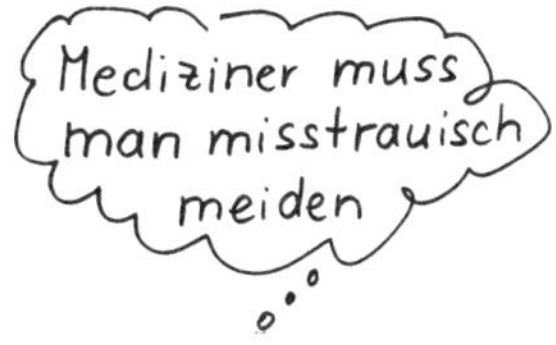

… und gingen erneut ins Handeln ein

Die Interaktion zwischen Arzt und Patient oder zwischen Beraterin und Klientin wäre in dieser Phase insofern ein Vermeidungsprozeß, als keiner dem anderen in seiner subjektiven Wirklichkeit begegnen könnte. Beide würden daran mitschaffen, aber der eine hätte in der Situation mehr aktuelle Nachteile als der andere. Dabei liegt das Problem nicht an der »Arroganz« der einen oder der »Dummheit« der anderen, sondern an unbewußten Verhaltensweisen, die beim Gegenüber relativ leicht und bei sich selber nur schwer zu erkennen sind. Unsere Prozeßdarstellung war fingiert und zudem sehr vereinfacht. Trotzdem werden einige Ansatzpunkte für eine konstruktive Gestaltung helfender Beziehungen deutlich:
Langfristig müßten die gesamten Rollenkonstruktionen in Hilfsorganisationen sowie benutzte Therapieformen überdacht und verändert werden. Es würde den Rahmen dieses Buches sprengen, auf diesen Punkt näher einzugehen. Deswegen verweisen wir für das Beispiel Psychiatrie auf die strukturelle Methode von Minuchin, auf Milieutherapie oder die Methode von Selvini, die u. a. mögliche Ansätze für eine erfolgreiche Interaktion mit Klienten aus tiefen Sozialschichten zeigen.
Kurzfristig kann man im Rahmen der bestehenden Verhältnisse zumindest die Einnahme der Perspektive des anderen fördern:

Dabei denken wir z. B. an folgendes:

1) Rollen- und Planspiele für angehende und bereits tätige Ärzte, Ärztinnen oder Vertreter helfender Berufe im Sinne des Pflegeexperimentes auf S. 122.

2) Die Vermittlung einer systemisch ausgerichteten Denk- und Verhaltensweise in der Ausbildung.
3) Noch kurzfristiger lassen sich in Organisationen regelmäßige Treffen der Beteiligten mit Supervisorinnen oder Supervisoren einrichten, die den Zweck haben, einander die eigene Perspektive klar zu machen.
4) Am kurzfristigsten ist eine Änderung möglich, wenn Helfende versuchen, dem Patienten oder Klienten in einfacher Sprache das eigene Vorgehen mit den vorhersehbaren Konsequenzen für ihn verständlich zu machen. Dazu würde es beispielsweise auch gehören, dem anderen zu erklären, warum und mit welcher Absicht man eine bestimmte Maßnahme mit ihm durchführen will.

Die Wirksamkeit solchen Vorgehens konnte für die Psychiatrie teilweise getestet werden.
So berichtet der Forscher Albronda, daß man bei Patienten aus der »Unterschicht« durch eingehende Vorbereitungen auf die Therapie eine Erwartungskorrektur erreicht hatte. Das steigerte jeweils die Chancen der Behandlung so beträchtlich, daß derartig Vorbereitete die Therapie vergleichsweise seltener abbrachen. Diejenigen, die die Therapie weiterführten, konnten sogar gleich gute Behandlungserfolge erzielen wie Angehörige »besserer Schichten«.
Die verschiedenen eher beispielhaft zusammengestellten Vorschläge für eine Verringerung der sozialen Distanz zwischen Repräsentanten von Hilfsorganisationen und deren Klienten mit tiefem sozialen Status lassen sich natürlich nicht ohne Schwierigkeiten verwirklichen. Sie dürften am ehesten dann erfolgversprechende Änderungsprozesse einleiten, wenn so etwas wie ein Vermittler eingeschaltet wird. Er würde vor allem die Aufabe übernehmen, es beiden Parteien zu erleichtern, die eigene Denk- und Interpretationsweise darzulegen und die des Gegenübers aufnehmen zu können.
Diese Arbeit wird zum Teil schon heute von entsprechend ausgebildeten Fachkräften im Rahmen von geplanten organisationellen Veränderungsprozessen durchgeführt, die im Fachjargon mit dem Begriff »Organisationsentwicklung« bezeichnet werden.
Aber auch im gewöhnlichen Alltag können entsprechend sensibilisierte und strategisch geschickt vorgehende Menschen durchaus erfolgreich so eine Vermittlerrolle übernehmen. Wie ein solcher Prozeß ablaufen könnte, wollen wir nun abschließend noch am Beispiel von Frau Schweizer aufzeigen.

5.5.3.2 Was eine Vermittlung bewirken kann. Illustriert am Beispiel der Schule

In der Schule treffen nicht nur Begabte und weniger Begabte zusammen, sondern auch Menschen mit einem ganz unterschiedlichen sozialen Hintergrund. Wie wir im letzten Kapitel gesehen haben, laufen die Interaktionsprozesse zwischen den Repräsentanten von Organisationen – im folgenden Fall Lehrer, Lehrerinnen oder Mitglieder der Behörde – und den von der Organisation stark abhängigen Menschen häufig zu ungunsten der Statustieferen ab. Jedenfalls üblicherweise. Die entsprechenden Fakten sind unter dem Stichwort »Chancengleichheit« schon häufig diskutiert worden. Deshalb wollen wir hier nur ganz knapp schildern, wie sozial benachteiligte Kinder durch die Schule noch mehr ins Hintertreffen geraten. Es ist uns vor allem wichtig auszuführen, welche Möglichkeiten sich im Alltag bieten, um als Vermittler zwischen Repräsentanten der Schule und den betroffenen Familien zur Gestaltung einer besseren Wirklichkeit beizutragen.

Die grundsätzlichen Schwierigkeiten und spontane Gegenstrategien

Kurzinformation aus der Forschung

Der besondere Sprachstil eines Kindes unterprivilegierter Eltern und die Verinnerlichung bestimmter Normen und Werte in seiner Herkunftsfamilie haben es bereits bei Schuleintritt sozial geprägt.
In der Schule, deren Lehrplan und Lehrmethoden von Menschen mit einem ganz anderen sozialen Hintergrund ausgearbeitet und vermittelt werden, erfährt es nun die Konsequenzen seiner Andersartigkeit:
Nach einer Untersuchung im Kanton Zürich zeigten sich 1973/74 bei Schülern Ende der fünften Grundschulklasse folgende Notendurchschnitte (beste Note in der Schweiz = 6, schlechteste Note = 1):

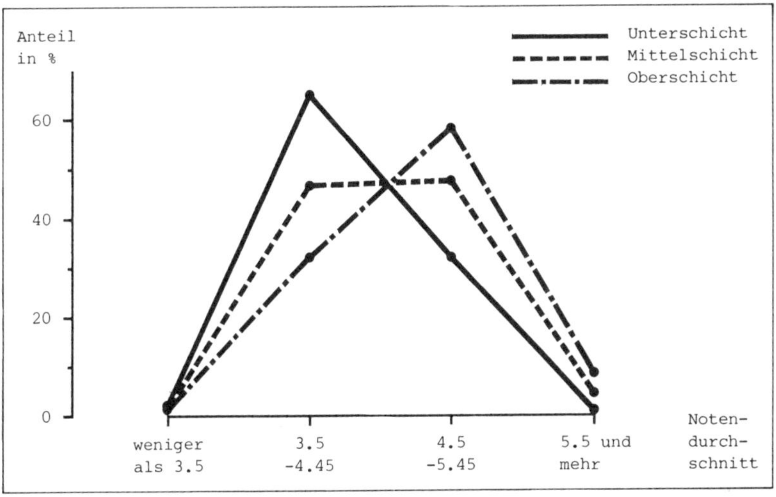

(Quelle: Almanach der Schweiz, 1978, S. 97)

Fast 65 % aller Kinder aus der »Unterschicht« hatten eher schlechte oder sogar mangelhafte Noten, während umgekehrt mehr als die Hälfte der untersuchten Schüler aus der Oberschicht überdurchschnittlich gute Noten aufwiesen.

Beurteilungen werden nicht nur nach objektiven Kriterien vorgenommen. Was als gute oder weniger gute Leistung gilt, wird immer auch sozial definiert und ist daher eng mit den Werten, Normen und Interpretationsmustern der Bewertenden verknüpft. Gerade hier finden sich aber – wie wir im Kapitel über statusspezifische Einstellungen und Verhaltensweisen beschrieben haben – recht typische Unterschiede. So müssen wir erwarten, daß der häufige Mißerfolg von Schulkindern aus unterprivilegierten Familien unter anderem auch das Ergebnis eines Prozesses gegenseitigen Mißverstehens ist.
Schon allein das Auftreten eines Vermittlers verändert das Spielfeld der Beteiligten. Es kommt Bewegung in vorher vielleicht erstarrte Interaktionsstrukturen und mit Hilfe entsprechender Strategien läßt sich oft eine bessere soziale Situation für die weniger zentral situierte Partei schaffen. Schauen wir nun am Beispiel von Frau Schweizer und Sergio Mandrini, was sich neben großangelegten Programmen zur Förderung von Kindern aus unterprivilegierten Familien tun läßt, um den Beteiligten eine bessere Wirklichkeit zu verschaffen.

Solange Sergio zurückdenken konnte, war er immer einer der schlechteren Schüler gewesen. Eigentlich hatte er sogar nie richtig lesen gelernt. »Komisch«, dachte Frau Schweizer, »der ist doch so helle, wieso kann der das denn nicht lernen?«
Sie kaufte einen Stapel Mickymaus-Hefte, nahm sich Zeit für das Kind und brachte ihm mit Hilfe der beliebten Lektüre in kürzester Zeit das Lesen bei. Außerdem machte sie mit Frau Mandrinis Einverständnis einen Besuch bei der Lehrerin, informierte sie über die intensive Betreuung des Jungen und zeigte ihr in einem langen Gespräch ihre Begeisterung über Sergios wache Intelligenz.
Die Lehrerin wurde auf Sergio aufmerksam, bemerkte nun auch die großen Fortschritte, die er gemacht hatte, und begann, ihm positivere Eigenschaften zuzuschreiben, als sie es früher getan hatte: »Er hat wirklich eine rasche Auffassungsgabe, ist zwar ein bißchen flüchtig, aber letzten Endes ist er eigentlich ein sehr leistungsfähiges Kind.«

Frau Schweizer hat mit zwei ganz einfachen Mitteln Sergio zu einer besseren Situation verhelfen können:

1) *Half* sie ihm, seine Intelligenz auch in offiziell anerkannte Leistung *umzusetzen* (statt wie bisher vor allem auf dem Schulhof um einen Platz zu kämpfen, wird er nun auch während des Unterrichts aktiv).
2) Stellte sie sicher, daß diese Leistung auch bestimmt ins *Fremdbild* der Lehrerin von Sergio eingeht.

Mit dem zweiten Schritt schuf sie die nötige Vorbedingung, daß Sergios Selbstbild, ein guter Schüler zu sein, auch langfristig erhalten bleibt. Denn erst, wenn das Kind von einem Menschen, der grundsätzlich Gutes von ihm erwartet, laufend positiv angesprochen wird, kann es sich auf die Dauer selber als leistungsfähigen Schüler sehen und verhalten.
Frau Schweizers Strategie, Sergio zu einer besseren Lage in der Schule zu verhelfen, ist so einfach wie wirksam und läßt sich auch auf andere Menschen, auf andere Organisationen und auf andere Situationen übertragen:

> Die Interaktion zwischen Repräsentanten von Organisationen und Personen mit einem peripheren sozialen Status kann durch eine bestimmte Strategie für den weniger Privilegierten günstiger gestaltet werden: Ein Vermittler versucht, dem Betreffenden zu einem positiveren Selbstbild zu verhelfen und baut bei Organisationsrepräsentanten eventuell vorhandene negative Etikettierungen ab, indem er ihren Vorstellungen gezielt und glaubwürdig ein neues Bild vom anderen gegenüberstellt.

Grenzen der Spontaneität und wie man Macht mit Macht begegnen kann

Nun läßt sich allerdings soziale Wirklichkeit nicht immer allein durch eine Beeinflussung der Wahrnehmung, der Interpretation und des Verhaltens der Beteiligten verändern. Meist muß auch auf struktureller Ebene angesetzt werden, d.h. bei den unterschiedlichen Einflußmöglichkeiten der Beteiligten. Sie stellen sehr oft den eigentlichen Prüfstein bei Versuchen dar, die Situation statustiefer Organisationsbenutzer zu verbessern. Solche Erfahrungen mußten auch Sergio und Frau Schweizer machen:

> Es war gerade so weit gekommen, daß die Lehrerin Sergio all die kleinen Extraermunterungen gab, die er als Kind von Fremdarbeitereltern so dringend brauchte, um die Schule mit ihren fremden Anforderungen bewältigen zu können. Da lag eines Morgens ein Schreiben vom Schulamt im Briefkasten: Das Italienerkind sollte mit mehreren Klassenkameraden die Schule wechseln, weil man zu viele Schüler aufgenommen hatte. Gleichzeitig lud man die betroffenen Eltern zu einer Sitzung ins Büro des Behördenvertreters ein.
>
> Frau Mandrini bat die Nachbarin, sie zu begleiten, denn beide waren sich einig, daß für Sergios Entwicklung nichts schlimmer sein würde als ein Schulwechsel zu diesem Zeitpunkt.
>
> An der Sitzung kämpfte jedes Elternpaar auf seine Art für den Verbleib seines Kindes in der Schule. War es Zufall, daß sich dabei der Staatsanwalt und der Gynäkologe als besonders engagiert und überzeugungsfähig erwiesen?
>
> So stellte der Gynäkologe z.B. klar, daß seine Frau als Sprechstundenhilfe ausfallen würde, da sie täglich das Kind in die neue Schule begleiten müßte. Dramatisch beschwor er schließlich die Gefährdung seiner Praxis und damit den zu erwartenden Unmut ganzer Patientenscharen herauf.
>
> Frau Mandrini saß indessen still in ihrem Stuhl und hatte kreisrunde Flecken der Aufregung auf den Wangen. Sie war zu verschüchtert, um ebenfalls ihre Bedenken zu äußern. Außerdem fragte auch niemand nach ihrer Meinung. Deshalb versuchte schließlich Frau Schweizer, Sergios Situation dazustellen. Im Vergleich zum Arzt hatte sie allerdings eher »wenig zu bieten«. Sie war bloß die Nachbarin der Betroffenen und konnte »nur« die soziale Benachteiligung des Italienerkindes anführen.
>
> Das Resultat dieses ungleichen Kampfes war traurig für Sergio, aber leider nicht untypisch:

Der Gynäkologe »gewann« und sein Sohn durfte bleiben. Das Argument der gefährdeten Praxis wiege eben sehr schwer, meinte der Entscheidungsträger.
Der erste Vermittlungsversuch von Frau Schweizer scheitert vordergründig allein an ihrer Argumentation. Genauso wichtig dürfte aber gewesen sein, daß ihr als »Anwältin« der statustiefen Betroffenen weder ein besonderes soziales Prestige noch irgendwelche nennenswerten Einflußmöglichkeiten zugesprochen worden waren.

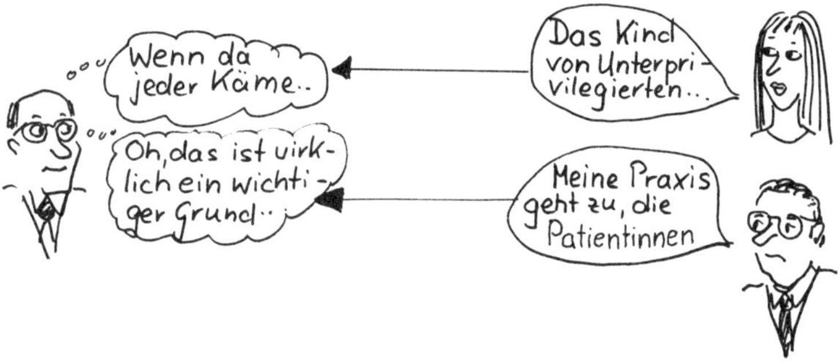

An dieser Episode zeigt sich deutlich, wo der Schlüssel vieler Hindernisse liegt, wenn zwischen Repräsentanten von Organisationen und Menschen in peripherer Lage vermittelt werden soll:

Organisationsrepräsentanten verfügen gewöhnlich kraft ihrer formalen Rolle über relativ viel Macht. Das bedeutet, sie haben die Chance, Entscheidungen auch gegen den Willen der Betroffenen durchzusetzen.

Prinzipiell gilt das gleichermaßen gegenüber allen Organisationsbenützern. Da jedoch der Repräsentant der Organisation über einen gewissen Ermessensspielraum verfügt, bietet sich in der Interaktion mit ihm die Gelegenheit zur Verbesserung der eigenen Lage. Dabei sind nun jedoch statustiefe Verhandlungspartner sehr benachteiligt. Ihnen fehlt nämlich das soziale Gewicht zur Durchsetzung ihrer Interessen und fast immer auch die entsprechenden Strategien.

So war es auch Sergio und Frau Schweizer passiert. Während Frau Mandrini zuerst vollends resignierte, ahnte Frau Schweizer immer mehr, wo die wichtigsten Hindernisse lagen...

In langen Gesprächen mit der Familie Mandrini wurde es deshalb auf dem Hintergrund großen gegenseitigen Vertrauens möglich, die amtliche Entscheidung weiterhin anzufechten. Diesmal jedoch mit größerem Erfolg. Welche Strategien wählte Frau Schweizer? Als erstes wurde der Versuch gestartet, die betroffenen Eltern zu einem gemeinsamen Vorgehen zu bewegen. Die rein formal getroffene Schülerauswahl sollte beanstandet und ein konstruktiver Gegenvorschlag ausgearbeitet werden. Da sich jedoch die Hoffnung auf eine Solidarisierung der Eltern sehr bald zerschlug, mußte man schließlich nach einer individuellen Lösung Ausschau halten.

Frau Schweizer telefonierte mit verschiedenen Freunden und hörte, daß keine rechtliche Handhabe gegen diese Entscheidung möglich sei. Schließlich erfuhr sie die Adresse eines Psychologen, der von der Stadt angestellt war, um ausländische Gastarbeiterfamilien bei Schulproblemen zu beraten. Freudestrahlend gab sie diese neuen Informationen an die Nachbarn weiter und schlug vor, daß Mandrinis den Berater zusammen mit Sergio besuchen. Mandrinis reagierten allerdings gar nicht begeistert. Sie befürchteten, ihr Kind könne vom Psychologen als »matto« eingestuft und womöglich in eine Klasse für Schwachbegabte gesteckt werden.

So brauchte es ein zweiwöchiges zähes Aushandeln, bis die Familie bereit war, einen Besuch beim Psychologen zu akzeptieren. Den Ausschlag gab jedoch keineswegs Frau Schweizers rationale Argumentation, sondern vor allem das große Vertrauen, das zwischen den Nachbarn entstanden war. Die Unterredung beim Berater verlief erfolgreich. Er verstand die Situation des Kindes, das gerade erst eine gute Beziehung zur Lehrerin hatte erreichen können. Allerdings meinte er, daß Sergios Wohlbefinden allein wohl kaum genüge, um die Entscheidung eines Schulwechsels rückgängig zu machen. Immerhin könnte aber eine leichte Schreibschwäche des Jungen als Begründung dafür dienen, daß er zu diesem Zeitpunkt nicht die Klasse wechseln dürfe.

Das offizielle Gutachten des Psychologen, das in wissenschaftlichen Formulierungen nicht viel anderes ausdrückte als was Frau Schweizer an der Sitzung über die Benachteiligung des Italienerkindes gesagt hatte, bewirkte das Wunder: Sergio durfte in seiner Klasse bleiben.

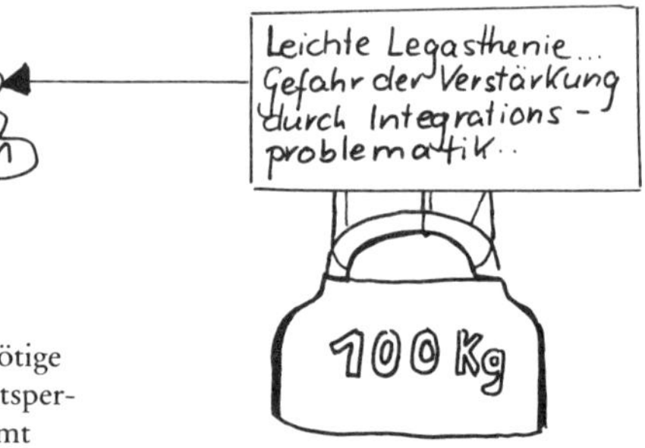

Das Argument hat nun das nötige Gewicht, da es von einer Amtsperson mit hohem Prestige kommt

Herr Mandrini atmete auf, Frau Mandrini und Sergio freuten sich, und Frau Schweizer war froh und um etliche Erfahrungen reicher.

Unsere Geschichte hat nicht nur den Vorteil wahr zu sein, sondern gleichzeitig illustriert sie auch einige Möglichkeiten, die einem Vermittler zur Verfügung stehen, um weniger Privilegierten im Kontakt mit Repräsentanten von Organisationen zu einer günstigeren Position zu verhelfen. Frau Schweizer hat nämlich im Umgang mit der Lehrerin und dem Organisationsrepräsentanten intuitiv versucht, die ungleichen Machtverhältnisse zwischen ihnen und Sergio bzw. Frau Mandrini auszugleichen. Um eine größere Übersicht zu gewährleisten, möchten wir ihre verschiedenen Handlungsstrategien noch einmal tabellarisch zusammenstellen:

Überlegungen zum Ausgleich unterschiedlicher Machtverhältnisse

Die wichtigste Voraussetzung für den Gebrauch unserer Vorschläge ist eine möglichst vertrauensvolle Beziehung zwischen der vermittelnden Person (beispielsweise der Sozialarbeiterin oder dem Sozialarbeiter) und denjenigen die gestützt werden sollen (beispielsweise den Klienten). Jeder Schritt sollte offen und verständlich miteinander besprochen werden und im Zweifelsfall nur im gegenseitigen Einverständnis durchgeführt werden.

Die einzelnen Strategien setzen an zwei verschiedenen Punkten an, nämlich bei den Klienten und ihrer engsten Bezugsgruppe sowie bei den Repräsentanten von Organisationen, in denen Klienten Mühe haben, sich zu entfalten und ihren Weg zu finden (z.B. Schule, Erziehungsheim, psychiatrische oder medizinische Klinik, usw.).

- Durch das *Einfühlen in die Perspektive* der anderen kann es dem Vermittler bzw. der Vermittlerin gelingen, Fähigkeiten und Fertigkeiten der Klienten aufzuspüren, die (auch) sozial anerkannt sind. Sie helfen, daß ihre Demonstration in einer für den Statushöheren verständlichen Form geschieht.
- Eine immer wiederkehrende *positive Bestätigung* der »entdeckten« Fähigkeiten und eine konkrete Unterstützung ihrer Weiterentwicklung verhilft den Klienten zu einem wachsenden Selbstvertrauen und einem zunehmend positiven Selbstbild.
- Den Mitgliedern der *Bezugsgruppe* werden die Fähigkeiten der Klienten bewußt gemacht. Damit entsteht die Möglichkeit, daß auch von dieser Seite zusätzliche *positive Erwartungen* kommen, die Personen in peripherer Situation in ihrer Weiterentwicklung fördern und bestätigen.
- Bei den Repräsentanten der Organisation, von denen die Klienten abhängig sind, werden eventuell bereits vorhandene *negative Etikettierungsprozesse abzubauen* versucht, indem – vorerst bewußt einseitig – möglichst viel positive Leistungen von unterprivilegierten Klienten deutlich gemacht werden.

Das klingt einfach. Aber die Durchführung ist eine Frage der eigenen inneren Überzeugung und setzt daher nicht nur entsprechende Ideologien, sondern auch so tiefgreifende Lernprozesse voraus, wie sie Frau Schweizer hinter sich hatte. Sehr häufig kommt durch ein solches Vorgehen bereits etwas in Gang, das es den Beteiligten ermöglicht, offener und vorurteilsfreier miteinander umzugehen. Oft kann eine Wirklichkeit ausgehandelt werden, die auch die Interessen und Bedürfnisse der abhängigen Person miteinbezieht. In vielen Fällen braucht es jedoch noch mehr Stützung des Statustieferen.
Die nun folgenden Strategien sind das tägliche Brot des Sozialarbeiters und der Sozialarbeiterin. Im Alltag, zwischen gewöhnlichen Menschen, fehlen sie jedoch meist. Solche Prozesse könnten aber Mitglieder von Hilfsorganisationen durchaus vermehrt zwischen Nachbarn und Kollegen in der normalen Umgebung fördern und in Gang setzen:
So werden Vermittler und Vermittlerinnen in konfliktiven Situationen für einen gewissen *Machtausgleich* zwischen den Beteiligten sorgen, indem sie

- den sozial Schwächeren so viel *Informationen* zugänglich machen und vermitteln, wie zu einer Beurteilung und Verbesserung ihrer Lage benötigt werden (beispielsweise Angaben über Institutionen, die finanzielle Unterstützung leisten könnten, Abklärung der rechtlichen Situation, etc.);

- ihnen – wenn nötig – die eigenen *sprachlichen Fähigkeiten* zur Verfügung stellen (z.B. um Anträge zu formulieren oder um gegenüber Statushöheren die Interessen der weniger Privilegierten sachgerecht zu vertreten);
- ihre *formellen und informellen Beziehungen* ausschöpfen, wenn es darum geht, wichtige Informationen oder gegebenenfalls Unterstützung von außerhalb zu bekommen;
- dazu beitragen, das soziale Gewicht der weniger Privilegierten zu vergrößern, indem sie sie bei der Suche nach Menschen in einer ähnlichen Situation oder mit ähnlichen Erfahrungen unterstützen. Sollte es nicht gelingen, *Solidarisierungsprozesse* unter den Betroffenen in Gang zu setzen,
- so kann auch ein *soziales Gegengewicht* geschaffen werden, indem die Beratenden zur Stützung der Klienten ihr eigenes Ansehen in die Waagschale werfen oder ihren Klienten den Kontakt mit anderen Hilfsorganisationen ermöglichen.

Dieses sehr umfangreich gewordene Kapitel über die verschiedenen Aspekte sozialer Ungleichheit zeigt genauso wie die Abschnitte über Organisation und Kleingruppen, daß die Qualität unserer sozialen Umwelt gestaltbar ist. Jeder leistet dabei – bewußt oder nicht bewußt, gezielt oder spontan – seinen Beitrag. Wir haben an vielen Beispielen aufgezeigt, wie es möglich ist, daß so oft gegen den Willen aller beteiligten Menschen eine negative Wirklichkeit entsteht. Gleichzeitig aber – so hoffen wir wenigstens – haben wir durch die Anwendung der systemischen soziologischen Denkweise auch gangbare Wege skizziert, wie sich Handlungsspielräume erkennen und für eine positive Neugestaltung der sozialen Realität nutzen lassen.

6 Abschied

Jetzt liegen fast drei Jahre Arbeit hinter uns, und wir fühlen uns sehr reich, daß wir diese Seiten geschrieben haben. Ganz nebenbei haben wir sogar ein positives Selbstbewußtsein als Soziologinnen entwickelt, weil wir durch die Arbeit am Buch ganz konkret erfahren haben, daß Soziologie wirklich etwas Nützliches ist.

Wir haben uns in unserem eigenen Fachgebiet auf Entdeckungsreisen gemacht. Dabei suchten wir besonders nach Wegen, wie sich der als zu theoretisch und zu abstrakt verpönten Denkweise Lebensnähe und konkrete Brauchbarkeit abgewinnen lassen könnte. Inzwischen haben wir selber so viel dazugelernt, daß wir heute am liebsten noch einmal von vorne anfingen, um alles noch besser und noch klarer zu gestalten. Aber weil wir bei jedem Entwurf und jeder Überarbeitung auf wichtige neue Erkenntnisse stießen, wären wir dann wohl noch mit 90 an diesem Buch. Und das ginge uns entschieden zu lange.

Außerdem haben einige unserer Kinder unser Buch großzügigerweise bereits ihren zahlreichen Schulfreunden versprochen, was uns auch langsam verpflichtet, einmal ein Ende zu machen.

Aber da ist natürlich noch unsere Neugier. Wir möchten doch gerne wissen, was Sie inzwischen von der soziologischen Denkweise halten und ob Sie die eine oder andere Idee vielleicht schon selber ausprobiert haben. Jedenfalls werden wir ab jetzt besonders gespannt sein, wenn wir morgens den Briefkasten leeren (wir sind über den Verlag zu erreichen).

Fast hätten wir noch etwas vergessen. Vielleicht möchten Sie sich nicht nur von uns, sondern auch noch von einigen anderen Menschen verabschieden? Deswegen haben wir Ihnen noch zusammengestellt, wie es den Hauptdarstellern und -darstellerinnen unseres Buches mittlerweile geht:

Familie Schmied

hat eine Paartherapie begonnen. Nach langen Stunden zum Teil chaotischen Aneinandervorbeiredens können sich die beiden Eheleute nun manchmal schon ihre Perspektive schildern. Die gelegentliche Intimität, die daraus erwächst, ist ihr erster Kontakt mit dem, was vielleicht einmal hinter den romantisierenden Stereotypen gestanden haben mag: Eine realistische Liebe nämlich, die auch die Fehler des anderen umfaßt. Aber noch bleibt für die beiden enorm viel zu tun... Auch bei

Karl Knecht

hat sich einiges verändert. Er hat inzwischen in vielen Abendkursen eine Menge dazugelernt. Zuerst waren es technische Weiterbildungsveranstaltungen, aber dann wurden es immer mehr Kurse, die sich auch mit Politik und dem Umgang mit anderen Menschen beschäftigten. Inzwischen könnte Karl gut in eine bessere berufliche Position aufsteigen und es be-

schäftigt ihn sehr, nicht zu wissen, ob er das überhaupt will. Einerseits reizt ihn das höhere Gehalt und andererseits glaubt er, daß er da bleiben sollte, wo er ist. Nun, da er Verschiedenes besser als früher durchschaut, möchte er mit seinen Arbeitskollegen und -kolleginnen reden und zusammen mit ihnen vielleicht einiges in seiner Fabrik in Bewegung setzen.

Peter Frischauf

Unser Peter Frischauf ist die einzige nicht ganz authentische Figur. Er ist aber frei einem befreundeten Sozialarbeiter nachempfunden. Vor allem die Vielschwätzerei und die schnelle Anpassung sind dem richtigen Peter fremd. Er ist jetzt gerade dabei, neben seiner Tätigkeit als Sozialarbeiter eine Familientherapieausbildung zu machen. Er sieht, wie wichtig das systemische Denken ist, und diese Ausbildung ist eine der wenigen Gelegenheiten, es praktisch zu trainieren.

Wir hoffen übrigens, mit diesem Buch einen kleinen Beitrag geleistet zu haben, daß lebensnahe Übungen in systemischer Denkweise auch in die bisher vorwiegend theoretisch ausgerichteten Studiengänge von Soziologinnen und Soziologen aufgenommen werden.

Frau Schweizer und Familie Mandrini

wohnen nicht mehr in der gleichen Gegend. Dadurch sehen sie einander seltener, haben sich aber immer noch gern. Während Frau Schweizer be-

reits mit Erfolg alles, was sie gelernt hat, auf Arbeiterfamilien in ihrer Umgebung anwendet und außerdem bei Fremdarbeiterkindern Aufgabenhilfe erteilt, hat es Frau Mandrini geschafft, Sergio in die höhere Schule zu bringen. Sie schreit ihre Kinder immer noch an, und alle drei gedeihen dabei prima.

Annemarie

ist Mutter geworden. Ihr Freund sorgt für die Kinder, während sie als Sekretärin das nötige Haushaltsgeld verdient. Nach vielen Kämpfen, Demütigungen und Enttäuschungen auf der Stellensuche hat Annemarie nämlich ihren Kopf durchgesetzt. Sie ist nun Sachbearbeiterin in einer Zürcher Entwicklungshilfeorganisation. Wie es dort die offizielle Regelung will, ist sie als Sekretärin angestellt. In Wirklichkeit leistet sie aber praktisch die gleiche Arbeit wie ihre Chefin als Vollakademikerin. Die beiden Frauen haben sich nämlich ihre Aufgaben einfach partnerschaftlich geteilt. Es macht ihnen Spaß und befriedigt sie. Ihr sehr ungleiches Gehalt wirkt dennoch störend.

»Ich habe trotzdem Glück gehabt«, meint Annemarie bescheiden. Und dabei vergißt sie, daß sie alle Hindernisse bei der Stellensuche überwunden hat, weil sie einfach nicht bereit war, eine weniger gute Arbeit anzunehmen. Sie hat sich ihr »Glück« wirklich erkämpft. Übrigens staunen die anderen Sekretärinnen in der Organisation über diese neue Arbeitskonstellation. Sie haben sich bereits zusammengetan und wehren sich gegen ihre Akademiker-Chefs und sonstigen Vorgesetzten, die sie nur tippen lassen wollen.
Wie Annemarie, wie wir und vielleicht auch wie Sie wollen sie das leben, wovon sie bisher nur geträumt haben.

Literaturverzeichnis

Einführung in die soziologische Denkweise (Kapitel 1 und 2):

Zitierte Literatur

M. Snyder/S. W. Uranowitz: Reconstructing the Past: Some Cognitive Consequences of Person Perception. In: Journal of Personality and Social Psychology, vol. 36, 9, 1978

Ergänzende und weiterführende Literatur:

Arbeitsgruppe Bielefelder Soziologen (Hrsg.): Alltagswissen, Interaktion und gesellschaftliche Wirklichkeit. Reinbek 1973

Arbeitsgruppe Soziologie: Denkweisen und Grundbegriffe der Soziologie. Eine Einführung. Frankfurt am Main 1992, 10. Aufl.

P. L. Berger/B. Berger: Wir und die Gesellschaft. Hamburg 1976

P. L. Berger/T. Luckmann: Die gesellschaftliche Konstruktion von Wirklichkeit. Eine Theorie der Wissenssoziologie. Frankfurt am Main 1970

H. J. Helle: Verstehende Soziologie und Theorie der Symbolischen Interaktion. Stuttgart 1977

H. Müller: Sozialisation und Individualität. München 1977

P. Stromberger/W. Teichert: Einführung in soziologisches Denken. Weinheim und Basel 1992, 3. Aufl.

Zur Soziologie der kleinen Gruppe (Kapitel 3)

Zitierte Literatur

H. C. Lindgren: Einführung in die Sozialpsychologie. Weinheim und Basel 1973

V. Satir: Selbstwert und Kommunikation. München 1975

F. N. Willis: Initial speaking distance as a function of the speaker's relationship. In: Psychonomic Science, 5, 1966, S. 221–222

Ergänzende und weiterführende Literatur:

A. Sjolund: Gruppenpsychologie für Erzieher, Lehrer und Gruppenleiter. Heidelberg 1974

E. H. Witte: Das Verhalten in Gruppensituationen. Göttingen 1979

Zur Organisationssoziologie und dem Rollenbegriff (Kapitel 4):

Zitierte Literatur

J. Bensmann/I. Gerver: Vergehen und Bestrafung in der Fabrik: Die Funktion abweichenden Verhaltens für die Aufrechterhaltung des Sozialsystems. In: *H. Steinert* (Hrsg.): Symbolische Interaktion. Stuttgart 1973, S. 126–138
B. Blinkert u.a.: Berufskrisen in der Sozialarbeit. Weinheim und Basel 1976
T. Burns/G.M. Stalker: Mechanistische und organische Systeme. In: R. Mayntz (Hrsg.), Bürokratische Organisation. Köln und Berlin 1968, S. 147–158
R.H. Hall: Professionalization and Bureaucratization. In: American Sociological Review, 33, 1968, S. 92–104
HEW Studie (USA). In: Der Spiegel, 27, Juli 1973
Internationes 1973 – DZ 21026 E Kulturbrief 5: Krankheitsursache: Betriebsklima
H.J. Hoffmann-Nowotny: Soziologie des Fremdarbeiterproblems. Stuttgart 1973
KC.G. McDaniel: Wie in einem Gefängnis – Experiment mit Pflegern aus einer Heilanstalt in den USA. In: Tagesanzeiger, 25. 10. 1972, Zürich

Ergänzende und weiterführende Literatur:

R. Dahrendorf: Homo Sociologicus. Ein Versuch zur Geschichte, Bedeutung und Kritik der Kategorie der sozialen Rolle. Köln und Opladen 1964
H.P. Dreitzel: Die gesellschaftlichen Leiden und das Leiden an der Gesellschaft. Vorstudien zu einer Pathologie des Rollenverhaltens. Stuttgart 1972
H.P. Euler: Das Konfliktpotential industrieller Arbeitsstrukturen. Opladen 1977
W. Girschner: Theorie sozialer Organisationen. Weinheim–München 1990.
W. Krüger: Grundlagen, Probleme und Instrumente der Konflikthandhabung in der Unternehmung. Berlin 1972
W. Müller: Die Relativierung des bürokratischen Modells und die situative Organisation. In: Kölner Zeitschrift für Soziologie und Sozialpsychologie, 25, 1973, S. 719–749
C. Naase: Konflikte in der Organisation. Stuttgart 1978
K. Türk: Soziologie der Organisation. Stuttgart 1976
Ch. Ullmann/F. Höpflinger: Sozialbericht 2. Industriearbeiter. Frauenfeld 1973

Gesellschaft und Phänomene sozialer Ungleichheit (Kapitel 5):

Zitierte Literatur

F.G. Albronda u.a.: Class and Psychotherapy. In: Archiv. Gen. Psychiatry, 10, 1964, S. 276ff.
L. Bickman: The Effect of Social Status on Honest of Others. In: L. Bickman/T. Henchy (Hrsg.), Beyond the Laboratory. New York 1972, S. 102f.
F. Böcker: Suizide und Suizidversuche. Stuttgart 1973
U. Bolm: Koronare Risikoberufe. Med. Diss. Marburg, 1981. In: J. Siegrist a.a.O.
K.M. Bolte/D. Kappe/F. Neidhardt: Soziale Ungleichheit. Opladen 1975
V. Bornschier/F. Keller: Die Statusgruppenschichtung als Ursache von Konflikt und Devianz, in: Schweizerische Zeitschrift für Soziologie, vol. 20, Nr. 1, Zürich 1994
P. Bourdieu: Die feinen Unterschiede. Frankfurt am Main 1987
G.W. Brown/T.O. Harris: Social origins of depressions. London 1978
Bundesamt für Statistik (Hrsg.): Statistisches Jahrbuch der Schweiz 1993. Zürich 1992

Bundesamt für Industrie, Gewerbe und Arbeit: Lohn- und Gehaltserhebung vom Oktober 1992. Bern 1992
Bundesamt für Statistik: Staatskalender. Bern 1993
Das Argument. Argument-Sonderband AS 12. Berlin 1976
Die Woche. 25. 5. 1982, S. 28f.
B.P. Dohrenwend/E. Chin-Shong: Social Status and Attitudes towards Psychologic Disorders. The Problems of Tolerance and Deviance. In: American Sociological Review, 32, 1967, S. 417f.
K. Dörner/U. Plog (Hrsg.): Sozialpsychiatrie. Neuwied 1972
H. Flegel/U. Schütt: Psychiatrische Hospitalisierungsfrequenz und soziale Schicht in Düsseldorf. In: Soc. Psychiat., 2, 1967, S. 39–42
J. Füglister/Ch. Bleiker: Umwelterziehung als Thema der Erwachsenenbildung. Unveröffentlichte Diplomarbeit an der Akademie für Erwachsenenbildung. Luzern 1980
M. Frankhaeuser: The sympathic-adrenal and pituitary-adrenal response to challenge: comparison between the sexes. Unpublished paper 1981, in: J. Siegrist a.a.O.
E. Gleiss/R. Seidel/H. Abholz: Soziale Psychiatrie. Zur Ungleichheit in der psychiatrischen Versorgung. Frankfurt am Main 1973
R. Grossarth-Maticek u.a.: Psychosomatic factors involved in the process of cancerogenesis. Unpubl. paper 1981, in: J. Siegrist a.a.O.
V. Grüneisen/E.-H. Hoff: Familienerziehung und Lebenssituation. Weinheim 1977
A. Haegeli: Studie zur berufsspezifischen Mortalität in Basel. Dissertation. Basel 1977
H. Harald (Hrsg.): Krankheit und soziale Lage. Frankfurt am Main/New York 1976
I. Herlyn, U. Herlyn: Wohnverhältnisse in der Bundesrepublik, Frankfurt am Main und New York 1983
R.W. Hodge u.a.: Occupational Prestige in the United States, 1925–1963. In: American Journal of Sociology, 70, 1964, S. 286f.
Ch.K. Hofling u.a.: An Experimental Study in Nurse-Physician Relationships. In: L. Bickmann/T. Henchy (Hrsg.): Beyond the Laboratory. New York 1972, S. 60f.
A.B.Hollingshead/F.C. Redlich: Der Sozialcharakter psychischer Störungen. Frankfurt am Main 1975
D. Karrer: Körper, Gesundheit und soziale Ungleichheit, in: Bresche, August 1985
P. Kerschke-Risch: Gelegenheit macht Diebe – doch Frauen klauen auch. Massenkriminalität bei Frauen und Männern. Opladen 1993
E.L. Koos: The Health of Regionville. New York 1954
Metropolitan. Life Insurance Company: Statistical Bulletin, January 1977
J. Marbach/V. Mayr-Kleffel/J. Stich/K. Wahl: Familien in den 80er Jahren, in: Familienpolitische Informationen 1987, 26, S. 28–30
Ch. Minder/V. Beer/R. Rehmann: Sterblichkeitsunterschiede nach sozio-ökonomischen Gruppen in der Schweiz 1980: 15-74jährige Männer, in: Sozial- und Präventivmedizin, Heft 31, S. 216–219
S. Minuchin: Familie und Familientherapie. Theorie und Praxis struktureller Familientherapie. Freiburg im Breisgau 1977
J.K. Meyers/L.L. Bean: A Decade Later: A Follow-up Study of Social Class and Mental Illness. New York 1968
J.K. Myers/B.H. Roberts: Family and Class Dynamics in Mental Illness. New York 1959
A. Oppolzer: Wenn Du arm bist, mußt Du früher sterben. Hamburg 1986
L.I. Pearlin: Status Inequality and Stress in Marriage. In: American Sociological Review, vol. 40, 3. 1975, S. 344–357
H. Popitz u.a.: Das Gesellschaftsbild des Arbeiters. Tübingen 1957

J. Roth/R.F. Peck: Social Class and Social Mobility Factors Related to Marital Adjustment. In: American Sociological Review, 16, 1951, S. 478–487
M. Schär, R. Hornung u.a.: Selbstmedikation. Ergebnisse einer Repräsentativerhebung im Rahmen des Nationalen Forschungsprogrammes Nr. 8. Zürich 1985
Schweizerische Gesellschaft für Gesundheitspolitik (Hrsg.): Gesundheitspolitische Informationen, Nr. 5, 1986
M. Selvini Palazzoli/L. Boscolo/G. Cecchin/G. Prata: Paradoxon und Gegenparadoxon. Stuttgart 1977
J. Siegrist: Soziologie in der Medizin: Hefte des Sandoz-Instituts 1982
Sozial- und Präventivmedizin, Nr. 27, 1982
Soziologisches Institut der Universität Zürich (Hrsg.): Almanach der Schweiz. Daten und Kommentare zu Bevölkerung, Gesellschaft und Politik. Bern 1978
Statistisches Bundesamt: Statistisches Jahrbuch 1986 für die Bundesrepublik Deutschland. Wiesbaden 1986
Statistisches Bundesamt: Statistisches Jahrbuch 1992 für die Bundesrepublik Deutschland. Wiesbaden 1992
A. Uchtenhagen/D. Zimmer-Höfler: Heroinabhängige und ihre »normalen« Altersgenossen. Bern, Stuttgart 1985
R. Ulbrich: Wohnungsversorgung in der Bundesrepublik Deutschland, in: Bundeszentrale für politische Bildung (Hrsg.), Aus Politik und Zeitgeschichte, Bonn 1993.
G. Wallraff: Neue Reportagen, Untersuchungen und Lehrbeispiele. Köln 1972
P. Watzlawick/J.H. Beavin/D.D. Jackson: Menschliche Kommunikation. Berlin, Stuttgart, Wien 1974
E. Weinblatt u.a.: Relation of education to sudden death after myocardinal infarction. In: New Engl. J. of Med. 299, 60, 1978

Ergänzende und weiterführende Literatur

A.A. Abholz: Krankheit und soziale Lage. Frankfurt am Main 1976
B. Bernstein: Elaborated and Restricted Codes: Their Social Origins and Some Consequences. In: K. Danzinger (Hrsg.): Readings in Child Socialization. Pergamon Press 1970
V. Bornschier (Hrsg.): Das Ende der sozialen Schichtung? Zürcher Arbeiten zur gesellschaftlichen Konstruktion von sozialer Lage und Bewußtsein in der westlichen Zentrumsgesellschaft. Zürich 1991
B. Ehrenreich: Angst vor dem Absturz. Das Dilemma der Mittelklasse. München 1992
H. Dilling/S. Weyerer: Epidemiologie psychischer Störungen und psychiatrische Versorgung. München 1978
F. Fürstenberg: Die Sozialstruktur der Bundesrepublik Deutschland. Opladen 1972
K.H. Hörning: Soziale Ungleichheit. Strukturen und Prozesse sozialer Schichtung. Darmstadt und Neuwied 1976
S. Hradil: Soziale Schichtung in der Bundesrepublik. München 1977
T. Husèn: Soziale Umwelt und Schulerfolg. Frankfurt am Main 1977
A. Meulenbelt: Scheidelinien. Über Sexismus, Rassismus und Klassismus. Reinbek am Main 1988
H. Popitz: Prozesse der Machtbildung. Tübingen 1969
Ch. Rebell: Sozialpsychiatrie in der Industriegesellschaft. Arbeitsbedingungen, psychische Erkrankungen und psychiatrische Versorgung. Frankfurt 1976

Sachwortregister